LAS MUJERES
QUE LOS HOMBRES AMAN

LAS MUJERES
QUE LOS HOMBRES ABANDONAN

Dr. Connell Cowan
Dr. Melvin Kinder

LAS MUJERES QUE LOS HOMBRES AMAN

LAS MUJERES QUE LOS HOMBRES ABANDONAN

javier vergara editor

Buenos Aires/Madrid/México/Santiago de Chile

Título original
WOMEN MEN LOVE
WOMEN MEN LEAVE

Edición original
Clarkson N. Potter, Inc.

Traducción
Nora Escoms

Cubierta
Farré

ISBN 950-15-0799-8

Impreso en la Argentina/Printed in Argentine.
Depositado de acuerdo a la Ley 11.723.

Esta edición terminó de imprimirse en
VERLAP S.A. - Producciones Gráficas
Vieytes 1534 - Buenos Aires - Argentina
en el mes de marzo de 1990.

*Para Casey, la mujer a quien amo, y para Sean, Coby y Joey,
y las mujeres a quienes amarán algún día.*

C. C.

*Para Sara, sabia confidente y amante esposa, por quien mi
amor se fortalece con los años, y para
nuestros hijos, Eric y Alexandra.*

M. K.

INDICE

PRIMERA PARTE
Las mujeres que los hombres abandonan

1. ¿Por qué el amor parece tan esquivo? 13
2. El temor inconsciente a la intimidad emocional 31
3. Cómo las expectativas inocentes se vuelven
   peligrosas 61
4. Las mujeres que, en el fondo, desprecian
   a los hombres 85
5. Cómo la necesidad de dominar resulta
   contraproducente 111
6. Las mujeres que dan demasiado 133

SEGUNDA PARTE
Las mujeres que los hombres aman

7. El camino hacia el compromiso 163
8. Renunciar al príncipe azul y
   buscar al hombre 183
9. Confiar en que un hombre
   ame la fortaleza de su mujer 207
10. Despertar pasión y deseo en un hombre 223
11. Profundizar el amor a través de la amistad 247
12. Las reglas para seguir enamorados 277

APENDICE

TESTS: Maneras de amar 297

PRIMERA PARTE

LAS MUJERES
QUE LOS HOMBRES ABANDONAN

CAPITULO 1

¿Por qué el amor parece tan esquivo?

Para muchas mujeres en la actualidad, los hombres resultan desconcertantes, aun incomprensibles. Parecen funcionar de acuerdo con pautas no muy claras que ellas nunca acabaron de entender.

Victoria, de treinta años, es enfermera en un hospital general de una gran ciudad. Está dispuesta a casarse y formar una familia pero, al igual que a tantas otras mujeres, la desconcierta el comportamiento masculino. "Ayudo a hombres de todas las edades a superar todo tipo de crisis de salud, pero cuando se trata de una relación de pareja, no tengo la menor idea de lo que pasa por la cabeza de los hombres. ¿Qué es lo que quieren? ¿Qué hace falta para que quieran volver a verme? ¿Cómo se hace para convertir unas pocas citas en una relación? ¿Qué hay que hacer para que dé resultado? Estoy harta de volver a casa sintiéndome sola y creyendo, en el fondo, que las cosas nunca cambiarán."

Donna es una abogada de cuarenta y un años que está casada desde hace nueve. "Ahora soy muy distinta de cuando me casé con Tom, pero él no parece apreciarlo. No sé si se siente amenazado o qué, pero quisiera que hablara conmigo... ¡Quisiera que le importara lo que pasa dentro de mí!"

Arlene, de veintiocho años, trabaja para una gran tienda. Siempre sale con hombres pero no logra tener más de tres o cuatro citas con un mismo hombre. "Siempre termino dando excusas. A veces los rechazo, o no los tomo en serio. Ahora que me acerco a los treinta años, tengo miedo de no poder lograr nunca que un hombre se enamore de mí. Todas mis amigas tienen pareja, y no entiendo por qué yo no." Arlene sabe que hay algo en su conducta que aleja a los hombres, pero no sabe cómo modificar esos patrones negativos que pueden ponerse en funcionamiento aun en la primera cita.

Cecile, una diseñadora gráfica de treinta y seis años, que vive con un hombre desde hace dieciocho meses, describe una creciente preocupación. "Si bien sé que Rusty me ama y quiere casarse, estoy preocupada. Con mucha frecuencia me entero de amigas que se separan poco antes de anunciar su compromiso. Me siento muy conflictuada. Tengo miedo de presionarlo, pero, al mismo tiempo, no puedo estar pasiva, sin decir nada." Si Cecile entendiera por qué y cómo los hombres llegan a comprometerse con una mujer, no tendría tanta aprensión. Ante la falta de ese entendimiento, se siente llena de temor.

El común denominador en la vida de todas estas mujeres es el apremiante deseo de entender la naturaleza del amor masculino. Ya sea que se trate de una primera cita o de un matrimonio de muchos años, quieren sentirse capaces de alterar el curso del amor, de atraer más a un hombre y de fortalecer el compromiso de él en la pareja. Pero, lamentablemente, se sienten impotentes para transformar esa necesidad en una realidad.

¿Por qué el amor es tan desconcertante?

Todos queremos encontrar y conservar una relación cálida, rica y plena. ¿Por qué, si todos tenemos las mismas intenciones y esperanzas, el amor disminuye con tanta facilidad? ¿Por qué se separan las parejas? ¿Por qué el amor llega a ser un vínculo perdurable para algunas personas mientras que, para otras, nunca echa raíces?

En general, las relaciones no se deshacen por causa de conflictos importantes: por sorprendente que parezca, éstos a menudo se encaran en forma constructiva. La mayoría de las relaciones mueren lentamente y sin que ninguno de sus dos integrantes tenga conciencia de ello. Hay una fina línea divisoria entre las relaciones que llevan una dirección positiva y las que caen, poco a poco, en la apatía o en la lenta acumulación de decepciones y resentimiento. La mayoría de nosotros ignoramos dónde se encuentra esa línea, y carecemos de carteles indicadores para hallarla en cierto tiempo.

Si sabemos qué es lo que afecta las relaciones, podemos modificarlas. Si bien hay hombres y mujeres que creen que el amor es demasiado especial, frágil y maravilloso para ser maltratado, la realidad es que al amor no lo gobiernan los caprichos del destino sino las psicologías particulares, las formas de entender y prever cómo se comportarán las personas en determinadas situaciones. La persona que está enamorada se siente descontrolada, tal vez "en las nubes", pero, en el fondo, puede sentirse impotente y pesimista cuando, misteriosamente, el amor equivoca el camino. ¿No es mejor tener una buena comprensión de la dinámica del amor? La esperanza y el optimismo nunca están errados cuando se basan en el conocimiento y la certeza.

Las voces que usted oyó al comienzo de este capítulo preguntan, en esencia: "¿Cómo se produce el amor, y cómo puedo mantenerlo vivo?" Hay respuestas. *Es* posible influir en esta experiencia, la más maravillosa, deliciosa y necesaria de la vida. Se puede aprender a provocar en un hombre sentimientos de confianza, amistad y pasión.

La capacidad de lograr esto no es obra de un accidente del destino ni se trata de un instinto que posean muy pocas mujeres. El primer paso consiste en entender que el aprendizaje y la información pueden alterar el rumbo del amor.

Mucho se ha escrito en los últimos veinte años acerca de las esperanzas, los sueños y los miedos ocultos de las mujeres. Lamentablemente, no ha habido información comparable sobre la naturaleza evolutiva de la psicología masculina, especialmente en su relación con las mujeres. Además de esta falta de información, existe otra razón fundamental por la cual los hombres parecen tan incomprensibles para las mujeres. El hecho es que a los hombres nunca los entusiasmó la idea de que las mujeres los conocieran en profundidad. La "mística masculina" les ha servido para disimular sus temores e inseguridades; les ha servido de protección para no decepcionar a las mujeres. Pero a pesar de esa necesidad de sentirse fuertes e invencibles, los hombres tienen una necesidad más apremiante aún de ser conocidos por las mujeres a quienes aman.

La necesidad de amor

El deseo de saber más acerca del sexo opuesto parece más intenso que nunca, y hay varias razones específicas que lo explican. En los últimos años, hombres y mujeres han empezado a revalorar el concepto de matrimonio y familia como parte de un retorno general a los valores tradicionales que se han producido en la década de los '80. Debido a un desencanto con los placeres de la soltería, a una creciente preocupación por las enfermedades venéreas y el consiguiente fin de la revolución sexual, hombres y mujeres vuelven a apoyar una forma de vida más conservadora y monógama.

En el caso de algunas mujeres, hay cierta urgencia especial que resulta conmovedora. Las mujeres que hoy tienen entre veinticinco y cuarenta años experimentan una ansiedad cada vez más generalizada por casarse y formar una familia antes de que sea tarde. Por otra parte, para muchas de esas mujeres la vida exclusivamente profesional no ha resultado tan satisfactoria como esperaban. Por tanto, algo desilusionadas y dolorosamente conscientes de sus relojes biológicos, muchas mujeres solteras de esta generación desean encontrar pareja y establecer vínculos firmes con un hombre.

Este deseo ha dado origen a nuevas preocupaciones. Es evidente que las mujeres buscan una relación duradera y creen que la mayoría de los hombres, no. Nosotros no creemos que sea así, y a lo largo de este libro presentaremos información acerca de qué debe tener una mujer para que un hombre *quiera* tener una relación duradera con ella. Hablaremos también de la diferencia básica que existe entre hombres y mujeres con respecto a la altura de la vida en la que desean casarse, lo cual es una verdadera fuente de tensiones. Esta diferencia es lo que contribuye a mantener el mito de que los hombres no desean una relación estable.

Los hombres menores de treinta y cinco años a menudo parecen rehuir este compromiso porque se dedican con exclusividad al trabajo y a su carrera. Especialmente en la década de los años 80, con la nueva e intensa ética laboral y el surgimiento de una filosofía materialista, los hombres prefieren postergar el matrimonio por más tiempo que en el pasado. Esto no significa que, a la larga, no deseen tener una relación permanente. Lo que significa es que predomina su inversión emocional en el trabajo. A diferencia de las mujeres, los hombres no tienen un reloj biológico que los obligue a reordenar sus prioridades.

La necesidad de amor es una cuestión urgente no sólo para las mujeres solteras sino también para las casadas. A ellas también les preocupa la calidad de sus relaciones con los hombres. Aunque la estructura básica de su matrimonio parezca estable, una mujer a menudo percibe tensiones, cree estar decepcionando a su esposo y a ella misma, y tal vez no sepa cómo cambiar las cosas, ni siquiera si es posible hacerlo.

Hay diferencias básicas pero mal comprendidas entre los sexos, que explican muchas de las confusiones y tensiones que surgen en las relaciones amorosas. Cuando se conocen los motivos de esas diferencias y se entienden las maneras en que éstas afectan las relaciones entre hombres y mujeres, resultan mucho más comprensibles y menos frustrantes.

Las tensiones entre los sexos

Al igual que la mayoría de las personas, es probable que usted crea que las mujeres se entregan al amor de buena gana, mientras que los hombres son más ambivalentes: pueden tomarlo o dejarlo; que las mujeres son, por naturaleza, más fieles y monógamas, mientras que los hombres son polígamos, más propensos a las aventuras, aun cuando la mujer a quien aman parece haberles dado todo; que los hombres son menos capaces de tolerar la intimidad emocional y se sienten menos cómodos con ella, mientras que a las mujeres les resulta fácil expresar plenamente su amor; que los hombres son románticos sólo mientras tratan de conquistar, y que sus gestos amorosos no son más que "trucos" que hacen a un lado en cuanto se sienten seguros del amor de una mujer; que las mujeres son adictas al amor y que los hombres lo reprimen; que a las mujeres les agrada que les hagan perder la cabeza por amor, y que los hombres prefieren que los mimen como a bebés.

El hecho es que todas estas creencias contienen ciertos elementos de verdad. Estos son los ingredientes que componen la antiquísima tensión y la incomprensión entre hombres y mujeres: la batalla de los sexos. Sin duda, usted también habrá experimentado estas tensiones. A todos nos aquejan. Entre hombres y mujeres siempre ha existido fascinación, curiosidad, recelo, frustración y desconcierto.

La denominación "batalla de los sexos" surgió debido a que, cuando un hombre y una mujer se ven mutuamente atraídos, lo hacen con cautela y recelo. ¿Por qué sucede esto? ¿Qué hace que los hombres y las mujeres se necesiten y se deseen y, al mismo tiempo, sean tan cautos, se frustren y se decepcionen tan fácilmente? Hay una razón muy sencilla: porque son diferentes. Algunas de esas diferencias nos resultan muy agradables, pero nos cuesta entender y apreciar muchas otras.

Tal vez el conflicto básico entre los sexos se origine en que ambos tienen maneras muy distintas de enfocar la intimidad emocional: qué significa, el sitio que ocupa en su vida y la comodidad que les proporciona. Esto no implica que uno de los sexos ame en forma más plena. Significa que ven el amor y experimentan la intimidad de maneras distintas. El amor nos decepciona cuando no tomamos en cuenta estas diferencias básicas.

Hacia la intimidad emocional

Los hombres y las mujeres enfocan el amor de distintas maneras debido a un hecho de suma importancia: los varones forman su identidad y su sentido particular del yo separándose de su madre y adoptando al padre como modelo, mientras que las niñas lo hacen mediante una continua asociación con su madre. Esta sola diferencia es responsable de la miriada de confusiones y divergencias que se producen en las relaciones de pareja.

La intimidad emocional se logra cuando revelamos nuestros sentimientos y pensamientos más profundos y nuestra pareja comparte también los suyos. Esta clase de intimidad es un requisito fundamental para enamorarse y establecer un vínculo duradero con alguien.

Con el propósito de que usted pueda visualizar mejor las notables diferencias entre la reacción masculina y la femenina ante la intimidad emocional, hemos empleado un recurso conceptual que llamamos Escala de Intimidad.

Imagine la necesidad y el deseo de tener intimidad emocional como parte de un continuo en cuyos extremos están el apego y la individualidad. Esta última significa estar solo, ser autónomo. El apego es la experiencia de sentirse unido a alguien, de tener una relación extremadamente estrecha con alguien.

ESCALA DE INTIMIDAD

Individualidad -------------------------- Apego

Todos tenemos una "zona vincular" óptima que indica en qué nivel de intimidad emocional nos sentimos cómodos. Si bien los hombres y las mujeres valoran el amor por igual, y adjudican la misma importancia al hecho de hallar y conservar una unión estrecha, sus posiciones en la escala de intimidad revelan a menudo diferencias muy llamativas. Tales diferencias representan patrones generales, y cabe recordar que siempre hay excepciones en los casos específicos. Hay hombres que aceptan la intimidad emocional tanto como la mayoría de las mujeres, y hay también mujeres que, como los hombres, tienen una intensa necesidad de independencia y autonomía.

AFINIDAD: COMO SE VINCULAN LAS MUJERES.

En el ejercicio de nuestra profesión hemos descubierto que, en general, las mujeres se ven mucho más motivadas que los hombres por su necesidad de intimidad y apego en una relación. La zona vincular de una mujer –la posición en la escala de intimidad en la que es más probable que se sienta cómoda y satisfecha a la vez– está muy cerca del extremo de la escala en que se halla el apego. Es allí donde una mujer trata de ubicarse con un hombre.

ZONA VINCULAR FEMENINA

Individualidad ---- (Vínculo) > > > > >   Apego

Este poderoso impulso, que hemos dado en llamar Factor Afinidad, tiene sus raíces en las primeras experiencias infantiles. Durante la infancia, el mundo de una niña se centra exclusivamente en su madre, y ese vínculo con ella le proporciona una sensación de fuerza. Desde entonces, siempre asociará los vínculos estrechos con la seguridad. Alrededor de los dos años de edad se inicia el desarrollo de su propia identidad, y la niña comienza a imitar a su mágicamente poderosa madre. Entonces aprende también que ese vínculo le proporciona fuerza.

A medida que crece, la niña conserva un recuerdo firme y perdurable de ese vínculo idealizado o esa profunda intimidad. Cuando la niña se convierte en mujer, los sentimientos de seguridad tan estrechamente asociados con el vínculo que la unía a su madre permanecen en su inconsciente y ejercen una poderosa influencia. Esas primeras experiencias infantiles constituyen el origen del Factor Afinidad, la fuerza que hace que la vinculación afectiva sea tan importante para las mujeres.

Sin embargo, esto no significa que el deseo de tener esa vinculación sea siempre el motivo principal en la vida de una mujer. Cuando llega a la adolescencia y a la adultez, la independencia y la realización personal adquieren una importancia cada vez mayor y, de hecho, pueden llegar a ser tan importantes como lo son para los hombres. No obstante, mientras que la necesidad de apego puede permanecer latente durante los períodos de intensa realización personal, nunca desaparece ni pierde su poder.

Dado que una mujer asocia la seguridad con el apego, la individualidad y la soledad señalan su pérdida de seguridad y, por consiguiente, representan situaciones que debe evitar. Para muchas mujeres, el hecho de no estar en relación de pareja es un estado negativo que las asusta, pues evoca la preocupación de no volver a sentir la calidez y la seguridad que tanto valoran.

POLARIDAD:
COMO SE VINCULAN LOS HOMBRES.

En la actualidad, muchas mujeres piensan que los hombres temen comprometerse y que vacilan antes de aceptar las exigencias emocionales de una relación. Consideran que esa ambivalencia masculina es negativa, que sugiere debilidad, falta de decisión e incluso incapacidad de amar en forma plena o coherente. Es probable que cualquier mujer, ya sea soltera o tenga muchos años de matrimonio con el mismo hombre, haya percibido en su pareja una conducta de acercamiento y evasión: a veces parece muy atraído hacia ella y se muestra romántico y cariñoso, pero se aparta al aumentar la intensidad emocional. Esta actitud provoca en la mujer mucha confusión, un gran resentimiento, e infelicidad.

¿Por qué los hombres se comportan así? Nosotros creemos que detrás de esa conducta, a menudo exasperante, hay un poderoso proceso o una fuerza que la explica. No se trata de debilidad, falta de decisión o incapacidad de amar. Esta oscilación entre el apego y la individualidad es una ley básica de la psicología masculina. La denominación que hemos escogido para este axioma de la conducta masculina es Factor Polaridad, y éste también se origina en las experiencias infantiles.

Del mismo modo que las niñas, los varones establecen un vínculo de inmensa dependencia con sus madres. Sin embargo, mientras que las niñas conservan esa estrecha asociación con la madre, en el caso de los varones comienza a ocurrir algo muy distinto alrededor de los dos años de edad: poco a poco toman conciencia de que se parecen más al padre que a la madre. Se ven forzados, entonces, a separarse de ella y a tomar al padre como modelo.

Los varones aprenden a temprana edad que la autonomía constituye la esencia de la masculinidad. Este impulso hacia la independencia lleva a los niños, y más tarde a los hombres, en una dirección, mientras el deseo de protección –menos obvio pero igualmente poderoso– los lleva en otra. Estas fuerzas contrarias crean en los hombres un patrón de oscilación: tienden a oscilar entre los dos extremos de individualidad y apego. De allí el término "polaridad".

Veamos aquí una representación de la conducta masculina:

ZONA VINCULAR MASCULINA

Individualidad < < < < (Vínculo) > > > > Apego

Los hombres alternan entre el deseo de apego y de intensa intimidad emocional (en el extremo derecho del continuo) y el deseo de individualidad y autonomía (a la izquierda). Se sienten incómodos si se demoran en cualquiera de los dos extremos. Cuando llegan a un estado de apego, experimentan una inquietud relacionada con la debilidad y la anulación de su personalidad. Del mismo modo, cuando se acercan demasiado al extremo de la individualidad, empiezan a sentir temores sutiles pero insistentes con respecto al abandono, el aislamiento y la soledad.

La zona en que los hombres se sienten más cómodos y más dispuestos a vincularse se halla aproximadamente en el medio de esta escala de intimidad. Si la comparamos con la zona ideal femenina, resulta evidente que hay una discrepancia inherente entre lo que desean las mujeres y los hombres.

CONFLICTOS: EL LADO OSCURO DEL AMOR.

Las mujeres no entienden la bipolaridad que impulsa a los hombres hacia ambos extremos de la escala de intimidad, por ser tan ajena a su propia experiencia. Las mujeres no oscilan así; en general, prefieren una zona vincular relativamente estable y más cercana al apego. Lamentablemente, la zona que resulta más cómoda para ellas hace que los hombres se sientan atrapados. Esta discrepancia es la causa de muchos conflictos entre hombres y mujeres.

Resulta evidente que la afinidad y la polaridad sugieren que esos conflictos son inevitables. Sin embargo, la tensión no sólo es natural y previsible, sino que además constituye la base misma del interés y la atracción entre ambos sexos. Nosotros consideramos que es esencial comprender que estas diferencias nunca desaparecen, sino que continúan durante toda la experiencia compartida en pareja.

Podemos tener la creencia errónea de que tales diferencias existen solamente en las primeras etapas del amor y que, con suficiente afecto, confianza y tiempo, llegaremos a ser como una sola persona y ya no habrá desavenencias. Es ingenuo esperar que el amor modifique, como por arte de magia, leyes psicológicas fundamentales. No lo hará. Siempre estará presente esa intrigante diferencia entre los sexos. Los hombres seguirán oscilando entre el deseo de autonomía y el de intimidad emocional. Las mujeres seguirán buscando reafirmar esa intimidad. Pero es posible entender esas diferencias y aprender a sobrellevarlas.

Nuestra intención en este libro es descifrar lo que parece misterioso en la conducta masculina en las relaciones de pareja, e informar con exactitud lo que sucede en el corazón y en la mente de los hombres cuando se relacionan con el sexo opuesto. El primer paso en este camino hacia el descubrimiento consiste en entender que el amor no nace así como así, sino que se aprende, y que podemos alterar su curso.

El aprendizaje del amor

La capacidad de desempeñarse bien en pareja no es innata ni intuitiva. En una relación, nuestra conducta y nuestras expectativas son, en gran medida, el resultado de todas nuestras experiencias, tanto infantiles como adultas.

Observamos a nuestros padres y, en la mayoría de los casos, los imitamos, por más que queramos diferenciarnos de ellos. La forma en que nuestros padres se tratan entre sí nos enseña lo que debemos esperar en nuestra vida y la actitud que debemos asumir con respecto al afecto, el respeto y la intimidad.

Durante la adolescencia, aplicamos algunas de esas nociones del amor en las primeras relaciones que van más allá de la simple amistad. A menudo nos sorprende mucho ver que los otros pueden encarar el amor y la atracción de manera muy distinta de la nuestra. Una de las cosas más importantes que aprendemos en esta etapa es lo que sentimos por nosotros mismos: en qué medida nos valoramos y nos consideramos atractivos. Para muchos, se trata también de un período en el cual la vergüenza y la decepción nos llevan a crear una "armadura" para protegernos del dolor. Muchos estamos traumatizados por humillaciones adolescentes que nos dejaron una marca indeleble. Muchas veces, nuestra actitud hacia las relaciones amorosas surge de esas primeras experiencias.

El aprendizaje implícito en ellas es lo que determina nuestra autoestima. La mayoría de los dilemas que enfrentamos en la vida adulta son el resultado de las heridas que a temprana edad dañaron nuestra confianza en nosotros mismos.

Pero aquí lo importante no es este hecho; todo lo contrario. La mayoría de nuestros hábitos negativos de amar son algo que podemos modificar, alterar e incluso cambiar drásticamente en forma positiva.

Cómo podemos influir en el curso del amor

Nosotros creamos nuestros propios dramas en la vida. Aparte de las primeras experiencias infantiles, somos responsables de la forma, el rumbo y la calidad de nuestras experiencias; somos sus escritores, productores y directores. Las personas que tienen relaciones satisfactorias aprenden del pasado, pero no se dejan esclavizar por él.

Nadie escapa al inmenso dolor y a la decepción que causan los traumas por las relaciones negativas. El contenido y el argumento difieren, pero hay un hecho que no varía: alguien, en algún momento, sufre por causa de otra persona. No se puede evitar el sufrimiento, pero sí reducir la probabilidad de volver a experimentarlo en la misma medida, y para eso se necesita aprender.

Lo que paraliza una relación y, a la larga, la encamina en una dirección destructiva es un factor muy sencillo: las dos personas que la componen siguen haciendo exactamente lo mismo una y otra vez. Tienen la esperanza de que la situación cambie, pero conservan el mismo comportamiento, a menudo porque piensan que tienen que modificar la conducta de su pareja y no sólo la propia. Esto no es verdad: el poder reside en cada persona, pues cuando en una relación alguien cambia, el otro debe cambiar también, pues se ve forzado a reaccionar de manera distinta.

La capacidad de influir en una relación, de crear una atracción y afectar el rumbo del amor, se inicia en el primer encuentro entre un hombre y una mujer. En ese momento se siembran las semillas de los patrones positivos y negativos. Desde el primer saludo, nuestros temores, necesidades y esperanzas están presentes, como una especie de orden del día oculto.

Cuando un hombre y una mujer se conocen, ¿qué ocurre en sus primeros encuentros? ¿Cómo se produce esa "química" que va más allá de la atracción física, más allá de la sensación superficial de que él es "interesante, pero..." o ella es "divertida, pero..."? ¿Qué actitudes, indicios o señales hacen que se profundice tanto la esperanza o la certeza de estar ante una persona con quien se pueda establecer un vínculo fuerte, duradero y satisfactorio?

Sin duda, muchos de nosotros evaluamos temprano estas importantes cuestiones acerca de los límites de una relación. ¿Por qué, después de una sola cita con alguien, nos sentimos esperanzados y animados, o bien decepcionados y cautos? Lo que una mujer comunica en esos momentos iniciales determina, en muchos casos, la naturaleza y la intensidad de la respuesta masculina.

La gente soltera a menudo teme que las relaciones les impongan exigencias infranqueables; creen que es difícil encontrar el amor y más difícil aún afianzar el compromiso. La gente casada suele creer, en el fondo, que su conducta está tan arraigada que les parece poco realista esperar modificarla. La mayoría de las personas suponen que para poner en marcha una relación, o para volver a encaminarla, es necesario un esfuerzo sobrehumano. En realidad, el discernimiento y las acciones que se necesitan para modificar una relación se pueden aprender, y es posible que ofrezcan menos dificultad de lo que se cree.

A todos pueden asustarnos los cambios. Lo que solemos olvidar es que el hecho de experimentar con nuevas maneras de ser puede constituir una aventura que fortalece y alienta el crecimiento. Con frecuencia somos demasiado pesimistas con respecto a nuestra capacidad de modificar hábitos contraproducentes. Estamos convencidos de que no podemos cambiar, de que "no soy así", o bien nos resistimos al cambio y declaramos que "yo soy así: tómame o déjame". Cuando actuamos con tanta rigidez o temor, es inevitable que salgamos perdiendo.

En los siguientes capítulos de esta sección nos referiremos a las distintas clases de mujeres cuya conducta contribuyó a crear patrones negativos de conducta entre ellas y los hombres a quienes amaban. Mientras lea estos capítulos, busque esas conductas en usted, no por temor o aprensión, sino como una tarea positiva, como un camino hacia nuevos descubrimientos. Es nuestro propósito ayudarla a lograr un mayor esclarecimiento y crecimiento personal, por eso hacemos hincapié en las diversas cosas que usted puede hacer para modificar esos patrones negativos, no para su hombre, sino para usted misma. El cambio en y por uno mismo es, a la larga, la manera más efectiva de mejorar y vivificar las relaciones de pareja. Recuerde que arriesgarse y experimentar con una nueva clase de conducta resulta liberador, no sólo porque puede conducir a relaciones más satisfactorias con los demás, sino también porque, al arriesgarnos, ganamos autoestima y confianza en nosotros mismos.

CAPITULO 2

El temor inconsciente a la intimidad emocional

Helene, de treinta y ocho años, es una atractiva y encantadora ejecutiva de la industria cinematográfica. Está tratando de salir de una depresión provocada por la ruptura de su relación más prolongada hasta el momento: apenas un año. Esta mujer, que parece tenerlo todo a su favor, pregunta: "¿Por qué los hombres siempre me dejan?"

Al cabo de cuatro años de matrimonio, Agnes y Bill son como dos extraños que se tratan con amabilidad. Sin embargo, en las fiestas a las que concurren, Bill se muestra divertido, encantador y, a veces, llega a flirtear con otras mujeres. Agnes vive aterrada por la posibilidad de que un día Bill rompa ese doloroso silencio para pedirle el divorcio.

Greta llevó a Alex, su esposo desde hace diesiete años, a un consejero matrimonial tras haber descubierto que tenía una aventura con su secretaria. Estaba segura de que siempre habían tenido un matrimonio estupendo, y creía que él sólo estaba pasando por una crisis de la edad. Sin embargo, lo que averiguó en las sesiones de terapia fue algo muy distinto: Alex no creía tener ningún contacto emocional con ella.

Todas estas mujeres son atractivas, inteligentes y bien intencionadas. Todas desean sinceramente continuar sus relaciones. Sin embargo, se hallan en situaciones críticas. Con la excepción de Helene, cuya pareja ya la ha abandonado, los hombres se están apartando de ellas poco a poco. En los tres casos, la razón es la misma. Se trata de mujeres que, sin intención consciente, bloquean un proceso que es imprescindible para que una relación sana sea duradera: el desarrollo de la intimidad emocional.

¿Qué es la intimidad emocional?

La intimidad emocional es la esencia del amor y de la amistad. Tener intimidad emocional con una persona es compartir un vínculo estrecho, caracterizado por la comprensión y el compartir mutuo. Hay un deseo de conocer los sueños, las inquietudes y los deseos más recónditos del otro y, al mismo tiempo, permitir que éste nos conozca. La intimidad produce sentimientos de afecto y seguridad que nos recuerdan la confianza y la aceptación que sentimos en nuestra infancia. Del mismo modo, en la ausencia de intimidad, sentimos el intenso dolor de ser extraños el uno para el otro, una sensación de aislamiento y separación.

La capacidad de tener intimidad emocional resulta vital para una relación, pues define los límites máximos de nuestra capacidad de amar. La intimidad requiere mucha confianza. Debemos tener suficiente confianza para revelar nuestros aspectos más íntimos y vulnerables, y debemos creer que podemos aceptar los aspectos íntimos y vulnerables del otro sin que nos agobien.

Intimidad emocional no es lo mismo que dependencia o necesidad. Dos personas pueden depender totalmente de la presencia mutua, aunque no exista una comunicación de sentimientos profunda y franca. Hay parejas que exhiben otra tendencia que a menudo se confunde con intimidad: un exceso de comunicación que no se recibe. En este caso, un hombre y una mujer pueden compartir sus pensamientos, sueños y sentimientos más secretos en forma abierta y vulnerable, pero si alguno de los dos no "recibe" o no reconoce verdaderamente lo que el otro revela, no hay intimidad emocional en la pareja. Eso es seudointimidad, en la cual, en última instancia, cada uno permanece aislado. Este fenómeno, es muy común en las primeras etapas de una relación amorosa, en donde las fantasías y los sentimientos proyectados se confunden con afinidad y amor, y pasa cierto tiempo hasta que cada integrante de la pareja comienza a percatarse de que el otro no lo oye.

El miedo al rechazo, al abandono y a la pérdida

¿Por qué la perspectiva de tener intimidad emocional con otra persona produce aprensión? Después de todo, el verdadero amor −el hecho de tener una pareja que nos conozca y nos acepte, que nos ame por lo que realmente somos− es una experiencia incomparable. Por extraño que resulte, la verdad es que, en la práctica, muchos hombres y mujeres eluden la intimidad, que incluso puede resultarles aterradora. Muchos de nosotros no somos tan abiertos a la intimidad emocional como nos gustaría creer, puesto que el amor, por maravilloso que parezca, puede provocarnos un intenso temor al rechazo, al abandono y a la pérdida.

En primer lugar, a fin de sentirnos cómodos al amar y ser amados, tenemos que aceptarnos y amarnos a nosotros mismos. Si tenemos dudas acerca de nuestro valor, si creemos que las facetas ocultas de nuestra personalidad son malas o inaceptables, podemos temer que nuestra pareja nos juzgue con el mismo rigor con que nos juzgamos nosotros. Revelarse significa abrirse al juicio ajeno, ya sea positivo o negativo.

En nuestro trabajo de terapeutas oímos a diario declaraciones tales como: "Tengo miedo de que, si realmente llega a conocerme, ya no le agrade." Sin embargo, si aprendemos a aceptar nuestras cualidades buenas y las no tan buenas, y si tenemos más confianza en nosotros mismos ("No soy perfecto, soy humano y tengo defectos pero, en general, soy una persona digna de amor") nos sentiremos más cómodos cuando otro nos conozca. La intimidad deja, entonces, de ser simplemente tolerable y pasa a ser valiosa, reconfortante y placentera.

El miedo al abandono ("¿Por qué revelarme, por qué acercarme y amar tanto, si tarde o temprano va a dejarme?") es otra epidemia que mata la intimidad. A partir del aumento de divorcios registrado en las últimas décadas, el miedo al abandono ha dejado de ser una preocupación predominantemente neurótica o poco realista; ahora se basa en una probabilidad estadística muy real.

La frase "hasta que la muerte nos separe" ha sido remplazada por un sello condicional de amor, moderado por el conocimiento de que el amor puede no ser duradero, de que muchas parejas se separan. A menudo, este conocimiento de que "nada dura para siempre" provoca el recelo de entregarse plenamente a una relación. Pero hay algo que también resulta claro, y es la irónica realidad de que los hombres o las mujeres que optan por aislarse de los riesgos normales que implica el hecho de amar abiertamente, a menudo provocan el mismo abandono que tanto temen. Las personas que son demasiado cautas, que temen la intimidad, con frecuencia inician un proceso de alejamiento emocional y, a la larga, de rechazo: las mismas desgracias que tanto ansían evitar.

Hay personas que evitan o limitan la intimidad emocional porque recuerdan el extremo dolor que les causó la muerte de un ser querido. Cuando empiezan a sentir afecto por alguien, es como si oyeran una alarma interior: "No intimes demasiado. ¡Perderás a esa persona y tendrás que volver a soportar ese dolor!"

Cuando muere un ser querido, especialmente si se trata de la pareja de uno o de un progenitor, hay dos reacciones típicas. Algunos sufrimos profundamente la pérdida y luego, poco a poco, tratamos de llenar ese vacío mediante nuevas relaciones afectuosas. Para otros, la pérdida resulta tan desoladora que olvidamos las propiedades positivas del amor; sólo recordamos el dolor de la pérdida, el peligro inherente al hecho de amar a alguien. En este caso, el nuevo amor se ve empañado por el miedo a la pérdida. Es necesario resolver esas heridas pasadas antes de poder amar plenamente a otra persona.

En realidad, una relación de profundo afecto no implica el riesgo de rechazo, abandono o pérdida. La aceptación de nosotros mismos y la autoestima nos otorgan el coraje necesario para correr esos riesgos y, al hacerlo, cosechar las maravillosas recompensas de la intimidad emocional.

El miedo de perder la identidad

Por lo común, las mujeres se sienten más cómodas que los hombres con la intimidad y los sentimientos compartidos, y es más probable que sean ellas quienes busquen la intimidad en una relación. Sin embargo, hay mujeres que temen perder su autonomía e independencia si se abren demasiado a un hombre. Temen perder o comprometer su identidad y que su personalidad se fusione con la de él.

Es probable que usted haya experimentado a veces esta inquietud. Tal vez, después de varias semanas de contacto estrecho con su pareja, sintió una necesidad casi imperiosa de pasar un tiempo sola o con sus viejos amigos. Lo que sucede es que usted desea sentir la familiaridad de su propia personalidad. Esto es natural y positivo.

A veces, en un nivel más consciente, una mujer puede temer que esa unión intensa llegue a ser, de alguna manera, como una telaraña en la que pueda quedar atrapada. Teme no poder satisfacer las necesidades y los requerimientos emocionales de su pareja, que el hombre le exija demasiado tiempo y energías. Por lo tanto, limita el nivel de intimidad para proteger su independencia y sus logros obtenidos con tanto esfuerzo.

Sin duda, hay hombres a quienes, a pesar de sus deseos conscientes, aún les cuesta aceptar emocionalmente a la mujer profesional. Estos hombres desean, en el fondo, que su pareja los atienda más de lo razonable. La solución, según veremos en otros capítulos, no consiste en evitar la intimidad, sino en dejar que ésta evolucione poco a poco, y en negociar sus condiciones con creciente confianza y amor, cerciorándose de que nunca sea unilateral.

Miedo de verse abrumada por las necesidades de un hombre

Otro motivo por el cual algunas mujeres se cierran a la intimidad emocional es que la vulnerabilidad de un hombre las hace sentirse amenazadas, o bien hace que le pierdan el respeto. Temen verse agobiadas por las preocupaciones y las dudas de su pareja, que inevitablemente salen a la luz al profundizarse la relación.

La franqueza es una parte integral de los vínculos estrechos. Sin embargo, ante las revelaciones de un hombre, algunas mujeres temen que él sea débil e incapaz de cuidarlas. Durante la fase romántica de una relación, siempre hay cierta idealización: la mujer lo ve fuerte y seguro de sí. Con el paso del tiempo, es inevitable caer en el desencanto: él no es el príncipe galante, no siempre es fuerte y seguro. Al cerrarse a la intimidad emocional, una mujer puede evitar que surja esa imagen nueva y no tan atractiva de su pareja.

Las mujeres que temen verse agobiadas por las necesidades y las exigencias emocionales de un hombre, a menudo están justificadas en su reticencia a dar y a escucharlos sin cesar. El hecho es que hay hombres que esperan demasiado de las mujeres. A fin de determinar si un hombre espera demasiado, la mujer debe comprender que los hombres necesitan y temen estar conectados emocionalmente.

El miedo masculino a la dependencia

Uno de los temas más importantes de este libro es el conflicto que provoca en un hombre su dependencia emocional con respecto a una mujer. Debido al Factor Polaridad, nada crea tanto conflicto en un hombre como el hecho de depender de una mujer. Desde el frío aislamiento de la Individualidad, los hombres se ven atraídos hacia la calidez del Apego como hacia un hogar encendido. Pero, al mismo tiempo, les preocupa ese deseo de afecto y la idea de que el apego los debilite y absorba.

Es crucial que las mujeres entiendan ese conflicto que experimentan los hombres, pues se trata del principal determinante de su manera de vincularse con ellas. Si ese deseo de afecto no recibe atención –lo cual es muy fácil, ya que esta necesidad se halla, en general, debajo de la superficie consciente y él nunca habla del tema–, puede ocurrir que resulte inhibido el potencial de ese hombre para la intimidad. Esto crea ansiedad y lo obliga a levantar paredes emocionales infranqueables.

Según hemos señalado, los niños desarrollan su sentido de la masculinidad mediante un proceso gradual de separación de la madre e imitación del padre. Mientras que las niñas se sienten fortalecidas por esa asociación, los varones obtienen esa sensación por medio de la separación y la autonomía. Se sienten bien cuando son independientes, cuando pasean en bicicleta, pasan la noche con un amigo o aprenden a conducir. Pero en un aspecto relacionado con este proceso de autonomía, los varones aprenden también a ocultar sus sentimientos. Es triste, pero las emociones se convierten en admisiones de debilidad.

Todos hemos visto alguna vez cómo un niño se aparta cuando su madre trata de abrazarlo. ¿Por qué? Porque para aceptar el abrazo de su madre, el niño debe relajarse, perder el dominio de sí mismo. Esta sensación evoca recuerdos infantiles de desamparo y debilidad, es decir, exactamente lo contrario de la seguridad y la fuerza que caracterizan la masculinidad que él trata de lograr. Podríamos decir que lo que experimenta al tomar excesiva conciencia de su necesidad de apego es un temor de verse "absorbido" o sofocado, pero básicamente se trata del miedo a perder la masculinidad.

Cuando los niños abandonan para siempre la protección y el bienestar que les brinda el apego a sus madres, conservan tanto el deseo de intimidad como el temor a ella, con lo cual se origina el conflicto en el que estarán inmersos durante toda su vida: el Factor Polaridad. Siempre los tienta la atrayente perspectiva de recibir demostraciones de afecto, pero aprenden a ceder a esa tentación sólo en ciertas situaciones y nunca por demasiado tiempo. Cuando se enferman, por ejemplo, los hombres a menudo regresan a ese estado infantil. Pero esa caída en la dependencia les resulta aceptable: en caso de enfermedad, la mayoría de los hombres pueden permitir que los cuiden y los regañen sin temor a perder su masculinidad, porque saben que es algo pasajero.

Cuando los hombres se sienten solos

Hay pocos hombres que no deseen los beneficios de la intimidad emocional, aun cuando se muestren reacios a hacer la mitad del trabajo necesario para crearla. Las mujeres que evitan la intimidad estimulan los temores básicos de los hombres. Ante la falta de intimidad, un hombre se siente solo y abandonado. Si trata de comunicar esos sentimientos, se arriesga a sentirse humillado, pues revela su necesidad y dependencia. Y sin duda, se humillará si sus intentos de revelar su deseo de tener una experiencia más plena y rica con una mujer caen en oídos sordos.

Según explicamos antes, el Factor Polaridad sugiere que los hombres se sienten activamente vinculados en un punto situado aproximadamente en el medio de la escala de intimidad. Dentro de ese rango medio, sienten y expresan el grado máximo de pasión, interés y apego. Pero cuando comienzan a acercarse al extremo de la individualidad, experimentan inquietud y ansiedad. La mujer que evita la intimidad emocional permite, inconscientemente, que el hombre se aparte.

Cuando una mujer niega a su pareja el amor y la intimidad que él necesita, el hombre puede reaccionar de diversas maneras. Puede experimentar frustración y resentimiento, lo cual probablemente le avergüence admitir ante ella e incluso para sí mismo. Luego, como una manera de evitar sentirse aislado e inconexo, puede apartarse emocionalmente. Es factible, asimismo, que se cierre al dolor y

39

a la sensación de alejamiento emocional, cada vez más intensos. La etapa final puede ser una obvia y nada disimulada falta de atención para con su mujer, lo cual a menudo constituye una represalia inconsciente por la falta de atención de ella.

Sin embargo, hay muchos hombres que, en lugar de desquitarse, simplemente se apartan. Dejan de comunicarse, se enfrascan en su trabajo o en su deporte o pasatiempo favorito, pierden el interés sexual o tienen una aventura con otra mujer. O bien, simplemente, ponen fin a la relación, tal vez sin siquiera tener conciencia de los motivos de su abandono.

La roca

Bárbara, una editora independiente de treinta y cuatro años, se ha divorciado dos veces. Comparte la tutela de sus dos hijos con los respectivos padres de éstos. Hace casi dos años que formó pareja con Frederick, un ex actor que trabaja como vendedor de bienes raíces mientras espera la "gran oportunidad" en una de sus muchas inversiones especulativas.

Cuando iniciaron la terapia de pareja, Bárbara definió el tiempo que llevan juntos como "caótico y agotador", aunque lo dijo con una sonrisa. Frederick estuvo de acuerdo con esa definición, pero no se mostró divertido por el drama de su relación. Pronto resultó evidente que él sufría mucho más que ella. Admitió ser él quien instigaba la mayoría de sus discusiones, pero reveló que empezaba a perder las esperanzas de continuar la relación. Esa crisis los había llevado a ingresar en la terapia.

Bárbara lo veía excesivamente menesteroso, exigente e incluso infantil en su necesidad de estar cerca de ella. "Necesito tiempo para estar sola", explicó, "tal vez mucho más que Fred, pero lo que más me afecta no es sólo su necesidad de pasar más tiempo conmigo, sino que necesite hablar incansablemente de sus problemas. No resulta demasiado interesante, y nada romántico."

Ella echaba de menos la primera etapa de la relación, cuando Frederick le parecía más despreocupado, audaz y aventurado, cualidades de las que sus dos esposos sumamente conservadores habían carecido por completo. Bárbara creía sinceramente que Frederick le pedía demasiado y que él tenía que resolver solo sus necesidades.

A los ojos de Frederick, eso no era así. El se consideraba un hombre razonablemente maduro y autosuficiente que, debido a su tumultuosa carrera, necesitaba un confidente, alguien que lo escuchara y con quien pudiera compartir no sólo lo bueno, sino también algunos de sus temores y sus ocasionales accesos de inseguridad. Acusaba a Bárbara de ser dura y egoísta, de querer sólo diversión y no amor. "Mira", le decía, "no te pido nada que yo no esté dispuesto a dar. Tú eres muy reservada con las cosas que te preocupan; sé que las hay, pero nunca hablas de eso. Pues bien, yo no quiero ser así. Creo que el amor es otra cosa."

Poco a poco, Bárbara llegó a entender que su ira hacia Frederick nacía de un temor no sólo a la vulnerabilidad de él, sino también a la propia. Siempre le había costado ser franca y expresar sus sentimientos. Sabía escuchar a los demás, lo cual confirmaban sus muchas amistades, pero no en forma constante, y menos aún, en el contexto de una relación de pareja.

Bárbara trataba de protegerse de la obligación de dar demasiado y agotar sus reservas emocionales. Al comienzo de su relación con Frederick, creyó haber encontrado al fin a un hombre que podría ser su contraparte. Le parecía que él también quería pasión, intensidad y estímulos, y que no deseaba agotar a su pareja (ni verse agotado por ella) con necesidades "infantiles".

Lo que Bárbara no veía era que Frederick realmente era como ella creía. Sin embargo, como sucede a la mayoría de nosotros, a medida que el vínculo se profundizaba, la relación comenzó a incluir un espectro más amplio de necesidades. Es inevitable ser vulnerable a veces y necesitar atención. En las proporciones correctas, resulta natural y saludable. Al rechazar este componente normal de la intimidad emocional, Bárbara impedía la posibilidad de que su relación llegara a ser más que un romance tempestuoso y apasionado.

Vencer el temor a la vulnerabilidad de un hombre. Bárbara se convirtió en piedra por miedo a verse emocionalmente explotada o agotada por los hombres. Si usted se identifica con el dilema de Bárbara, hay ciertas medidas positivas que puede tomar para vencer ese temor. Pero antes es importante entender qué es lo que un hombre quiere cuando habla con una mujer sobre sus preocupaciones.

Si bien puede parecerle que él espera que usted solucione sus problemas, la verdad es que la mayoría de los hombres desean, simplemente, a alguien que los escuche con interés y con actitud receptiva. Quieren a alguien a quien puedan expresar sus inquietudes abiertamente y con franqueza, sin restricciones. Quieren a alguien que los escuche y los entienda, no necesariamente que los ayude.

Para muchos hombres resulta mucho más fácil sincerarse con una mujer que con un hombre acerca de los aspectos que les preocupan en su vida. Al revelar su lado vulnerable a una mujer, el hombre no tiene que preocuparse por la inevitable comparación y la competencia que implican todas sus interacciones con los otros hombres. Vemos, entonces, por qué es tan importante para un hombre poder hablar de sus problemas con la mujer a quien ama.

El primer paso a dar para vencer cualquier temor consiste en entender con claridad de qué se trata; en este caso, entender qué hace que usted desee apartarse cuando un hombre se muestra vulnerable: Ese tipo de clarificación es necesario para dominar la causa de esa incomodidad, pues sólo si se entiende su origen es posible empezar a enfrentarla con mayor eficacia. Por ejemplo, pregúntese qué siente realmente por un hombre con quien tiene una relación cuando él le revela sus inquietudes y temores más profundos. ¿Qué teme usted que pueda suceder? ¿Cómo podría sentirse?

Algunas mujeres podrían expresarlo más o menos así: "Apenas tengo fuerzas para ocuparme de mis problemas. Si tengo que dedicar energías a los problemas de otra persona, no me quedarán para mí." Este temor se basa en la suposición de que cuando un hombre expresa sus problemas, espera que usted haga algo al respecto, es decir, que los resuelva. El hecho de entender que él no espera que usted haga nada en especial puede ser como una enorme fuerza liberadora, pues escuchar no es agotador; en última instancia, puede llegar a parecerlo si creemos que es nuestra responsabilidad hacer algo respecto de lo que nos confían.

Otra frecuente preocupación femenina se puede expresar de la siguiente manera: "Cuando un hombre habla de sus problemas lo veo débil, y odio pensar que el hombre de mi vida no sabe cuidarse solo." Es obvio que el hecho de tener problemas no implica ser débil, pues los problemas son ubicuos. La prueba de la fortaleza y del carácter de una persona nunca es la presencia de preocupaciones o de adversidad, sino la manera de encararlas. Cuando un hombre expresa sus preocupaciones, no significa que sea débil ni que no sepa cuidarse solo. El hecho es que muchos hombres admiten esos sentimientos solamente ante la mujer a quien aman. Ante el resto del mundo exhiben la armadura que les han enseñado a usar. En un sentido muy real, el hecho de que un hombre revele su inseguridad es un cumplido para una mujer, pues esa expresión refleja amor y confianza, no debilidad.

Las mujeres que se "petrifican" a las necesidades emocionales de los hombres temen, a menudo, la recurrencia de sentimientos dolorosos que tuvieron en el pasado. Este temor anticipado actúa como advertencia. Por ejemplo, una mujer puede haber visto que su madre se brindaba a su padre con amor y continuidad, pero recibía demasiado poco a cambio. Ese recuerdo da origen a un temor inconsciente según el cual, si ella se brinda a un hombre, tendrá que seguir haciéndolo y, a la larga, será no sólo su esposa sino también su madre.

La tarea consiste, básicamente, en que la mujer confíe en su capacidad de mantener un equilibrio equitativo en la relación. La actitud de cerrarse a la expresión de sentimientos para evitar el agotamiento o la explotación sólo produce un temor continuo en usted y resentimiento en él. El hecho de brindarse a un hombre con la firme expectativa de que él la retribuya crea un clima mejor, en el cual son posibles el afecto y el respeto mutuo. De hecho, si nos brindamos sin temor al agotamiento podemos llegar a tener cada vez más para dar, pues amar libremente es fortalecedor. El amor debilita sólo cuando viene con restricciones y se ve acosado por el fantasma del resentimiento.

Pero, ¿qué sucede cuando un hombre realmente espera demasiado? La solución consiste, simplemente, en que la mujer insista en que haya reciprocidad. Brindarse de manera unilateral no es tarea de nadie y, por cierto, no es el rol de la mujer. Sea abierta y clara con él cuando le hable de sus inquietudes, y deje en claro que usted no es su madre y espera que él se brinde con la misma generosidad que usted está dispuesta a ofrecer.

Las mujeres que dan demasiado, que se dejan explotar, son, por lo común, aquellas que jamás plantean la cuestión a su pareja. Tales mujeres vacilan en hablar con franqueza sobre la reciprocidad. Cuando falta esa actitud abierta, la mujer puede, a la larga, sentirse abrumada por las exigencias de un hombre.

La esfinge

Hay veces en que un hombre encuentra a una mujer que parece tenerlo todo a su favor y, sin embargo, nunca ha podido conservar una relación estrecha. Eso desconcierta a sus amigos tanto como a ella misma, puesto que todos la ven como la mujer ideal, acompañada por un hombre estupendo.

Helene es una de esas mujeres. Tiene treinta y ocho años y nunca se casó, aunque ha salido con una verdadera multitud de hombres deseables. Su trabajo como productora cinematográfica le ha proporcionado un gran reconocimiento en su área e incluso por parte del público. Es bella, inteligente, tiene éxito y se maneja con facilidad en una profesión dura. Es una mujer encantadora y muy tenaz en su trabajo.

Cuando Helene hizo un inventario de sus relaciones pasadas, halló un motivo reiterado en la partida de sus parejas, una estrecha semejanza en los comentarios de los hombres. Algunos la veían demasiado perfecta; esa perfección los hacía sentirse incómodos. Otros pensaban que no tenía un verdadero sentido del humor, lo cual ella sabía que era verdad, aunque trataba de mostrarse alegre y despreocupada. Había otros hombres que, después de un tiempo, asumían una actitud competitiva con ella. Helene siempre había considerado a estos últimos demasiado débiles para soportar el éxito que tenía. Un hombre con quien había salido nunca tenía roces con ella, pero sí bromeaba acerca de que no la conocía realmente. La apodaba Mona Lisa, y durante un tiempo, se sintió atraído por la imagen enigmática que daba.

En efecto, los hombres de Helene percibían una barrera muy real. La protagonista lo cuenta de la siguiente manera: "Nunca pensé que pudiera tener una relación estrecha y, al mismo tiempo, mantener las pautas de vida que tengo para mí misma. Sé que no siempre puedo ser comprensiva, ingeniosa, inteligente, fuerte o siquiera bonita. Creo que, al reprimirme, tengo más dominio de mí misma, que no corro el riesgo de decepcionar a nadie."

Helene temía que si su relación con un hombre se estrechaba demasiado, tendría que revelar sus sentimientos más profundos, y éstos repelerían a ese hombre. ¿Sus secretos? Nada realmente terrible: la enfermedad terminal de su padre, muchos años atrás, y la depresión de su madre tras la muerte de aquél. Sin embargo, en su niñez, esas desgracias familiares la habían avergonzado, y su gran temor de que los otros la consideraran imperfecta la llevó a tratar de eliminar sistemáticamente de su personalidad todo aquello que pudiera desatar sus sentimientos de tristeza e inseguridad.

Con la ironía que esto implica, Helene es una de esas personas que sufren la exquisita delicadeza y la eficiencia de sus defensas psicológicas. Aprendió a temprana edad a parecer atractiva. Llegó a hacerlo tan bien que olvidó que, originalmente, había desarrollado esa habilidad para protegerse de la vulnerabilidad y el dolor. Su máscara, por encantadora que fuera, resultó ser una barrera que impedía que los hombres se acercaran demasiado. Ellos, a la larga, se cansaban de la casi indecible soledad que sentían con ella cuando estaban a solas.

Ahora, Helene está aprendiendo a arriesgarse. "Ahora comprendo que, al tratar de suavizar las cosas en los momentos incómodos o al interrumpir con algún comentario frívolo cuando un hombre trataba de compartir algo doloroso conmigo, hacía que todo resultara muy insulso y distante. Creía que, al tratar de que todo fuese lo más perfecto posible, lograría que los hombres desearan estar conmigo, pero lo que ahora descubro es todo lo contrario. Es en esos momentos incómodos, tristes o dolorosos cuando experimentamos una intensa intimidad y esos maravillosos sentimientos fluyen entre nosotros. He tenido momentos muy tiernos con el hombre con quien estoy ahora."

Mientras Helene continúa despojándose de sus defensas, confía en que llegará un día en que un hombre, en lugar de abandonarla, desee estar más cerca aún de ella.

Aprender a arriesgarse. Las mujeres que, en la superficie, son muy deseables y tienen personalidad atractiva pueden cegar durante años con respecto a las maneras en que evitan la intimidad emocional. Si usted se identifica un poco con Helene, si nunca logra tener una relación duradera a pesar de poner numerosos rasgos positivos, es probable que haya erigido una "fachada" protectora que bloquea la verdadera interacción con el sexo opuesto. La razón por la cual adoptamos tales estrategias tiene que ver, en general, con viejas heridas y viejos temores que pueden ser más dominantes de lo que quisiéramos creer.

Suponemos que levantamos esas barreras para proteger a nuestros seres queridos de nuestras imperfecciones. En realidad, ese escudo sólo sirve para bloquear aquello que más necesitamos: la aceptación y la confianza que implica la intimidad emocional. Si nos preocupa mostrar nuestros defectos es porque no estamos seguros de cómo serán recibidos: si nos querrán a pesar de ellos o si nos juzgarán por ellos.

Si bien todos sabemos que nadie es perfecto, tenemos plena conciencia de nuestras imperfecciones. El problema es que, al ocultarlas, nunca podremos averiguar si podemos ser amados a pesar de ellas. De esta manera, sólo logramos perpetuar nuestro temor de que surjan sin previo aviso y nos perjudiquen. Esta actitud tiende, además, a hacernos parecer insulsos. Los hombres se relacionan con mayor intensidad con mujeres vívidas. Los aspectos desagradables que provocamos al mostrarnos tal como somos constituyen el verdadero adhesivo de una relación.

La tarea consiste en hallar el coraje para arriesgarnos a ofrecer una expresión más plena de nosotros mismos. Ese riesgo siempre resulta fructífero, pues aumenta la posibilidad de tener una mayor intimidad emocional. El primer paso es aislar los temores específicos que nos producen las relaciones estrechas y, por ende, la posibilidad de que nos "conozcan". Pregúntese: ¿Qué es exactamente lo que alguien puede averiguar si en verdad llega a conocerme? ¿Qué hechos o sentimientos resultan tan desagradables o alienantes? Por lo común, nuestros temores son muy exagerados, incluso irracionales en el sentido de que los demás no los considerarían realmente vergonzosos.

Desde la niñez tememos desagradar o ser diferentes. Todos procuramos luchar con el falso orgullo, la vergüenza y el deseo de que, de alguna manera, nuestros defectos no se noten. Sin embargo, surge un problema cuando nos sentimos forzados a ser perfectos a fin de evitar que nos consideren defectuosos, insuficientes.

Usted podrá liberarse de esos temores a medida que encuentre el coraje necesario para aceptar los riesgos. Arriésguese a mostrarse más a los demás. Le sorprenderá ver la facilidad con que la gente la acepta tal como es. El solo hecho de revelar nuestra personalidad nos hace parecer y sentirnos más vivos y atractivos, y nos brinda mayores posibilidades de buscar la intimidad emocional.

La optimista

Greta, de treinta y nueve años, está casada con Alex desde hace diecisiete. Es una mujer de mucha energía, inteligente y organizada, y participa activamente en una variedad de causas políticas y sociales. Sus numerosos amigos la consideran extraordinariamente vivaz, decidida y encantadora. Pero su esposo conoce la verdad. Greta no es la mujer cálida y amigable que cree ser. De hecho, tiene miedo de que la gente la conozca tal como es.

Greta llevó a Alex a una sesión de asesoramiento psicológico luego de descubrir que él tenía una aventura con otra mujer. Quería creer que se trataba, más que nada, de una "cana al aire", pero el hecho es que la mujer tenía la misma edad que ella y, objetivamente, era menos atractiva en lo físico. Greta esperaba que esa aventura cayera en el olvido y que fuera sólo una "crisis de la edad" para Alex.

Pensaba que tenían un matrimonio básicamente bueno, una vida sexual estupenda y unos hijos maravillosos y, noche por medio, salían a fiestas y a reuniones de beneficencia.

Greta realmente intentó hallar motivos. Sus amigos, que la adoraban, no fueron una ayuda para ella, pues concordaban en que Alex se había "echado una cana al aire". Alex, como era de suponer, rehusaba hablar de su crisis conyugal salvo en las sesiones de terapia, pues insistía en que sus intentos de comunicarse con ella en privado siempre fracasaban debido a que Greta los convertía en exhortaciones y trataba de convencerlo de que tenían un matrimonio estupendo.

Durante años, Alex se había sentido totalmente solo en su matrimonio, sin saber por qué. Sólo cuando inició su aventura comprendió la inmensa negligencia emocional que había padecido. Cada vez que trataba de hacer alguna confidencia a Greta, ella cambiaba de tema con afecto y firmeza a la vez, o bien respondía sin comprometerse demasiado. El resultado era que Alex sufría mucho y se sentía totalmente desconectado en lo emocional de la mujer con quien vivía desde hacía tanto tiempo.

La manera en que Greta se ocupaba de sus temores consistía en mantenerlos acumulados en su interior y dar al mundo una imagen de bienestar. ¿Cuáles eran sus temores? Muchos, no uno solo. En muchos aspectos, Greta tipifica a muchos hombres y mujeres de hoy que tratan de parecer optimistas y positivos para disimular dudas obvias y arraigadas sobre sí mismos. En efecto, hace mucho tiempo Greta decidió construir un estilo de vida y una relación conyugal en los cuales nunca viera una sombra, nunca tuviera que enfrentarse al lado malo de la vida.

Sus progenitores se habían divorciado cuando ella entraba apenas en la adolescencia. Su padre siempre había sido afectuoso con ella, pero era callado, pasivo, y se mantenía extrañamente distante de las tensiones cotidianas en la casa. Su madre hablaba más, pero era más fría y criticaba constantemente a su padre. Cuando, al fin, éste se marchó del hogar, Greta culpó a su madre y se prometió ser lo más distinta de ella que le fuera posible. Dado que su madre era sumamente negativa, ella sería positiva. Como su madre se quejaba constantemente, ella haría caso omiso de esas cosas que la herían, la molestaban o la enfurecían. No cometería los mismos errores que su madre. A ella no la abandonarían. Ella sería diferente.

El problema consistió en que al apagar todos los sentimientos que le parecían peligrosos, Greta limitó el alcance y la riqueza de su relación con Alex. Greta no era, de ninguna manera, una mujer superficial, pero la rígida restricción que imponía a sus emociones la hacían parecerlo.

Ver qué hay bajo la superficie. El esfuerzo por ser optimistas y positivos todo el tiempo crea no sólo mucha presión interna innecesaria, sino además un modelo imposible de imitar. La compañía de una persona así nos hace sentir, en comparación, malhumorados, irracionales y sumamente exigentes. Comenzamos a sentirnos culpables si tenemos cambios normales de ánimo.

¿Qué se puede hacer para salir de esa soleada prisión de la falsa jovialidad? No es fácil, pero se puede lograr y ofrece recompensas muy positivas. En primer lugar, se debe tomar conciencia de que, al ser siempre más agradables que nuestra pareja, obtenemos una satisfacción inconsciente y algo mojigata. Aunque pensemos que el mostrarnos tan agradables es bueno para la relación, en realidad no lo es, porque al hacerlo nos privamos a nosotros mismos y a nuestra pareja de nuestros verdaderos sentimientos.

Las relaciones se componen de un equilibrio de sentimientos positivos y negativos. Las personas que se esfuerzan demasiado por ser positivas tienden a experimentar dos temores comunes, ambos esencialmente infundados. El primero es que, al haber censurado sus sentimientos de ira, tristeza o dolor durante tanto tiempo, les asusta la idea de que, si alguna vez los dejaran aflorar libremente, ese torrente emocional los abrumaría a ellos y a su pareja.

El segundo temor se debe a que han acostumbrado tanto a su pareja a esa conducta que piensan que un cambio repentino no sería aceptable. En ambos casos se equivocan. Para efectuar un cambio como el requerido en esta situación siempre se necesita tiempo, y rara vez se advierte una corriente negativa. De hecho, la otra persona puede sentirse aliviada si su pareja se muestra un poco malhumorada, demuestra su dolor o su tristeza más abiertamente y hace exigencias más sinceras.

La recompensa por lograrlo es doble. Usted descubrirá que tiene muchas más energías y notará una propensión mucho menor a la depresión, pues el hecho de ocultar lo que uno siente consume mucha más energía que el demostrarlo. Por otra parte, su pareja podrá relacionarse con un ser humano tridimensional, alguien mucho más complejo e interesante que aquella persona que siempre trataba de agradar.

Ningún matrimonio puede sobrevivir si sus integrantes no comparten ni revelan sus sentimientos. Sin ese requisito, sólo hay una convivencia fría y callada que estallará algún día, cuando alguno de los dos se decida a actuar. Greta, al igual que Helene, debe arriesgarse a revelar más de sí misma. Una mujer que se revela no tiene por qué temer que su pareja vaya a desilusionarse; el acto mismo de dejarse conocer fortalece el vínculo en la relación.

Si usted padece esos temores, comprenda que todos los tenemos. Nadie crece intacto, libre de dudas relacionadas con su valor personal y su atractivo para los demás. Pero sucumbir a esos temores es bloquear el camino que lleva a la intimidad emocional.

La solitaria

Después de un año de noviazgo, Mickey, de treinta y cinco años, e Irene, de treinta, se comprometieron la noche de Año Nuevo y fijaron la fecha de la boda para junio. Se mudaron a un espacioso apartamento y dieron una gran fiesta para celebrarlo. Sin embargo, a mediados de marzo, Mickey empezó a pensar seriamente en suspender los planes de boda.

"Nunca había estado con una mujer tan divertida y llena de vida como Irene. Al principio reíamos todo el tiempo: hasta nuestras discusiones terminaban en risas y haciendo el amor. Pasábamos juntos tres o cuatro días y noches por semana y hablábamos por teléfono todos los días. Pensé que cuando nos comprometiéramos y fuéramos a vivir juntos pasaríamos más tiempo en común pero, en cambio, nos estamos alejando cada vez más."

"Ella se hizo cargo de un proyecto importante en su trabajo y un par de noches por semana cena de prisa y va directamente al estudio. Otras noches acude a unas reuniones femeninas de terapia grupal, hace gimnasia o sale con sus amigos. Los fines de semana cenamos afuera y vamos al teatro o al cine, y eso es todo. Además, últimamente, la mitad de las veces que quiero hacer el amor me rechaza. Pensé que nos uniríamos más como pareja pero, en cambio, aquí estoy, tratando de ubicar a algún amigo para ir a ver algún juego o al cine, y sin poder hacer el amor."

Irene experimentó una decepción similar. "Pensé que al fin había conocido al hombre adecuado. Tiene un estupendo sentido del humor y, además, era muy romántico. No sé por qué la relación tuvo que deteriorarse. Desde mi punto de vista, Mickey se aferra demasiado a mí; siempre necesita consuelo... y eso me hace perder el interés. Supongo que una de las razones por las que estoy tan ocupada desde que vivimos juntos es que no quiero perder mi independencia. No quiero tener una pareja de ésas que lo hacen todo en común. Quiero estar con mis amigos y hacer cosas por mi cuenta, como gimnasia o pasar un par de horas los sábados recorriendo galerías de arte."

Irene experimenta cierta inquietud por su inminente boda. Teme perder su identidad y que lleguen a ser una de esas parejas cuyos nombres se pronuncian sin detenerse a respirar: "MickeyeIrene". Pero no sólo es más independiente que Mickey y le gusta más la soledad; también teme dejarlo acercarse demasiado.

Confiar en nuestro sentido del yo. Cuando dos personas deciden estrechar una relación, se producen concesiones y acomodos comprensibles. Esto sucede en cualquier sociedad. Pero, ¿acaso eso significa que esa decisión nos limita de alguna manera? Por supuesto que no. Si somos conocedores de nuestros propios límites y de nuestra propia identidad, si tenemos noción de quiénes somos y de lo que merecemos, no deben atemorizarnos los vínculos ni la identidad emocional.

Es necesario confiar en conservar el sentido de la identidad, esa sensación única de autonomía y particularidad. Permitir que un hombre tenga intimidad emocional con usted no implica perder su identidad; de hecho, la fortalece si usted se arriesga. Es una maravillosa manera de validar y aceptar lo que uno es.

Para tener una relación amorosa importante con un hombre hace falta invertir tiempo y compartir experiencias. Trate de conservar la claridad cuando interprete la conducta de ese individuo: no equipare el deseo de estar con usted al deseo de depender de usted. Y no confunda el deseo de sentirse importante para usted con el deseo de atraparla mediante una manipulación sutil destinada a hacer que usted dependa de él.

Es verdad, sin embargo, que las mujeres que poseen un sentido de autonomía e independencia más reciente pueden experimentar aprensión ante la perspectiva de estrechar una relación de pareja. No se trata de un temor

53

irracional, pues hay hombres que, inconscientemente o no tanto, quieren que la mujer se sienta responsable por la relación en primer lugar, y por ella en segundo.

En una relación es necesario hablar de esas inquietudes por la autonomía, tratarlas abiertamente en lugar de suprimirlas. Esa es la parte fácil. Algunas mujeres, sin embargo, sienten una inquietud basada en su propia ambivalencia respecto de la independencia en general. En la actualidad, muchas mujeres no saben a ciencia cierta en qué medida desean la autonomía, y esa incertidumbre crea un terreno propicio para las inquietudes por la pérdida de identidad. Las mujeres que, en el fondo, dudan de su sentido del yo son sumamente vulnerables a la inquietud por la intimidad emocional. Pero si usted está segura de su compromiso con la independencia y con usted misma, tendrá más confianza en su capacidad para la intimidad.

Si piensa que su sentido de identidad no está bien definido, lleve un diario personal. Anote pensamientos sobre usted misma, sus objetivos y principios. El hecho de tomar conciencia de ellos a diario sirve para afirmarlos como parte de su identidad. A medida que gane confianza en esos aspectos personales únicos, y los defina con una claridad cada vez mayor, introdúzcalos en su relación.

¿Cuál es la responsabilidad del hombre?

Ninguna de las mujeres cuyas relaciones hemos analizado en este capítulo puede ser vista como el "villano" de la película. Si bien nos hemos concentrado en su conducta y en la manera en que ésta afecta a los hombres, eso no significa que sean las únicas responsables por la forma en que se manejan las tensiones en sus relaciones. Las formas negativas o poco felices de relacionarse siempre necesitan dos participantes.

En cada uno de los casos que hemos visto, el hombre podría haber sido más activo y directo en su reacción, en lugar de ser pasivo y permitir que la actitud de la mujer marcara el ritmo de la comunicación o la falta de ella. Con mucha frecuencia, los hombres se quejan, se enfadan o, simplemente, callan y se muestran poco comunicativos cuando una mujer no les otorga lo que necesitan. En los ejemplos que hemos visto, todas las actitudes negativas habrían podido moderarse si el hombre hubiera sido más directo, si hubiera comunicado lo que sentía en lugar de decir lo que ella hacía mal.

Como en cualquier conexión negativa entre un hombre y una mujer, cabe preguntarse también por qué el hombre eligió esa clase de mujer. Quizás, inconscientemente, se sentía más cómodo con alguien que no buscara la intimidad emocional. Tal vez buscaba una relación en la que pudiera seguir ocultando sus propios temores y dudas y, al mismo tiempo, proclamar su deseo de intimidad. Pero, si bien estas son consideraciones importantes, nuestro propósito en este libro es analizar qué es, en la conducta femenina, lo que atrae o repele a los hombres y, lo que resulta más importante, qué se puede hacer al respecto.

Cómo reconocer la falta de intimidad emocional

En una relación hay una cantidad de indicios que nos dicen cuándo la intimidad emocional disminuye o, peor aún, cuándo no existe. ¿Su pareja se acerca a usted con un deseo o una necesidad de hablar de sus inquietudes? ¿Demuestra necesitarla en ese aspecto? Si usted se sincera con él acerca del estado de la relación, ¿él la escucha de verdad y revela también sus sentimientos? Si esto no es recíproco, algo anda mal: hay algún motivo por el cual él no se siente a salvo si revela lo que piensa y siente.

A menudo los hombres transmiten sus deseos en forma bastante indirecta. Por ejemplo, ¿se queja de que pasan poco tiempo juntos? ¿Expresa el deseo de tener vacaciones en común? Siempre que entre dos personas se expresan quejas, es sensato, desde luego, tomarlas como lo que son. Es también sensato mirar bajo la superficie y preguntarse si el otro estará comunicando otra cosa.

Los hombres que critican y rezongan a menudo lo hacen como una forma indirecta de expresar sus verdaderos sentimientos: "No me siento querido." "Me siento solo." Esto no significa que usted deba acudir al instante y tratar de arreglar las cosas. No nos referimos a eso. Pero con frecuencia, al leer entre líneas en las quejas vagas y caprichosas de un hombre, se encuentra otro mensaje, más profundo y conmovedor.

La pareja unida comparte también una amistad. El estereotipo del hombre como sólido sostén y de la mujer como ama de casa dependiente, sin identidad ni importancia propia, perdió validez hace mucho tiempo. La amistad profunda siempre es producto de experiencias íntimas compartidas. Al contrario de lo que piensan muchas mujeres, los hombres desean tener una relación más estrecha y amistosa con sus parejas, y cuando no pueden tenerla, tienden a sentirse estafados, solitarios, y a la larga, decepcionados. Esto es así a pesar de la renuencia o la incapacidad de muchos hombres de expresar sus deseos con palabras.

Otro aspecto que revela con certeza el nivel de intimidad emocional de la pareja es el sexo. No nos referimos a la calidad mecánica de él ni a su frecuencia, sino a la ternura y a las expresiones de amor que están presentes cuando hay intimidad. ¿Se miran cuando hacen el amor? ¿Pueden mirarse a los ojos sin ese sutil asomo de turbación que delata el escaso desarrollo de la intimidad?

Una expresión común que revela la falta de intimidad es: "Realmente siento que no te conozco." Cuando se hace esa declaración, por lo general significa exactamente eso. Por segura que esté usted de sus esfuerzos por dejarse conocer, si la otra persona dice: "Somos como extraños", lo son. Si bien puede no estar claro cuál de los dos contribuye más al bloqueo, quienes tienen intimidad emocional no hacen esa acusación. Escúchela y empiece a buscar un modo de eliminar las barreras.

Cómo alentar la intimidad emocional

En principio, trate de recordar los momentos de mayor intimidad emocional que tuvo con los hombres. A menudo no se trata de ocasiones obvias, llenas de intenso amor y pasión. Podría ser un paseo por el parque, un momento que pasaron en silencio, sentados bajo un árbol, una caminata tomados de la mano. ¿Cómo nació ese momento? ¿Cómo se desarrollaron esos sentimientos de intimidad? ¿Qué los provocó? Si examina así sus recuerdos podrá hallar pistas importantes.

¿Y los momentos de afecto y placer compartidos? ¿Cómo surgieron? Para algunas parejas con hijos, el hecho de estar juntos en familia e intercambiar reconocimientos con orgullo y cariño es un momento de gran intimidad. Los sueños y placeres compartidos son importantes. ¿Los ha experimentado usted últimamente, o ha tocado el tema con su pareja?

Mientras evoque esos momentos de intimidad, comprenda que no se debieron a la casualidad. La experiencia de intimidad se produce cuando estamos más vulnerables y abiertos. Cerciórese de que no haya paredes entre usted y él, ya sean las que usted erigió o las que ambos consintieron en una conspiración de silencio. Arriésguese y ábrase a él. Hable de esas cosas personales que pueden haber quedado excluidas de sus diálogos y aliente a su pareja a hacer lo propio.

Para renovar y aumentar la intimidad emocional siempre se necesita acción, una especie de conducta real; no basta con desearlo. La manera más efectiva de promover el crecimiento de la intimidad en una relación consiste en ofrecerse como modelo de esa conducta. Una vez más, recuerde que esa tarea no debe ser exclusivamente suya, pero si usted desea provocar un cambio no hay nada mejor que abrirse y revelarse, sin esperar automáticamente lo mismo a cambio. Este último punto es crucial. Las personas que creen que se les exige vulnerabilidad rara vez se revelan. En cambio, se resienten y se cierran más aún.

Como primera medida, comprenda que para modificar conductas se requiere un tipo de acción y comunicación que difiere de las interacciones habituales con su pareja. Por ejemplo, pruebe algo distinto en sus expresiones físicas de afecto. Exprese su amor en forma no verbal, nuevamente sin esperar, al principio, que ese gesto le sea retribuido o siquiera reconocido. Tomarse de la mano en el cine, una caricia en la espalda, son expresiones sencillas que pueden crear nuevas oportunidades de intimidad. Comparta pensamientos que antes ocultaba o que la avergonzaban, algo que siempre quiso decir o hacer pero no lo hizo. Comparta fantasías, permítase jugar; actúe, arriésguese a revelar una nueva faceta de su personalidad.

Elaboren juntos alguna experiencia nueva: inicien un curso que les interese a ambos, inicien juntos un proyecto, tomen unas breves vacaciones: en fin, cualquier cosa que les permita compartir algo nuevo.

Recuerde que la intimidad emocional siempre se relaciona con la vulnerabilidad. Haga declaraciones personales acerca de lo que significa para usted la intimidad, pero cerciórese de que no sean quejas, exigencias o juicios disimulados. Y no dé por sentado que entiende a su pareja. De vez en cuando es bueno volver a empezar de cero y pensar que nos conocemos poco.

A menudo, ser franco acerca de la intimidad constituye una tarea delicada. Con algunos hombres, lo mejor es preguntarles con tacto si se sienten bien en la relación y si hay algo que quisieran modificar. Incluso pueden discutirlo como si fuera un juego. Háganlo en un momento libre de tensiones. Nunca analicen estas cuestiones durante una discusión, a menos que deseen una verdadera pelea.

Sea sincera con usted misma con respecto a cuántos de los pensamientos de su pareja realmente desea oír. ¿La asusta la vulnerabilidad de él? ¿Tiene algún interés emocional en verlo como siempre lo ha visto? ¿Puede arriesgarse a verlo con otra luz?

No permita que se instalen el aburrimiento y la costumbre. El aburrimiento no es el acompañante natural de la vida diaria, sino el enemigo de la intimidad emocional. Intervenga, haga algo inusitado en usted y comprenda que, en verdad, sólo está revelando un aspecto suyo que ha mantenido oculto. La revelación de uno mismo siempre actúa como catalizador de experiencias íntimas.

No se extralimite. Recuerde que la intimidad se logra con un proceso gradual. No trate de conseguirla en una sola noche: así no da resultado. Según hemos señalado, los hombres pueden saciarse con demasiada intimidad emocional, e incluso con demasiado diálogo sobre el tema.

La intimidad emocional no es fácil para nadie. Tanto los hombres como las mujeres luchan por hallar a alguien con quien puedan sentirse unidos, afectuosos y tiernos. Sin embargo, esa misma vulnerabilidad necesaria para lograr la intimidad emocional en una pareja puede provocar mucha ansiedad. Nos exige revelar las facetas más secretas de nuestro ser. Pero si nos arriesgamos, si hallamos el coraje necesario para revelarnos, alcanzaremos nuevos y más satisfactorios niveles de afecto y compañerismo.

CAPITULO 3

Cómo las expectativas inocentes
se vuelven peligrosas

Gloria sólo pide lo que está dispuesta a dar: romanticismo y esas "pequeñas cosas" que la harían sentir más amada y especial.

Clara protesta, irritada pero en tono jovial: "No me siento muy segura con Chuck. Si nos halláramos en una situación peligrosa, él no tendría la menor idea de cómo protegerme, y en la casa no sabe reparar nada."

Belinda, al describir su relación bastante nueva pero prometedora con Ray, dice: "Pienso que si me amara tanto como dice, querría casarse. No tengo tiempo para esperar durante años hasta que se decida."

Cuando iniciamos una relación amorosa, la mayoría de nosotros tenemos ciertas expectativas que nuestra pareja alterará de diversas maneras. En el fondo, creemos que los pequeños defectos, los hábitos irritantes y las distintas peculiaridades desaparecerán como por arte de magia.

Una parte importante de nuestro deseo de estar con otra persona se basa en esperanzas y expectativas, de modo que cuando nuestra pareja no cambia, nos desconcertamos, y luego nos decepcionamos. A medida que vamos tomando conciencia de que nuestra pareja no quiere o no puede cambiar según nuestras necesidades, a menudo empezamos a hacer exigencias sutiles que pueden alejar al otro sin que nos demos cuenta.

¿Cómo saber cuándo usted espera demasiado de un hombre? ¿Debe preocuparla la posibilidad de ser demasiado exigente cada vez que dice a su pareja lo que quiere? ¿Acaso la comunicación en una pareja no se basa en la expresión mutua de gustos y preferencias? ¿Qué es razonable, y qué es excesivo?

En primer lugar, nadie se propone tener expectativas y necesidades tan exageradas que, a la larga, sofoquen el amor que necesita y desea de su pareja. Tanto los hombres como las mujeres exigen cosas en sus relaciones, en forma normal y natural. Pero hay ciertas presiones que las mujeres pueden imponer a los hombres y que pueden dañar el amor, provocar resentimiento y, a la larga, llevar a la pérdida de confianza.

Volvamos al principio. Si analizamos la primera etapa de una relación amorosa, veremos que se basa en la aceptación. Inicialmente, todos tendemos a pensar que nuestra pareja es estupenda. Pasamos por alto sus defectos o bien los consideramos virtudes, parte del encanto y la atracción total.

En las primeras semanas y los primeros meses, el amor no es necesariamente ciego, pero sí muy corto de vista. La aceptación, ese maravilloso sentimiento de ser dignos de amor, es, a la vez, el ingrediente más importante del proceso de vinculación entre ambos sexos. Sentimos que a nuestra pareja le agrada lo que ve y, poco a poco, nuestras inseguridades se esfuman al vernos valorados por lo que somos. Estamos siempre tomados de la mano, nuestros amigos nos ven menos y, en nuestro amor, nos sentimos estupendamente completos.

A medida que la infatuación se convierte en amor, la aceptación se vuelve más discriminativa y condicional. Al sentirnos cada vez más cómodos y comprometidos, podemos también volvernos más críticos y decepcionarnos con mayor facilidad. Empezamos a ver los defectos de nuestra pareja.

Cuando las esperanzas y las expectativas dan paso a las decepciones, a menudo hacemos algo muy extraño. En lugar de llegar a la conclusión de que nuestros deseos pueden ser poco realistas, empezamos a generar más expectativas o a quejarnos más de las que teníamos. Las expectativas, aun cuando nuestra pareja las ignora, comienzan a sumarse; adoptan una cualidad acumulativa cuando insistimos en que nuestros deseos se vean satisfechos. El resultado de esta acumulación es una especie de toxicidad que puede infectar la relación en formas negativas y hasta destructivas. Todos conocemos a personas que se quejan sin cesar de algún defecto de su pareja que, sabemos, no tiene la menor posibilidad de modificar. No obstante, siguen quejándose, sin comprender que esa falta de aceptación puede sembrar las semillas de un posterior resentimiento por parte de su pareja.

¿Qué son expectativas razonables?

¿Qué derechos tiene usted cuando desea exigir algo a su pareja? ¿Cómo sabe cuándo un sentido saludable del derecho personal se extralimita y pasa a ser una expectativa excesiva o poco realista? La respuesta no es tan sencilla como podría esperarse, pues ciertas exigencias son apropiadas, otras no lo son, y algunas de las menos apropiadas pueden ser las más difíciles de abandonar.

En nuestra vida diaria, todos exigimos cosas a nuestra pareja. En general, nuestra pareja tolera esas exigencias y, dentro de su capacidad, cambia para satisfacernos. Hay toda una variedad de exigencias realistas que no sólo resultan razonables sino también necesarias: si no las imponemos, corremos el riesgo de que nos tomen por seguros y nos desestimen como individuos. Veamos algunas de ellas.

En primer lugar, todos tenemos el derecho de esperar tolerancia para con las diferencias. No somos siameses unidos por la cadera; no pensamos, sentimos ni actuamos de la misma manera. Podemos esperar, con razón, que nuestra pareja apoye nuestras necesidades básicas de seguridad, compañerismo y afecto. Es saludable que todos esperemos apoyo o, al menos, una no interferencia para con nuestro crecimiento y expresión individuales. Es apropiado desear una relación fundamentalmente basada en la igualdad. Y, si bien toda relación evoluciona constantemente, podemos esperar franqueza, claridad e integridad con respecto a las cuestiones que atañen a ambos. Y eso es todo: cualquier otra exigencia que hagamos a nuestra pareja resulta un tanto cuestionable.

No podemos esperar que nuestra pareja piense o sienta lo mismo que nosotros, especialmente en lo relativo a la expresividad emocional y a la actitud hacia la intimidad. Tampoco podemos esperar que ambos deseemos comprometernos con la relación a la misma altura de ésta. Y sobre todo, no podemos esperar que el otro asuma la responsabilidad de resolver nuestros problemas, en especial cuando éstos tienen que ver con la inseguridad y la falta de autoestima.

Cuando nos sentimos seguros de nosotros mismos y estamos conformes con nuestra manera de ser, las exigencias que imponemos a nuestra pareja nunca son excesivas. Pero cuando tratamos de aplacar nuestras dudas o nuestros temores, esas exigencias pueden volverse injustas, con lo cual estaríamos sometiendo a nuestra pareja a una presión indebida y poco realista para que cambie.

Las expectativas excesivas son contraproducentes porque buscan soluciones externas para problemas internos muy personales. ¿Cuántas veces oímos a alguien decir: "Si realmente me amara, querría casarse conmigo tanto como yo deseo casarme con él"? Los hombres son tan capaces como las mujeres de experimentar un amor profundo, pero a menudo difieren mucho de ellas en el momento en que desean comprometerse con la relación.

De hecho, la base de la resistencia masculina al matrimonio puede explicarse, incluso por la incomodidad que sienten los hombres ante su profunda necesidad y su amor por su pareja. La mujer que presiona al hombre hacia el compromiso demasiado pronto y con excesiva insistencia lo hace por una necesidad de reducir su propia incertidumbre, no por amor ni por una verdadera sensibilidad mutua. Por lo común, tales exigencias inoportunas son contraproducentes, pues la cuestión predominante son las necesidades de la mujer en lugar de lo que realmente conviene a los dos.

Otro aspecto de las expectativas poco realistas surge de nuestro deseo de consumación o validación personal. Todos queremos sentirnos apreciados y valorados. Tales sentimientos contribuyen a nuestra confianza en nosotros mismos y a nuestra capacidad de ser amados. La mujer que se siente incompleta sin un hombre, sin el *status* personal que proporciona el estar relacionada con un hombre, puede acabar por ver al sexo opuesto como una solución y no como pareja.

El hombre que no se considera suficiente

Los hombres tienen una reacción instintiva a las exigencias femeninas: saben qué expectativas les parecen correctas, aun cuando les cueste aceptarlas, y saben también cuáles les resultan excesivas. Esto no significa que los hombres siempre estén en lo cierto, pero sí indica cuánto se resienten cuando se les dice cómo deben comportarse.

Durante la mayor parte de su vida adulta, los hombres sienten la obligación de estar a la altura de ciertas pautas, ya sea en su trabajo o en su pareja. Para ellos, la obligación de tener un buen desempeño es tanto un objetivo como una carga. Tienen que demostrar su rendimiento en el trabajo y en la alcoba.

A partir de la niñez, los hombres se enfrentan al desafío de "estar a la altura", de ser fuertes y capaces de competir, de no ser débiles ni cobardes. Siempre se han visto sujetos a las expectativas ajenas. Esto no significa que las mujeres estén libres de esa presión; ellas también la experimentan desde la niñez cuando la sociedad les dice sin ambigüedades lo que deben hacer para ser "verdaderas" mujeres.

Cuando una mujer, ya sea en forma directa o implícita, sugiere a un hombre que cambie para satisfacer sus expectativas, aquél percibe con amargura la decepción de ella; piensa que no ha sabido desempeñarse y se siente abrumado y resentido. Con mucha frecuencia, el hombre puede hallarse incapaz de expresar ese resentimiento con palabras.

Tales exigencias excesivas inician una secuencia de hechos en forma de espiral descendente en la relación. En primer lugar, dan al hombre la impresión de que tiene cada vez más responsabilidad por el bienestar de su mujer. Eso es algo que los hombres rehuyen, tal como la mujer puede rehuir la responsabilidad por el bienestar de su pareja. Por otra parte, las exigencias exponen al hombre a posibles sentimientos de inadecuación y de vergüenza por no ser "mejor", por no parecerse más a lo que su mujer quiere que sea.

En un nivel emocional primitivo, las exigencias femeninas pueden, incluso, evocar recuerdos inconscientes pero dolorosos de haber sido castigado por la madre y sentirse indefenso frente al desprecio de ésta. Surgen especialmente cuando las exigencias adquieren un tono de crítica inflexible. Crean un conflicto en el hombre, pues éste desea instintivamente complacer a la mujer a quien ama. Quiere y necesita que ella lo acepte y lo apruebe. Cuando un hombre siente constantemente que no ha logrado satisfacer a su mujer, ese sentimiento da origen a un conflicto que lo lleva a oscilar entre confiar en la aceptabilidad de su propia conducta y el deseo de poder ser la versión idealizada de sí mismo para ganar la aprobación de su mujer.

Lamentablemente, los hombres a menudo disimulan y esconden sus reacciones a las exigencias excesivas. Rara vez reconocen con franqueza que se sienten disminuidos o que les avergüenza no estar a la altura de ciertas pautas. En cambio, el único indicio de esa aflicción puede ser la ira y el resentimiento manifiesto.

Los hombres no se sienten cómodos en absoluto con la prolongada vergüenza de ser una decepción para su mujer, pero también les incomoda decirle lo que sienten. Para la mayoría, hay una secuencia de reacciones casi previsibles. Los conflictos que provocan esas exigencias conducen, primero, a un sentimiento de culpa; luego, a un obstinado resentimiento y, por último, si las exigencias son inflexibles, a un rechazo furioso y a la represión de las demostraciones de amor.

La romántica

En lo que a Gloria respectaba, Tim había logrado arruinarlo todo. No se trataba sólo del empeño que había puesto en ello, que en su opinión era considerable. Se trataba de lo que significaba todo aquello.

Ella había planeado durante semanas su sorpresa especial para el cumpleaños de Tim. Cuando llegó el día, Gloria pasó a recogerlo por la oficina a la hora del almuerzo y puso en marcha su plan. Hizo que Tim cerrara los ojos mientras lo conducía a la histórica posada campestre donde, esa mañana, había reservado la habitación más romántica: una cama con dosel, cortinas de encaje y, en el baño, una antigua bañera capaz de albergar a dos personas. Cuando lo llevó a la habitación y le dijo que abriera los ojos, Gloria estaba llena de expectación y entusiasmo.

Todo estuvo perfecto: el almuerzo, el champaña bien frío, incluso las flores que ella había dispuesto con tanto esmero. Todo estuvo perfecto, salvo un elemento de suma importancia: la reacción de Tim. "Sí, me agradeció y dijo que estaba muy sorprendido, pero me di cuenta de que no lo disfrutaba tanto como yo. Almorzamos, brindamos por su cumpleaños y todo eso, pero cuando miró la hora por segunda vez comprendí que lo preocupaba volver al trabajo. Me sentí dolida, decepcionada y avergonzada."

Más que nada, Gloria quería sentirse especial, experimentar la excitación del amor. Estaba dolida, pues le parecía que tenía que suplicar para que Tim le concediera unos pocos gestos románticos. Su acentuada necesidad de romanticismo comenzaba a afectar a Tim. Aun cuando Gloria hacía algo especial por él, Tim lo sentía más como una exigencia que como un regalo.

Gloria no comprendía que, si bien Tim la amaba, los hombres y las mujeres se aman de maneras muy distintas. Gloria estaba hambrienta de romanticismo en su matrimonio. Quería que Tim la amara como ella lo amaba, y no lo conseguía. Sus expectativas se convirtieron en inflexibles exigencias de intimidad que, de hecho, causaban en Tim el efecto contrario.

El deseo de Gloria de tener un matrimonio más activo y romántico provocaba en Tim una vaga e inquietante sensación de inadecuación. He aquí cómo lo describió él: "De veras disfruto nuestras cenas a la luz de las velas los fines de semana, y alguna que otra velada frente al hogar, con una botella de vino, pero ella quiere eso constantemente y yo, no. En cuanto a nuestra vida sexual, siempre habla de que cada vez debe ser un 'acontecimiento'. Odio que me haga sentir culpable cuando estoy cansado o, simplemente, no tengo interés." La insistencia de Gloria en el romanticismo despertaba en Tim ansiedad, en lugar de la pasión y la ternura que ella anhelaba.

Tim sentía un resentimiento que crecía poco a poco,

pues sabía que, a los ojos de su esposa, él le estaba fallando, no estaba haciéndola feliz, no era suficiente. Cuanto más lo presionaba Gloria, peor se sentía él y, lamentablemente, menos deseos tenía de darle lo que ella quería.

Desprenderse de las fantasías románticas. A menudo, las mujeres son más abiertamente románticas que los hombres. Debido a que les resulta más cómoda la intimidad emocional, tienden a deleitarse con los gestos que simbolizan la importancia de la relación: una esquela cariñosa, un regalo conmovedor, una salida de sorpresa. Los hombres, por otra parte, tienden a sentirse vagamente incómodos al expresar su amor en forma tan directa. No es que no lo sientan. Es sólo que experimentan los gestos románticos como una medida gráfica del alcance del intenso apego y de la necesidad que sienten por la mujer.

Es obvio que las mujeres se sienten más cómodas con tales demostraciones. Gloria creía que, si el amor de Tim fuese igual al de ella, el romanticismo tendría que interesarle tanto como a ella. Tim no amaba menos a Gloria pero, para él, la conducta romántica y el afecto no eran sinónimos. Gloria no entendía que las exigencias románticas inflexibles pueden cansar, lo cual no sucede con las exigencias ocasionales.

Las mujeres como Gloria necesitan calmarse, retroceder un poco, incluso crear un poco de distancia. Eso no implica que deban ser menos afectuosas: la confianza de un hombre en el cariño y en la persistencia del amor de una mujer le permite sentirse menos receloso, más cómodo y más capaz de tolerar la intimidad emocional. Pero un hombre también necesita, cada tanto, cierto grado de distancia entre él y su mujer para sentirse más activamente vinculado a ella. Necesita sentir que la compañera no depende demasiado de él.

Las expectativas exageradas que surgen de las fantasías románticas pueden ser peligrosas, no sólo porque lleguen a repeler a los hombres, sino también porque a menudo esconden una cuestión básica que la mujer necesita enfrentar: la autoestima. Las mujeres, y los hombres también, a veces buscan soluciones externas para sus problemas internos de valoración y bienestar personales. El romanticismo puede ser uno de esos intentos de solución. No sólo nos hace sentir más interesantes y valiosos, sino que además otorga a nuestra vida una especie de excitación.

El aburrimiento es un problema, pues la mayoría de nosotros lo experimenta en uno u otro momento. Podemos tener la impresión de que, si no hacemos algo maravilloso, nuestra vida es insulsa, incluso inútil. A menudo se busca excitación como si se tratara de un antídoto contra el aburrimiento o la tristeza.

En el transcurso de la terapia, Gloria descubrió que, en realidad, había pasado la mayor parte de su vida adulta en medio de una leve depresión. Su sed de romanticismo era un intento de sentirse más viva, de dar más significado a su existencia cotidiana.

Si usted se identifica un poco con Gloria, hay algunas cosas que puede hacer. En primer lugar, plantearse algunas preguntas. ¿Qué sentiré por mí misma o por mis relaciones si continúan tal como están, si no se ven "realzadas" regularmente con momentos de intenso romanticismo? ¿Quién soy yo sin esos momentos o sin esas ratificaciones de mi valor personal? ¿Soy una persona valiosa?

Esto no significa que debamos vivir sin romanticismo. Pero es necesario considerar si podemos sentirnos bien con nosotros mismos sólo por lo que somos, sin depender de la forma en que nos responden los demás.

En este caso la tarea consiste, en última instancia, en descubrir la diferencia entre las expectativas razonables y las irrazonables. Las expectativas irrazonables son, en realidad, expresiones de dilemas personales no resueltos.

La novia eterna

Belinda, de treinta y cuatro años, pediatra, quiere casarse y tener un hijo, y piensa que Ray es el hombre adecuado. El problema es que, después de ocho meses de estabilidad como pareja, el tema del matrimonio no se enfoca con alegría sino que constituye una fuente de continuas frustraciones y presiones.

Belinda se siente insegura y decepcionada porque Ray no está listo. A su vez, Ray se siente presionado a tomar una decisión que, desde su punto de vista, parece apresurada, porque piensa que aún están en la etapa de conocimiento. "Siempre quiero decirle que no me presione, que no lo arruine todo", se queja Ray. "Pero cada vez que digo algo así, ella queda dolida y yo me siento muy mal. Sé que la amo, pero necesito más tiempo; no quiero cometer un error."

Belinda explica: "De pronto me di cuenta de algo: tengo treinta y cuatro años y realmente quisiera tener hijos. Estoy con niños todo el día, pero quiero tener al menos dos propios y, enfrentémoslo, no me queda mucho tiempo para tener dos o tres hijos."

Belinda está experimentando otra clase de presión, una que sienten muchas mujeres hoy en día: la del paso del tiempo tras haber postergado matrimonio y familia por educación y carrera laboral.

El error que Belinda está cometiendo con Ray es grave. Su deseo y su disposición para el matrimonio, y su decreciente confianza en el futuro de su relación, hacen que el tiempo que pasan juntos sea muy tenso. La intensa necesidad de Belinda de tener un plan definitivo coloca a Ray en una situación emocional muy difícil. Se siente obligado a declarar su compromiso con ella cuando éste se halla apenas parcialmente formado, cuando aún no ha alcanzado su pleno desarrollo.

Belinda es sumamente sensible a su propio sentido de la oportunidad y se siente muy cómoda con la perspectiva del matrimonio pero, al mismo tiempo, es insensible a la necesidad de Ray de tomar las cosas con más calma. Si bien es cierto que algunos hombres necesitan cierta insistencia para dar ese paso, la seriedad del compromiso matrimonial requiere que ella reconozca y se sensibilice al sentido de la oportunidad y de comodidad de Ray.

Ray, en verdad, disfruta de la compañía de Belinda y si contara con más tiempo y aceptación de sus inseguridades, avanzaría hacia una unión más profunda con ella. Pero la necesidad creciente de permanencia que experimenta Belinda amenaza con apartarlo de ella.

Comprender las diferencias de ritmo. Una de las dudas que acosan a Belinda es la posibilidad de estar perdiendo el tiempo al esperar que Ray se decida. Ante la falta de pautas relacionadas con el compromiso y su momento apropiado, las mujeres en edad de procrear sienten una gran ansiedad. ¿Cómo se sabe cuándo es el momento oportuno?

Según nuestra experiencia, los hombres parecen dispuestos a enfrentar el compromiso después de uno o dos años de relación con una mujer. A menudo las mujeres piensan que se debe tocar el tema seriamente entre los seis meses y un año. Nótese la discrepancia. ¡Para la mayoría de las mujeres, el impulso hacia el matrimonio es dos veces más rápido que para los hombres!

Esta discrepancia plantea la posibilidad de que se produzcan muchas divergencias y tensiones. Sin embargo, es interesante señalar que, a medida que los hombres se aproximan a los cuarenta años de edad, a veces son más receptivos a la idea de comprometerse, incluso con sorprendente prontitud, que los hombres de treinta años, quienes aún consideran que tienen mucho tiempo para tomar una decisión con respecto al matrimonio y la familia.

La ansiosa

La inquietud de una mujer con respecto a los sentimientos de un hombre hacia el matrimonio puede aflorar en sus primeras citas con él. Esa inquietud sólo resulta contraproducente.

Glenn, de cuarenta y dos años, diseñador industrial, había salido con varias mujeres durante el año posterior a su divorcio. Al principio, estaba muy entusiasmado con Sandra, de treinta y seis, gerente de personal en una tienda. Ella era inteligente y participaba en varias de las mismas causas políticas y comunitarias que Glenn. Pero después de apenas seis semanas, Glenn comenzó a mostrarse más frío con ella, y pronto le dijo que no creía que su relación fuera a funcionar.

Glenn describe lo que sucedió, en su opinión. "Haciendo memoria, las señales de advertencia fueron claras desde el comienzo. La primera vez que salimos a cenar, Sandra me hizo saber de inmediato que yo le interesaba y que quería volver a verme pronto, de modo que decidimos salir dos días más tarde. Luego, cada vez que nos veíamos, dentro de las primeras dos horas ella mencionaba algún filme que quería ver o algún plan para el siguiente fin de semana, y era muy insistente.

Unas dos semanas después de que empezamos a dormir juntos, me preguntó durante la cena si quería volver a casarme y en cuánto tiempo. Le dije que sí, que en un par de años, tal vez, que me agradaba vivir con alguien y que no me veía soltero durante el resto de mi vida. Ella dijo que buscaba una relación exclusiva y me aclaró que no estaba durmiendo con nadie más.

"Era como si ella pensara que yo había decidido tener una relación estable y que podía esperar mucho de mí: mucho tiempo, muchas llamadas telefónicas, y que en ese mismo momento pasáramos a ser una pareja estable. Daba la impresión de que, en su mente, ella hubiera decidido que yo era el hombre definitivo. Desde mi punto de vista, pasamos unas dos semanas estupendas y luego empecé a sentirme presionado, y pronto todo terminó para mí."

Contener la ansiedad. En una relación nueva es importante y sensato hablar de los objetivos y planes propios en las primeras etapas, y además averiguar lo que busca el hombre. La cuestión es saber cuál es el momento oportuno y determinar si usted simplemente busca información o trata de aplacar su ansiedad. Es normal y natural desear una relación profunda. Es comprensible, también, temer la posibilidad de no obtenerla. Pero es importante no dejarse abrumar por el pesimismo ni permitir que las dudas sobre nuestra personalidad nos perjudiquen. Los demás nunca reciben bien nuestra ansia emocional. Es muy fácil que la pérdida de optimismo se transforme en desesperación, y ésta será percibida por el hombre, por mucho que usted trate de disimularla.

Cuando alguien transmite indicios de excesiva ansia emocional, el resultado previsible es el alejamiento de la otra persona. ¿Por qué? En primer lugar, porque ésta percibe que la desesperación se alimenta de necesidades apremiantes que van más allá de la relación y que se relacionan mucho más con la autoestima que con el amor.

En segundo lugar, porque la desesperación resulta agobiante: la otra persona presiente que esa intensa necesidad no se puede satisfacer fácilmente. Y en tercer lugar, porque la desesperación no deja lugar para que la otra persona ame activamente. El verdadero sentimiento de amor se experimenta tan sólo cuando estamos en un rol activo y no pasivo.

La desesperación nos repele, mientras que la confianza y la fuerza nos atraen. ¿Cómo puede usted crecer en ese sentido? Haga la prueba de analizar lo que usted aporta a una relación de pareja. Es probable que sea mucho más interesante y valioso de lo que usted cree. Recuérdese el valor de su amor, pues ese recordatorio puede llenar el vacío y, poco a poco, eliminar las dudas. La desesperación

74

se alimenta de una sola cosa: la desesperanza. Si usted se alienta a sí misma y cree en su capacidad de ser amada, dejará poco lugar para la desesperanza. Canalice su ansiedad hacia actividades sociales que reafirmen y expandan su sentido del valor y le proporcionen nuevas maneras de encarar a los hombres.

Si usted está con un hombre que tiene los mismos objetivos que usted, entienda que, aunque él diga que quiere casarse y tener hijos, eso no significa necesariamente que desee hacerlo con usted. Y en la situación más ideal y prometedora, en la cual ambos se consideren mutuamente adecuados, cerciórese de que el deseo de profundizar la relación sea siempre activo y recíproco.

Cuando la ansiedad por el matrimonio se torna dominante, se inicia una dinámica cuyo resultado es que el hombre se siente presionado, controlado, responsable por el bienestar de la mujer. Eso le impide ser activo en la relación y erosiona cualquier esperanza real de reciprocidad. Es probable que se vuelva pasivo, que se resista e incluso que se resienta y, en última instancia, que tienda a apartarse de ella en lugar de establecer un compromiso permanente.

La que busca status

"Creo que estoy harto. Haga lo que haga, por mucho que le ofrezca, nunca le basta." Estas fueron las palabras de Al al ingresar a terapia con Frances, su esposa durante cinco años. Ella replicó levantando la voz: "No creo estar pidiéndote demasiado; los dos queríamos la casa, las vacaciones, la ropa. Al menos, eso es lo que siempre me hiciste creer." Frances, de veintinueve años, estaba en lo cierto. Al, de cuarenta y tres, le había prometido muchas cosas, había tratado de darle una vida acomodada, pero empezaba a cansarse.

Como pareja, Al y Frances habían desarrollado un estilo de vida que requería cada centavo de los $70.000 anuales que ganaba Al como ejecutivo de una corporación importadora. A Frances la decepcionaba que Al no hubiera sido capaz de fundar su propia empresa y que, poco tiempo atrás, lo hubieran pasado por alto para el ascenso que tanto había tratado de obtener. "Otros hombres lo consiguen", decía Frances. "Se las ingenian para no quedar estancados en un empleo en el que no pueden ganar mucho dinero y ser sus propios jefes."

Si bien Al tenía un empleo bien pago con considerable responsabilidad, se sentía un fracaso a los ojos de su esposa. "Ella me da la impresión de que no soy suficientemente bueno, inteligente, rico o tenaz para hacerla feliz. Pero lo que realmente me vuelve loco es que he logrado mucho más de lo que ella tiene o tendrá jamás." Antes de conocer a Al, Frances había trabajado como maquilladora independiente para varias tiendas locales, pero ahora trabajaba en forma esporádica y tomaba sus ingresos como "ahorros" para gastos inesperados.

Debajo de su apariencia superficial y elegante, Frances se sentía incompleta e inadecuada. En consecuencia, su relación con su esposo estaba dirigida, en su mayor parte, a la obtención de un sentido de validación e importancia. A través de su matrimonio, Frances trataba de conseguir indirectamente lo que no había desarrollado o logrado por sus propios medios.

Según hemos señalado, los hombres sienten que cargan con la necesidad de desempeñarse bien durante toda su vida. Frances no comprendía cuánta hostilidad provocaban en Al sus exigencias. La mayoría de los hombres se presionan a sí mismos para lograr cosas, y no les agrada que sus parejas les impongan más presiones. Así como las mujeres cargan con una gran cantidad de presiones propias, los hombres están encadenados a la idea de que deben trabajar duro, triunfar y, al mismo tiempo, dominar todo el estrés que engendra la persecución del sueño norteamericano. Por lo común, si una mujer entiende cómo reaccionan los hombres a esas expectativas culturales, su pareja la valorará por ello; las mujeres que pasan por alto esas vulnerabilidades masculinas únicas corren el riesgo de quedar solas.

Cómo aumentar la confianza en uno mismo. Siempre que un hombre o una mujer se sienten inadecuados, existe la fantasía de que su pareja puede proporcionarles parte de la solución. Tanto los hombres como las mujeres pasan por un condicionamiento cultural que los lleva a creer que su pareja puede aumentar su sentido del valor propio. Claro que esto no es así a la larga, aunque un hombre pueda sentir cierto orgullo fugaz al ir del brazo de una bellísima mujer, o a la inversa, cuando una mujer está con un hombre muy rico y poderoso.

Todos nos enfrentamos, en un momento u otro, a la cuestión de si somos "suficientes" o no. Sin embargo, las mujeres tienen ciertos problemas importantes y únicos en este aspecto. Tradicionalmente, la única manera en que una mujer podía lograr poder e importancia era relacionándose con un hombre. Lo que la cultura implicaba era que, si no estaba con un hombre, no era nada. Lamentablemente, estos viejos condicionamientos, por inapropiados o anacrónicos que sean, aún persisten. Y, en muchos casos, pueden afectar profundamente la autoestima femenina.

La verdad es que todos nos sentimos mejor con nosotros mismos cuando podemos ocuparnos de nuestra propia seguridad, en lugar de tratar de adquirirla mediante una relación con otra persona.

Para la mayoría de nosotros, la tarea para ser "suficientes" consiste, simplemente, en ser como somos en lugar de ser como nuestra pareja. Como primera medida, pregúntese: Si mi pareja nunca lograra más de lo que tiene ahora, ¿podría amarlo? ¿Me sentiría bien? ¿O realmente necesito resolver mis problemas de inseguridad estando con un hombre que, en virtud de su posición social, me haga sentir una persona valiosa?

Analice en su interior posibles actitudes negativas o sentimientos de rechazo hacia usted misma que puedan bloquear la confianza y la autoestima. Todos crecemos con dudas, inhibiciones y temores. Hay un dicho estupendo: "Cuanto más domines de la vida, menos le temerás." La cuestión es que, si usted acepta el desafío del crecimiento interior, se verá recompensada con un sentido de respeto hacia sí misma que es imposible lograr mediante la sola asociación con otra persona.

Si usted busca en los hombres soluciones externas para sus problemas internos, necesita esforzarse más para construir su autoestima. Póngase en contacto con usted misma y confíe en lo que le agrada de sí. En lugar de sentirse inadecuada, esfuércese por salir y empiece a trabajar en esas cualidades que considere insuficientes. La confianza en uno mismo es algo que todos podemos lograr, pero siempre se construye desde adentro.

La que busca al superhombre

Cara, de treinta años, quería un "verdadero hombre", alguien que fuera fuerte, maduro y protector. ¿Qué hay de malo en eso? El problema era que Cara tenía una imagen poco realista de los hombres. En un principio la atraían los hombres cariñosos y sensibles, pero más tarde llegó a rechazar su falta de agresividad y fuerza.

Una noche, después de un año de convivencia con Chuck, de treinta y cinco, a Cara le pareció oír ruidos extraños en el patio. Corrió a avisar a Chuck, pensando que él sabría qué hacer e investigaría el origen de los ruidos. "Estaba asustada y quería que él hiciera algo. El también oyó los ruidos. Se puso muy nervioso y dijo que conectaría la alarma y llamaría a la policía. Entonces le perdí el respeto; me pareció débil y temeroso. Yo quiero un verdadero hombre, alguien que pueda hacerse cargo y protegerme."

Para Chuck, ésa fue la gota que colmó el vaso. "Estoy cansado de tener que defender mi masculinidad", reveló. "Me siento cómodo con mi forma de ser y, francamente, no deseo tratar de cambiar."

La aceptación que Cara había demostrado al comienzo de la relación se erosionaba con rapidez. Cara quería hallar en Chuck al prototipo masculino. Temerosa de los hombres más agresivos y dominantes, inconscientemente buscaba tener el control de la situación al elegir a un hombre más sereno y sensible como Chuck.

Considerar a los hombres en igualdad de condiciones. Los hombres, tanto como las mujeres, desean aceptación. No les agrada que los vean o los necesiten como a superhombres o héroes. Mantener una falsa apariencia es demasiado trabajoso. Cuando una mujer busca al superhombre, a la larga descubre que su pareja está resentida y furiosa con ella, aunque pueda disimular muy bien sus sentimientos.

Es comprensible que una mujer desee que un hombre sea más dinámico y protector. Ese deseo constituye, aproximadamente, la contraparte del deseo masculino de que una mujer sea como la madre tierra, omnisciente y generosa. Pero, en el fondo, esta clase de expectativas poco realistas no es un simple deseo, sino que se trata de un reflejo de los sentimientos de desamparo o de la falta de seguridad de la mujer.

Para renunciar a las expectativas poco realistas con respecto a los hombres y a lo que éstos pueden hacer por una mujer, ella debe desarrollar su propio sentido de la fortaleza, su propia capacidad interior. A veces, las mujeres temen parecer seguras de sí mismas; temen que, si parecen fuertes, no las cuidarán como ellas desean.

Hay estudios sobre el miedo femenino al éxito que revelan esta inquietud secreta. Muchas mujeres piensan que, si son demasiado fuertes, demasiado seguras de sí mismas y tienen demasiado éxito, acabarán por estar solas. A menudo temen no agradar a los hombres, que ellos se sientan amenazados por esa fortaleza.

Naturalmente, no es así, pues la mayoría de los hombres respetan a las mujeres fuertes y seguras y se ven atraídos por ellas. Pero lo más triste de estos casos es que tales mujeres no experimentan la alegría de sentirse fuertes y capaces cuando, en realidad, la fortaleza y la capacidad son las piedras angulares de las relaciones de pareja basadas en un verdadero sentido de la igualdad.

¿Cuándo son excesivas las exigencias?

¿Cómo puede usted saber cuándo sus expectativas entran en la zona de peligro? El indicio más importante es que sus exigencias se alimentan más de una intensa necesidad que de simples deseos o preferencias. "Necesidad" implica cierto grado imperativo: si sus expectativas no se ven satisfechas, usted estará perdida o desolada. Este grado de intensidad emocional a menudo da origen a exigencias excesivas. Las expectativas cuyo fin primario consiste en reducir las dudas e inseguridades personales tienden a ser excesivas.

En el contexto de una relación de pareja, las exigencias están en relación con el deseo de que el otro sea distinto, de que cambie, de que satisfaga nuestras necesidades. Sin duda, los hombres tienen defectos: no son los antiguos caballeros gallardos y valientes que podrían esperar las mujeres. Pero tales imperfecciones no constituyen lo principal.

El caso es que cuando una mujer trata de llevar a un hombre en una dirección, él se retrae casi instintivamente en la dirección opuesta. Las críticas reiteradas lo hacen sentir "insuficiente" y erosionan su sentido del valor y la aceptación propios. A pesar de lo mucho que usted diga amarlo, si al mismo tiempo le comunica que él debe cambiar, el efecto neto no será la calidez del amor sino el dolor de la desaprobación.

El primer instinto de un hombre es el de complacer a la mujer a quien ama. Si un hombre considera que una exigencia es razonable, hará un sincero esfuerzo por satisfacerla o bien responderá con franqueza que no puede hacerlo. El problema se presenta cuando no está seguro de si lo que ella le pide es razonable y justo, es decir, cuando sus propias inseguridades y su necesidad de aprobación hacen que le resulte difícil decidir qué es razonable y justo.

La primera advertencia puede ser que se muestre relativamente poco comunicativo o dé respuestas vagas cuando usted trate de tocar esos temas; no brinda ninguna respuesta directa. Si usted aumenta la presión, él puede caer poco a poco en el resentimiento y luego retraerse en lo emocional.

Esencialmente, ese hombre está en conflicto. Desea conservar su relación con usted, y si bien tiene conciencia de que la aprobación de su mujer es un ingrediente importante de esa relación, no se siente capaz de satisfacerla. Este estado emocional puede ser muy angustioso: él no parece capaz de reducir la presión que siente, pero tampoco puede "desconectarse" y apartarse de ella. El resultado es un gradual retraimiento emocional.

A fin de evaluar si las exigencias que usted plantea pueden ser excesivas o no, pregúntese lo siguiente:

1. ¿Espero mucho más de él en un área en especial? Las exigencias excesivas tienen que ver, por lo común, con el hecho de desear más, no menos: más tiempo, más statuts, más romanticismo, más virilidad.

2. ¿Espero que sea diferente de los demás hombres? Las exigencias excesivas en general requieren que el hombre sea no

sólo "más que" y "mejor que", sino también distinto de los demás hombres.

3. ¿Mis exigencias parecen incomodarlo? Las exigencias excesivas requieren que un hombre vaya más allá de su nivel de comodidad.

4. ¿Por qué existe esa discrepancia entre lo que veo y lo que quiero? ¿Tiene que ver con algo que falta dentro de mí, con sentimientos de estar incompleta, cuestiones de capacidad de ser amada, de valor personal o de seguridad? Las exigencias excesivas a menudo son esfuerzos por obligar a alguien a compensar lo que sentimos que falta en nuestro interior.

Si usted sabe que las exigencias que plantea son excesivas, es sumamente importante que dé un paso atrás, incluso que confiese a su pareja que sus expectativas eran poco realistas. Será el comienzo de un verdadero diálogo. Recuerde que el cambio genuino se produce en forma de pasos pequeños pero significativos. Sea realista en cuanto a la velocidad del cambio.

Cuando desee que un hombre cambie en cierto aspecto, elija ese aspecto con sumo cuidado y sea muy específica con respecto a lo que espera. Si está segura de que sus exigencias son justas, razonables y no excesivas, he aquí un enfoque que puede utilizar: "Esto es algo que me molesta mucho. Para que no discutamos y porque te amo, quiero saber en qué medida puedo esperar que cambies en este aspecto." Si él se resiste con vehemencia a cambiar, tal vez haya pocas probabilidades de que se produzca una alteración significativa en su conducta, aunque usted crea tener la razón y piense que él se equivoca al negarse a cambiar.

El amor implica aceptación

Al tratar de cambiar a quien amamos, cometemos tres errores primordiales. El primero tiene que ver con las expectativas poco realistas con respecto al amor en general. Es un mito que tengamos el derecho, o incluso la responsabilidad, de cambiar a nuestra pareja. Es un mito que todos los aspectos de la interacción −las necesidades personales y las diferencias individuales− sean negociables. No lo son.

El segundo error tiene que ver con una tendencia natural a creernos justos y buenos, a pensar que, si estamos dispuestos a cambiar por nuestra pareja, ésta debe estar igualmente dispuesta a hacer lo mismo por nosotros. Si bien eso parece razonable y en ciertos aspectos puede ser válido, la verdad es que podemos cambiar relativamente poco. Recuerde: el amor implica aceptación. Ese maravilloso sentimiento de comodidad, seguridad y capacidad de ser amados es el ingrediente más importante en la fórmula que mantiene unidas a las parejas.

Un tercer error que las mujeres cometen con frecuencia consiste en no reconocer la naturaleza básica de los hombres. Las mujeres que hemos presentado quieren que sus parejas sean "mucho más" de lo que son en realidad. No se puede tener una relación con "potencial"; hay que aceptar y amar a un hombre por lo que es ahora. Es mucho menos peligroso y frustrante estar con un hombre tal como es y no como usted quisiera que fuese o espera que llegue a ser.

Es probable que muchas de ustedes se sientan desengañadas, o incluso decepcionadas, por la forma en que los hombres reaccionan a las exigencias de cambio. Pero la verdad es que las mujeres logran promover los cambios cuando su influencia se basa en la aceptación y el aprecio: es una solución positiva en lugar de una negativa. Su experiencia en el amor se expande en proporción directa con el grado de afecto y de aceptación merecida que siente por su pareja. Lo que él le dé a cambio también será más rico.

CAPITULO 4

Las mujeres que, en el fondo, desprecian a los hombres

La palabra "misógino" tiene siglos de antigüedad y se origina en el idioma de la antigua Grecia. Significa "alguien que odia a las mujeres" y se ha empleado en diversas formas para describir a los hombres que, de un modo u otro, desdeñan a las mujeres o las desprecian. Es curioso, pero no hay ninguna palabra análoga que se refiera a "alguien que odia a los hombres". Existe un término que describe a una persona que odia a todo el mundo ("misántropo"), pero ninguno que aluda a una mujer que desprecie a los hombres.

¿Por qué? Hasta hace pocos siglos, los hombres eran los principales transmisores y depuradores del lenguaje, pues sólo a ellos les estaba permitido leer y escribir. No parece casual que en el antiguo idioma vernáculo se haya omitido una palabra que admitiera el desprecio femenino por los hombres. ¿Se debería, acaso, a que éstos preferían negar que las mujeres pudieran tener sentimientos tan hostiles? ¿Se sentirían amenazados?

Es obvio que hay, y siempre hubo, mujeres que albergan intensos sentimientos negativos hacia los hombres. ¿De qué se trata? ¿Qué hace que las mujeres y los hombres desarrollen una triste y lamentable enemistad mutua? Las pasiones, tanto las positivas como las negativas, se producen cuando existen fuertes interdependencias. Cuanto más nos queremos, nos necesitamos y nos apoyamos el uno en el otro, mayor es el potencial de dolor, decepción y amargura. Esto sucede especialmente cuando, debido a nuestra dependencia, no podemos limitarnos a ignorar o evitar al sexo opuesto cuando éste nos enfurece. Tenemos que seguir haciéndole frente.

Algunos de esos tipos básicos de ira hacia los hombres se han visto alimentados en los últimos años por el movimiento feminista, que expuso y condenó la supresión histórica de la mujer por parte del hombre. El feminismo no creó la ira y la desconfianza para con los hombres, pero sí concentró y legitimó esos sentimientos. Proporcionó un espacio en el cual las mujeres pudieron entender mejor y abordar algunos de los aspectos y las emociones más oscuros de las relaciones entre ambos sexos. Pero si bien el feminismo proporcionó un fundamento a la ira femenina contra los hombres, el verdadero origen de esos sentimientos se halla en emociones mucho más primitivas.

Las semillas del desprecio

Los orígenes básicos del desprecio se hallan en la niñez. Las piedras fundamentales del desprecio, el odio o el desdén son, por un lado, una intensa necesidad y, por otro, el dolor, la amargura y el miedo. El producto compuesto de estas fuerzas es un conflicto intenso y poderoso: el hecho de necesitar a una persona y verse atraído por ella y, al mismo tiempo, temerle. Por lo común, cuando algo nos produce dolor, lo evitamos; simplemente nos alejamos.

Pocos de nosotros nos quemamos dos veces con el mismo artefacto. Pero cuando queremos y necesitamos aquello que también puede hacernos daño, estamos en conflicto.

INFLUENCIAS FAMILIARES

Con mucha frecuencia, la ambivalencia hacia los hombres nace cuando una niña crece con una madre distante, censuradora e indiferente, y con una padre débil e imprevisible que a menudo tiene poco control de sus impulsos.

Darby, de treinta y ocho años, recuerda a su padre alcohólico: de día era un abogado importante y respetado, y por las noches se embriagaba con frecuencia y a veces se acostaba subrepticiamente con ella para "dormir la mona". Si bien Darby no recuerda que abusara de ella sexualmente, tiene la inquietante sensación de que podría haber sucedido.

"Creo que mi madre, básicamente, no hacía caso de lo que ocurría porque no quería tener que soportarlo cuando estaba borracho." Su padre era la única persona que la hacía sentir "necesaria o importante" cuando era niña. Sin embargo, el legado de su padre fue mucho mayor, pues incluía además sentimientos de terror, culpa y repulsión. Esta combinación de amor y odio, necesidad y miedo, construyó un marco emocional según el cual Darby reaccionaría a los hombres en su vida adulta.

René, de veintiséis años, describe a su padre con una dolorosa combinación de emociones. "Me daba amor y afecto, sí. Siempre fue más cariñoso conmigo y le interesaba más que a mi madre lo que sucedía en mi vida. Pero también había momentos horribles en que estaba de mal humor y me gritaba. Sé que parte de la causa era mi madre, que se enfadaba conmigo por un motivo u otro, y cuando mi padre llegaba a casa, ella lo incitaba. Creo que, en el fondo, lo quiero, pero aún hoy tengo mucho resentimiento. Sé que ya no puede hacerme sentir mal, pero cada vez que levanta la voz siento que me retraigo por dentro."

Tanto Darby como René sufrieron un daño terrible por parte de sus padres, y a las dos les quedaron cicatrices emocionales que han afectado profundamente sus relaciones con los hombres. Ambas desean tener experiencias afectuosas y positivas con sus parejas, pero ninguna las tiene, pues hay un velo delgado pero impenetrable de temor y desprecio que impide la franqueza y la confianza que requiere el amor..

El hecho de tener un padre "insuperable" también puede crear problemas relacionados con la dependencia, el respeto y la ira. Catherine, de treinta y dos años, ama de casa y madre de tres hijos pequeños, se queja de su matrimonio con Jack, un hombre sereno y bastante corriente. "No se parece en nada a mi padre, en absoluto. Papá era grande, robusto, y tenía una voz profunda y autoritaria. A veces era demasiado exuberante e incluso grosero, pero me encantaba la seguridad que reflejaba, la energía que tenía. Mi madre, en comparación, era como si no existiera. Yo no soportaba la idea de perder mi identidad en el matrimonio, como mi madre, y Jack me pareció la solución perfecta porque parecía más sereno y comprensivo. El problema es que lo necesito como es, pero al mismo tiempo lo odio por no ser más fuerte." Por temor a depender demasiado de un hombre o a verse anulada por él, Catherine eligió a alguien a quien pudiera dominar. Pero está disconforme consigo misma por esa elección y se siente obligada a menospreciar a Jack por ser como es.

INFLUENCIAS SOCIALES

Desde hace mucho tiempo, los psicólogos saben que las mujeres tienen necesidades de vinculación más intensas que los hombres. Esas necesidades provienen, en parte, de los temores infantiles de que su supervivencia misma depende de que las protejan. Aun en la actualidad, los padres tienden a proteger más a las niñas que a los varones. El efecto que esto produce en algunas mujeres es que buscan protección en un hombre y, al mismo tiempo, se odian a sí mismas y al hombre por necesitar esa protección.

El hecho de que los varones tiendan a ser más grandes, más fuertes, más rudos y agresivos también tiene que ver en la orientación básica de las niñas y en la comodidad que experimenten con los varones y, más tarde, con los hombres. En muchos aspectos, las experiencias por las que atraviesan las niñas les enseñan a temer a los varones, desde las primeras escaramuzas con sus amigos pendencieros hasta los encuentros posteriores con adolescentes sexualmente agresivos. La predisposición masculina hacia la agresión y la violencia, además de la realidad estadística de las violaciones, aumentan esos temores, especialmente en aquellas mujeres cuyos antecedentes las han sensibilizado a tales inquietudes.

El hecho de que los hombres cuenten con más poder real en el mundo (empleos más prestigiosos y mejor pagos) es otro factor que contribuye al resentimiento femenino. A pesar de los cambios registrados en los últimos años, las mujeres siguen estando relegadas en lo que se refiere a la medida básica del poder y la superioridad: ganar dinero.

EL CONFLICTO INTERNO

Muchas mujeres crecen con motivos, tanto generales como altamente específicos, para tener resentimiento y temor por los hombres, sin dejar de necesitarlos. La ira que las ata con tanta intensidad a este conflicto es, precisamente, su continua dependencia de los hombres. No se trata, simplemente, de que a estas mujeres les desagraden los hombres y decidan extirparlos de su vida; desean también estar vinculadas con ellos. Ocultan su amargura, su dolor y desconfianza, al menos en parte, para poder estar con ellos. Estas mujeres experimentan un tremendo conflicto interno.

Es triste, pero esas mujeres son quienes más desprecian su propia debilidad: la necesidad de estar con un hombre. Esos sentimientos de juicio personal tienen repercusiones de largo alcance en la elección de pareja y en la actitud personal de la mujer con el hombre elegido.

A veces escogen a un hombre más débil para poder disimular el conflicto que experimentan, su confusión en cuanto a sentimientos de necesidad e inseguridad. Otras veces, la mujer que siente ira trata de provocar al hombre con respecto a las debilidades de éste, en un esfuerzo por sentirse más fuerte y menos dependiente de él. Esta clase de mujeres pueden disfrutar esa capacidad de hacer que el hombre se sienta incómodo, pues entonces cree que él tiene que experimentar el mismo temor y la misma inadecuación que ella siente. En el fondo, sin embargo, estas mujeres también se resienten cuando el hombre cede, pues necesitan y quieren que sea fuerte por ellas.

Cuando un hombre es objeto del desprecio de una mujer

Por lo general, las mujeres que sienten ira o desprecio por los hombres expresan sus sentimientos y actitudes inconscientes en una de estas dos maneras: mediante el retraimiento emocional, que hace que el hombre se sienta aislado y desatendido, o en formas más directas y agresivas, que lo intimidan.

RETRAIMIENTO Y ABANDONO.

Un hombre se siente aislado y desatendido cuando una mujer niega o subestima, de manera consciente o inconsciente, la necesidad que tiene de intimidad emocional. Según hemos visto, los hombres a menudo ocultan esa necesidad o la expresan en forma muy indirecta. La mayoría de las mujeres que sienten ira por el sexo opuesto encajan en una de dos categorías extremas: las que ven a los hombres como muy necesitados ("los hombres son como bebés"), y las que los ven duros, resistentes y sumamente seguros ("los hombres no deben necesitar nada de las mujeres"). Es obvio que ambas actitudes son exageradas. La mayoría de los hombres están en una posición aproximadamente intermedia. En general, no experimentan necesidades emocionales demasiado intensas, pero cuando las tienen, ansían satisfacerlas.

Según hemos explicado, el desprecio es una estrategia inconsciente que adoptan algunas mujeres para protegerse de sus sentimientos de dependencia para con los hombres. Es demasiado peligroso arriesgarse a padecer dolor y decepción, necesitar a alguien que puede hacerles daño. La solución de este espinoso dilema consiste en erigir una barrera de desdén. Las mujeres que desprecian a los hombres se retraen de ellos emocionalmente por dos motivos fundamentales.

Para que una mujer se permita relacionarse con un hombre en forma plena, con intimidad y sin recelo, es necesario un alto grado de comodidad con las necesidades básicas de dependencia. Las mujeres que temen sus propias necesidades de dependencia crean distancia en una relación a fin de reducir el nivel de intimidad emocional y de intensidad, con lo cual evitan sus propios sentimientos de vulnerabilidad. Esta distancia psicológica sirve como "amortiguamiento" en su relación con los hombres y, lo que es más importante aún, actúa entre ellas y su necesidad del hombre que han elegido.

Otro motivo por el cual las mujeres que sienten ira se retraen es que el hecho de aceptar una relación emocional con un hombre tiende a ser para él una especie de autorización para revelar sus puntos vulnerables. A una mujer que odia sus propias áreas vulnerables y desconfía de ellas, le resulta difícil afrontar las necesidades emocionales de un hombre, pues éstas constituyen un doloroso recordatorio de las propias.

En muchos aspectos, la reacción masculina al hecho de sentirse emocionalmente aislado y desatendido no difiere de la femenina. Tenemos la impresión de que nuestra pareja no nos ve ni nos oye. Pero en el caso de los hombres hay otro aspecto. Para ellos es una gran vergüenza tener necesidades y plantearlas, pues les han enseñado a suprimir y negar esas necesidades.

Esto se explica, en parte, por el Factor Polaridad. Cuando los hombres se sienten demasiado aislados, desean una relación más estrecha. De hecho, el aislamiento extremo agrega, en los hombres, una urgencia especial a ese deseo. Cuando esa necesidad se ve bloqueada, y si la mujer la niega por completo o le resta atención, el hombre experimenta una mezcla de furia y tristeza, ambas muy difíciles de expresar. A los hombres los avergüenza tener tanta sed emocional y tan poco dominio de sí. En última instancia, el único recurso que creen tener es abandonar la relación.

IRA E INTIMIDACION

Cuando una mujer expresa ira y desprecio por un hombre, éste se siente humillado o intimidado. Los hombres que aman a las mujeres, básicamente desean complacerlas. La hostilidad y el obvio disgusto que expresan las palabras o acciones desdeñosas de una mujer hace que los hombres experimenten una aprensión cada vez mayor.

La intimidación es un problema tanto para los hombres como para las mujeres. A nadie le agrada sentirse intimidado. Todos queremos sentirnos seguros y aceptados, tener una pareja que nos aliente, nos haga sentir fuertes y nos apoye.

La intimidación se asemeja al miedo, pero es más sutil y compleja. El miedo es esa aceleración de los latidos del corazón y ese flujo súbito de adrenalina que experimentamos ante un peligro claro e inmediato. La intimidación es más insidiosa. Es una sensación de impotencia, cobardía y, en cierto modo, de ser más pequeños. Es un tipo especial de miedo que se produce sólo en la presencia de alguien a quien queremos y necesitamos. El origen de la intimidación se halla en una curiosa mezcla de componentes: coraje, orgullo, inseguridad, e incluso dependencia y amor.

La intimidación siempre implica la presencia de un intenso conflicto emocional. Dado que el hombre quiere y necesita a la mujer, no desea apartarse de ella. Tampoco se siente capaz de mostrarse resistente y seguro de sí, por temor a perderla. La solución, bastante humillante, de este doloroso conflicto es el sentimiento de intimidación que experimenta el hombre: ni se defiende en forma directa, ni se siente seguro, ni cree gozar de confianza.

Lo que hace que resulte tan difícil para los hombres afrontar la intimidación, es la acentuada sensación de vergüenza y pérdida del respeto por sí mismos que les produce. Les resulta más detestable aún verse intimidados por una mujer porque saben que las mujeres tienden a perder el respeto por los hombres que se dejan intimidar por ellas.

Los hombres entienden esto muy claramente. Cuando decimos que un hombre teme a una mujer, no nos referimos a la clase de temor paralizante que acompaña al peligro físico, sino a algo mucho más sutil. Debido a esa sutileza, los indicios delatores de este temor pasan inadvertidos para la mujer, y el hombre los niega. Todos sabemos que los hombres no deben ser criaturas asustadizas.

¿Cómo es posible que una reacción humana tan común como el miedo se vea empañada por la incomprensión? Después de todo, hoy en día aceptamos en los hombres muchos más sentimientos que antes. Bueno, tal vez con los primeros dos milímetros de nuestra corteza cerebral, pero no cuando se trata de nuestras emociones. Desde la infancia, a los varones se les enseña a enfrentar el peligro e ignorar el miedo.

En realidad, las cosas no han cambiado tanto. Los varones aún desean ser temerarios, y a las mujeres aún las atraen los hombres fuertes y seguros. Entonces, cuando los hombres experimentan los mensajes claramente desalentadores del miedo dentro de una relación de pareja, ambos están en problemas.

La reina de hielo

Judy, de veintisiete años, ha perdido el interés sexual por Gary, a pesar de que llevan apenas dos años de matrimonio. Gary, de treinta y dos años, explica: "Ni siquiera nos besamos a menudo. Ella interpreta cualquier demostración de afecto de mi parte como una señal de que quiero hacer el amor. Por supuesto, me gustaría, pero también quisiera un poco más de contacto. Antes lo teníamos y... no sé qué ocurrió."

Judy cree saberlo. "Gary se ha vuelto demasiado inseguro y exigente conmigo. Ya no hay nada romántico entre nosotros. Tengo la impresión de que no desea hacer el amor sino que se aferra a mí."

Tanto Judy como Gary están resentidos. Gary se siente tan solo que ha llegado a pensar seriamente en tener una aventura, aunque, en realidad, la idea no lo atrae mucho, pues ama a Judy. Lo que realmente sucede es que Gary se siente emocionalmente abandonado, no sólo por la insatisfacción de sus necesidades sexuales sino, en un nivel más profundo, porque cree que su esposa rechaza su deseo de expresar afecto.

Al igual que tantas parejas de la actualidad, Judy y Gary están confundiendo la falta de interés sexual con un problema sexual. Antes de casarse tenían una relación sexual rica, inventiva y sumamente satisfactoria. Pero Judy comenzó a perder el interés debido a las exigencias emocionales de Gary, quien terminaba por canalizarlas en forma de exigencias sexuales.

Judy no podía responder fácilmente a lo que consideraba una cantidad poco razonable de quejas. Cuando

Gary tenía dificultades en su trabajo como ejecutivo de ventas para una empresa de computación en franco crecimiento, solía llegar a casa por las noches rezongando por el último desatino de la gerencia, y decía a Judy lo molesto y preocupado que estaba. Pronto, Judy llegó a odiar esas escenas de todas las noches. Poco a poco fue desilusionándose, hasta que al fin le dijo que ella necesitaba un hombre, no un chiquillo inseguro, y que debería encarar mejor sus problemas.

Gary no pedía a Judy que resolviera sus problemas, pero sí necesitaba que lo escuchara, pues valoraba su rapidez mental y su perceptibilidad. Pero, para Judy, cualquier falla en la imagen fuerte y competente de Gary se convertía en una amenaza personal, pues evocaba en ella el doloroso fantasma de su propia inseguridad y vulnerabilidad. Veía los puntos débiles de Gary y detestaba todo indicio de tales defectos, pues le recordaban los propios.

La manera en que Judy podía tolerar su molestia consistía en apartarse poco a poco de Gary. Este, a su vez, reaccionaba a ese retraimiento aumentando la urgencia y la frecuencia de sus requerimientos sexuales.

Lamentablemente, siempre que los problemas de relación se convierten en problemas sexuales, se produce un rápido deterioro del afecto y la intimidad emocional en la pareja. Pronto, cualquier expresión de afecto o contacto físico pasa a ser un indicio de contacto sexual. El resultado, a la larga, es que las parejas no se besan, no se toman de la mano, no se miman, ni siquiera duermen muy cerca el uno del otro. En un ambiente así, no puede sobrevivir ningún sentimiento de amor e intimidad emocional.

En el caso de Judy y Gary, la verdadera cuestión no era que Judy pudiera o no satisfacer las necesidades de dependencia de Gary, sino que pudiera aceptarlas. Según llegaron a entender en el transcurso de los meses siguientes, su matrimonio podía sobrevivir e incluso prosperar sin que Judy se convirtiera en un receptáculo para las quejas de su esposo. Este debería esforzarse por contener algunas de sus ansias. Gary llegó a reconocer que éstas eran excesivas, que podía hablar más con sus colegas, que no debía utilizar el sexo para calmar sus preocupaciones. Sin embargo, a Judy le esperaba, en cierto modo, una tarea más difícil. ¿Podría aceptar que los hombres pueden ser fuertes en algunos aspectos y, en otros, seres muy necesitados?

Empezar por aceptarse uno mismo. Dentro de cada hombre vive un niño que, cada tanto, necesita cariño y aliento. Las mujeres llevan adentro una niña que tiene esas mismas necesidades. Judy se sentía débil y se avergonzaba por ciertos temores, y hacía todo lo posible por mantenerlos a raya.

Al rechazar el contacto sexual con Gary y humillarlo con sus comentarios hirientes acerca de su masculinidad, no se mostraba simplemente mala o insensible. Por dentro, estaba en guerra consigo misma; era más dura y crítica consigo misma que con Gary. Tenía una intensa y apremiante necesidad de intimidad emocional y un deseo profundo e insistente de ser protegida y querida. Debido a sus primeras experiencias con su padre severo y emocionalmente reprimido, esos sentimientos le parecían malos, vergonzosos, y creía que era peligroso desearlos. El hecho de que Gary expresara abiertamente su deseo de un mayor contacto físico amenazaba sus endebles defensas.

Es tonto decir que no hay peligro en la dependencia que se desarrolla a partir del amor recíproco y abierto, pero, por el modo en que Judy manejaba sus temores, era forzoso que el amor se perdiera.

Todos somos vulnerables; todos tenemos inquietudes que no revelamos, heridas pasadas que despiertan en nosotros dudas sobre nuestro valor como personas y sobre nuestra capacidad de ser amados. Lo que Judy podría haber hecho es intentar hablar con Gary sobre sus temores relacionados con la dependencia, y su preocupación por el hecho de que una relación llegara a significar demasiado.

Esa clase de diálogo habría tenido una doble utilidad. Judy habría revelado su temor más profundo y, al hacerlo, se habría iniciado un proceso de curación gradual. Y, en segundo lugar, esa revelación habría hecho que su reticencia resultara más comprensible para Gary, lo cual habría contribuido a liberarlo de sus incesantes intentos de reducir la distancia emocional entre ambos.

La competidora

Beth tiene treinta y un años y se desempeña como gerente en una empresa que fabrica artículos para el deporte. Es extremadamente agresiva en su trabajo y triunfa en él; todos los que la rodean admiran y envidian su entusiasmo y capacidad competitiva.

Cuando niña, Beth aprendió que la única manera de conseguir algo en su familia numerosa consistía en pelear por ello. Aun ahora enfoca la vida como algo en lo que se gana o se pierde. Las cuestiones no se negocian: se pelean. Su estilo agresivo dio resultado en su niñez y funciona muy bien en su trabajo, pero ha resultado desastroso en sus relaciones de pareja.

Cuando empezó a salir con Charlie y a enamorarse de él, se empeñó en que todo saliera bien. Sabía que, en el pasado, su fuerza y su estilo competitivo habían alejado a los hombres, pero Charlie, contratista en piletas de natación, parecía muy fuerte. "Pensé que no debía preocuparme la posibilidad de que se sintiera intimidado. Yo sabía que tenía una marcada tendencia a poner a prueba a los hombres, pero presentía que Charlie no me dejaría salirme con la mía."

Charlie recuerda: "Después de unos tres meses de vernos con regularidad, se encendió una luz de alarma en mi interior. Yo quería que ella demostrara su personalidad y expresara sus opiniones, pero empezaba a irritarme mucho que tratara de superarme, de ganar la supremacía. Por ejemplo, una noche estábamos en casa de unos amigos, entretenidos con un juego de tablero y, como siempre, Beth jugaba como si se tratara de una cuestión de vida o muerte.

Hacía todo lo posible por rebajarme delante de mis amigos. No me molesta competir con otros hombres, pero con ella... era humillante, porque no sólo tenía que ganar, sino que además me lo refregaba en la cara."

La creciente insatisfacción de Charlie llegó a su punto culminante una noche en que, mientras cenaban en un restaurante, Beth dijo: "¿Qué sucede? Pareces deprimido." Le explicó que se sentía mal porque ese día había perdido uno de sus contratos más lucrativos con un hotel, y le contó lo que había ocurrido. Lo que Charlie deseaba era, simplemente, comprensión y conmiseración. En cambio, Beth le dio un largo sermón acerca de la forma en que debería haber manejado al cliente.

"Todo lo que dijo era verdad –todos razonamos muy bien en retrospectiva– pero me sentía mal y ella me hizo sentir peor. Y ésa fue la gota que colmó el vaso." Sólo cuando Charlie le dijo que quería dejar de verla y por qué, Beth comprendió que su postura hostil y competitiva resultaba perjudicial en una relación de pareja.

Afrontar los puntos fuertes y débiles. A todos los hombres les produce aprensión revelar su vulnerabilidad a una mujer. Charlie se sentía desconcertado por la necesidad de Beth de competir en todas las áreas. Para él, no se trataba simplemente de una "competencia amistosa", como la llamaba Beth. Se había convertido en algo muy serio que, a la larga, destruyó sus sentimientos por ella.

A los hombres como Charlie les cuesta admitir la vergüenza que sienten en una relación competitiva con la mujer a quien aman y necesitan. Beth creía que su actitud era traviesa o incluso provechosa, mientras que a Charlie le parecía crítica y condescendiente.

Lamentablemente, lo único que Charlie llegó a ver fue el más externo de los escudos protectores de Beth. Si ella le hubiese permitido espiar en su interior, habría visto a una mujer que anhelaba el amor, pero tenía tan poca certeza de cómo manejarlo que hacía lo posible por evitarlo. Beth tenía tanto miedo de necesitar realmente a un hombre que siempre trataba de rebajar a sus parejas. Mientras podía considerarlos inferiores a ella, se sentía a salvo. En su mente, si ella era más inteligente, mejor, superior en todos los aspectos, no tenía que preocuparla la posibilidad de llegar a depender de él.

Las mujeres, especialmente en la actualidad, experimentan tremendas presiones para ser independientes. El énfasis en la autonomía, la capacitación profesional y el desarrollo laboral ha ocasionado un subproducto lamentable: el temor y la desconfianza hacia las interdependencias naturales en las relaciones estrechas. Hay mujeres que temen que cualquier dependencia creciente con respecto a un hombre se convierta en una sutil manipulación por parte de él para atraparlas, lo cual pondría en peligro su individualidad e independencia.

Otras mujeres ven su dependencia o su necesidad para con un hombre como una terrible debilidad que deben negar y vencer a toda costa. El triste resultado de esta negación es que las mujeres se sienten inadecuadas o culpables si no demuestran constantemente que son fuertes y, sobre todo, autónomas. Somos criaturas sociales con necesidades primitivas y urgentes de asociación.

Una mujer como Beth necesita confiar en que su fortaleza e individualidad no se verán eclipsadas si se permite intimar con un hombre. Sólo cuando ya no tenga que ponerse a prueba comenzará a confiar en sí misma. El hecho de permanecer fuera de una relación no es un reflejo de fortaleza sino, más bien, de temor a la intimidad emocional y a la unión, y su resultado inevitable es una fría soledad.

El énfasis excesivo en el sexo

Las interacciones sexuales entre hombres y mujeres pueden ocasionar los dilemas humanos más complicados y desconcertantes. Se ha estudiado mucho la ansiedad que sienten los hombres por su desempeño sexual, como también se hallan bien documentados los problemas sexuales más comunes que tienen los hombres como consecuencia de esa ansiedad. Sin embargo, no se comprenden tan bien las maneras en que las mujeres pueden, inconscientemente, intimidar a los hombres mediante su conducta sexual.

Vivimos en una era posterior a la revolución sexual. Tanto los hombres como las mujeres se han vuelto menos promiscuos. Este nuevo conservadorismo constituye, en parte, un retorno natural hacia principios, actitudes y prácticas sexuales que conducen a beneficios más sustanciales en las relaciones. Si bien no cabe duda de que la revolución sexual ha terminado, conservamos su legado. A medida que las mujeres reclamaban el derecho a disfrutar de los placeres sexuales con mayor libertad, los hombres se inquietaban cada vez más por su capacidad de ser buenos amantes. La ansiedad masculina por el desempeño sexual es epidémica.

La fantasía de todos los hombres –y el temor de muchos– es la mujer sexualmente desinhibida y agresiva. Los hombres sueñan con las delicias que promete la mujer que es físicamente espontánea y expresiva, capaz de hacer a un lado la cautela y las inhibiciones, que tiene conciencia de sus apetitos sexuales y confía en ellos, que no espera en actitud pasiva que el hombre dé el primer paso sino que va directa y activamente tras lo que desea y necesita. Los hombres quieren y disfrutan una mujer así... pero con ciertas salvedades importantes y en absoluto obvias.

Cuando se trata de los sentimientos masculinos, hay un elemento de suma importancia que tiene que ver con el momento elegido para el acto sexual y con el bienestar que éste les proporciona. Tradicionalmente, el rol de la mujer consistía en "aplicar los frenos" en lo sexual, modular la velocidad y la intensidad de la relación sexual. Dado que los hombres podían contar con que ellas actuaran como una suerte de regulación, podían hacer caso omiso de sus propios temores y comportarse en forma agresiva, decidida y sumamente segura. El creciente desenfado de las mujeres con la sexualidad ha cambiado todo eso.

La ardiente

Sharon, de veintiocho años, relata: "Bob me agradó mucho desde la primera vez que nos vimos en una cena, en casa de unos amigos. Salimos a almorzar, luego a cenar, y un par de veces fuimos al cine, en el transcurso de tres semanas. Nos tomábamos de la mano y en alguna oportunidad nos besamos con bastante ardor en el sofá de mi casa. Pero si bien él no parecía muy tímido, nunca trató de hacerme el amor. Llegué a pensar en voz alta: "¿Tienes algún problema con el sexo, eres impotente, o qué? O quizá no te resulte atractiva." El pareció molestarse por mis preguntas, pero simplemente rió.

"Bien, la otra noche creo que lo arruiné todo. Fuimos a un partido de béisbol y nos divertimos mucho. Luego me llevó a casa y nos sentamos en el sofá a mirar televisión. Finalmente lo invité a pasar la noche en casa. Le dije directamente que quería que me hiciera el amor (en realidad, se lo dije con palabras más explícitas) y, de pronto, lo que era romántico se transformó por completo. El se apartó, muy incómodo, dijo que tenía que levantarse temprano y se marchó en cuestión de minutos. ¡Me sentí horrible! No sé si volveré a tener noticias de él." No las tuvo.

Reconocer el momento oportuno. Es obvio que Sharon atraía a Bob; de no haber sido así, no habría seguido viéndola.

Pero es probable que fuera más tímido o más reservado en lo sexual de lo que parecía ser. Sharon prestaba atención a sus propias necesidades y a su propio sentido de la oportunidad, pero se cegaba a las de Bob. Esto es sumamente importante para todos, hombres y mujeres por igual. No se puede dar por sentado que lo que es oportuno para uno lo será también para el otro. Los hombres tienen una preocupación por su rendimiento que puede ser intensa e inhibitoria, especialmente cuando empiezan a conocer a una mujer y a cobrar afecto por ella.

Cuando una mujer es sexualmente agresiva en la forma tan explícita en que lo fue Sharon, puede resultar sumamente intimidatorio para un hombre. Al instante, Bob vio a Sharon más poderosa y libre, y comprendió que requería de él un nivel de desenfado y de desempeño que él no estaba seguro de poder dar. Esto no quiere decir que las mujeres no deban ser directas, francas y agresivas sexualmente, ni que los hombres no puedan tolerar a una mujer así. Pero el sentido de la oportunidad es crucial, tanto para las mujeres como para los hombres.

La mordaz

Darleen, de veintinueve años, es una mujer atractiva que se siente muy cómoda consigo misma. Su humor irreverente, su amplia sonrisa y sus respuestas ocurrentes deleitan a todos los hombres a quienes conoce... al menos, al principio.

Ella y Doug, entrenador de atletismo en una universidad, tuvieron un comienzo estupendo y apasionado; al menos, eso fue lo que creyó Darleen. Durante las primeras semanas pasaron juntos casi todo su tiempo libre, y decían a sus amigos que al fin habían hallado la pareja ideal. Sin embargo, después de la tercera semana, Doug comenzó a dar excusas para no ver a Darleen con tanta frecuencia y, a veces, a la hora de acostarse, se mostraba de mal humor o iniciaba discusiones por cuestiones triviales.

Doug recuerda: "Debería haber reaccionado a esa mordacidad suya desde la primera vez que dormimos juntos, cuando acabé demasiado pronto y ella dijo: '¿Qué te pasa? ¿Tienes que tomar un tren?' Yo reí por la forma en que lo dijo, pero realmente fue muy contundente."

En el transcurso de la semana siguiente, Doug vio a Darleen dos veces sin tener ningún verdadero contacto sexual. Ese fin de semana, cuando se acostaron, Doug estaba tan perturbado que no lograba tener una erección. De pronto, con impaciencia, Darleen encendió la luz, lo miró y dijo, con visible frustración: "¿Qué sucede ahora? ¿Quién te enseñó a hacer el amor?" Humillado, Doug se apartó.

El siguiente fin de semana, Doug se ausentó de la ciudad y a su regreso llamó por teléfono a Darleen sólo para decirle que estaría demasiado ocupado con los entrenamientos para seguir viéndola.

Molesta y confundida, Darleen lo llamó una semana después e insistió en que Doug le dijera por qué había decidido terminar con ella. "¿Conociste a otra mujer?" Doug respondió que no, que no había conocido a nadie sino que tan sólo tenía mucho trabajo.

Darleen intensificó su interrogatorio hasta que, al fin, Doug le reveló el motivo de su alejamiento: "Demasiado énfasis en el sexo... Me sentía muy presionado y empezaba a sentirme mal conmigo mismo." Cuando Darleen insistió en que le dijera algo más específico, Doug le explicó: "Lo único en que podía pensar era: ¿Cómo puedo tratar de hablar con una mujer así sin parecer una especie de imbécil? Sentía que me presionabas para que fuera el amante perfecto todas las noches, para que estuviera a la altura de lo que tú esperabas. No podía vivir así."

Desprenderse de una apariencia recia. ¿Es Darleen simplemente una mujer insensible? En absoluto. Darleen quería tener a alguien en su vida, quería encontrar amor, pero en cierta forma básica y mal entendida, temía a los hombres. Su padre había sido una persona irascible que aterrorizaba a su madre en forma sutil y jamás permitía un verdadero afecto o intimidad emocional. Por consiguiente, Darleen veía a los hombres que la atraían como si se tratara de un peligro en potencia.

Si podía mantenerlos a la defensiva y hacerlos sentir un poco inseguros, nunca llegarían a ser bastante fuertes para lastimarla como lo hiciera su padre. En los aspectos en que, cuando niña, se había sentido impotente, sería poderosa; en los que se había sentido humillada y débil por su necesidad de amor, se cercioraría de que fuera el hombre quien experimentara esas inquietudes, para no tener que sentir nunca más tanto dolor. Lamentablemente, la solución de Darleen resultó contraproducente: el precio que tenía que pagar por eludir sus temores consistía en alejar a los hombres.

Las mujeres que han sido lastimadas por un hombre y temen la necesidad que el amor pone a descubierto tienen otras opciones además de la que eligió Darleen. Sin embargo, hay un requisito fundamental para esa elección: la conciencia y la comprensión de aquello que motiva nuestros sentimientos, palabras y actos. El problema de Darleen no fue su forma de tratar a Doug, sino su forma de tratarse a sí misma. La falta de amor la había lastimado y, lamentablemente, ella perpetuaba en su vida esa misma falta de amor.

Sí, tenemos opciones. Y una de las más importantes consiste en reconocer heridas pasadas, comprender cómo éstas afectan las experiencias presentes y permitir que el futuro sea distinto. Para Darleen, eso significaba tener el coraje de permitir que Doug fuera fuerte y seguro de sí, correr el riesgo de que la amara con ese dominio, pero sin maltratarla.

Tal vez no haya nada tan castrador como el miedo y nada tan exasperante como el hecho de temer sin saber a ciencia cierta qué es lo que se teme. El miedo se perpetúa por medio de viejas experiencias repetitivas que reafirman nuestros pensamientos más oscuros y tristes.

El antídoto del miedo, el único antídoto verdadero y eficaz, es el cambio. Y el cambio requiere nuevas experiencias, no las que ya conocemos. Para doblegar el miedo hay que enfrentarlo, abrir la puerta y dejar entrar la luz; si se mantiene la puerta sellada con la esperanza de que el temor desaparezca de alguna manera, jamás se lo vencerá.

Las mujeres que temen a los hombres, que temen estrechar una relación con ellos y, al mismo tiempo, los necesitan, pueden vencer ese temor, no dejando de prestarle atención sino, más bien, hablando de él... y hablando de él con el hombre a quien aman. Deben tener prudencia para elegir a un hombre, pero también darle una oportunidad de ser diferente. Se debe, además, prestar mucha atención a esas diferencias y confiar en que no se pierdan. Sobre todo, no deben cerrarse a las nuevas experiencias con un hombre perpetuando las ya conocidas e insatisfactorias.

La mujer despreciada

La amargura no resuelta de Wendy por su primer matrimonio comienza a afectar su relación actual. Wendy, que ahora tiene treinta y cinco años, se casó con Ralph a los veinte. Amaba a su esposo y confiaba en él, y gracias a su voluntad de trabajar él pudo terminar sus estudios de medicina.

Si bien Wendy quería tener hijos de inmediato, postergó su anhelo porque la maternidad le habría impedido trabajar para costear los estudios de Ralph. El le prometió que formarían una familia en cuanto se graduara en la escuela de medicina. Después de su práctica como interno, en el séptimo año de matrimonio, Ralph solicitó una residencia en medicina interna, con lo cual volvió a postergarse el proyecto de tener hijos.

Wendy aceptó la situación con paciencia hasta que se enteró de que Ralph había tenido una serie de aventuras con enfermeras y doctoras del hospital. Peor aún, él le confesó que había empezado a tenerlas durante su primer año de matrimonio. Wendy se sintió traicionada y muy disgustada.

El consiguiente divorcio, además de una serie de relaciones insatisfactorias posteriores, llevaron a Wendy a rodearse de una armadura. Fue esta armadura, junto con su ira y desconfianza hacia los hombres, lo que Wendy introdujo en su relación con Steve.

Si bien disfruta la compañía de Wendy, Steve empieza a apartarse de ella, a tener dudas. Presiente que su relación será limitada; percibe sutiles indicios del resentimiento y la desconfianza de Wendy hacia los hombres.

"Wendy me ha dicho en forma bastante abierta que no tiene una opinión muy buena de los hombres, pero tengo la impresión de que, en realidad, los odia. Habla mucho de las maldades que hacen a sus novias: que uno dejó plantada a la suya, que otra amiga se enteró de que su esposo perseguía a una compañera de trabajo. Me habló de la infidelidad de su marido, y entiendo que se haya sentido traicionada por él, pero tengo la impresión de que ella cree que no se puede confiar en ningún hombre. Dice que yo soy especial, pero sé que no soy tan distinto de los demás y que uno de estos días voy a hacer o decir alguna insensatez, y entonces pasaré a ser otro de esos hombres a quienes odia."

Si bien a Steve le agradan muchas cosas en Wendy, al mismo tiempo comienza a resentirse. Ella apenas logra disimular su intensa ira, que actúa como una barrera invisible entre ellos. Teme confiar en Steve y abrirse una vez más a la posibilidad de sufrir.

Si Wendy fuera capaz de comunicar a Steve su miedo de volver a sufrir y su necesidad de ir lentamente, quizás él podría responder en una forma que le permitiría a ella sanar y volver a confiar. En cambio, el dolor no resuelto impide que ella y Steve logren una mayor intimidad en la calidez y la seguridad de la relación que ambos desean.

La ira que proviene del pasado. Lamentablemente, el riesgo de sufrir dolor y decepción existe en cualquier relación de pareja. No podemos tener la esperanza poco realista de evitar herir nuestros sentimientos o causar dolor. Sin embargo, cuando los viejos dolores no resueltos llegan a convertirse en una carga que llevamos con nosotros a una nueva relación, entonces nos impiden amar abiertamente.

Los hombres sienten una incomodidad especial ante la ira amarga y suspicaz de la mujer que ya ha sufrido por causa de un hombre. Si bien pueden entender que no fueron ellos los causantes de esa ira y no son responsables por ella, ésta puede hacerlos sentir incómodos y producirles temor.

Cuando un hombre ama a una mujer, la ira que ella trae de su pasado puede afectarlo en forma muy profunda. Despierta inquietantes sentimientos de ansiedad. La ira, especialmente cuando el hombre sabe que él no es su causa original, hace que la mujer parezca caprichosa e imprevisible.

En el nivel emocional más primitivo, esos sentimientos son los de un niño que se siente aterrado e impotente en su relación con una madre incoherente: una madre que a veces lo ama y otras veces descarga sobre él su ira por otras cosas porque él está cerca en ese momento. Nadie quiere ser el blanco de la ira mal dirigida.

Por mucho interés, cordialidad y afecto que usted proyecte en sus encuentros iniciales con un hombre, si él percibe también indicios de amargura o ira contra los hombres en general, le costará mucho confiar en usted o desear una relación más estrecha. Aunque usted le asegure que lo considera diferente o especial, él sigue siendo un hombre. Sabe que será inevitable sentir la fuerza de las actitudes negativas que usted demuestra y, por lo tanto, es probable que se proteja apartándose de usted.

Si examinamos esto a la inversa, ¿cómo reaccionaría usted emocionalmente a un hombre que le hiciera saber, en forma directa o en tono de chanza, que odia a las mujeres, no puede confiar en ellas o siempre se ve perjudicado por ellas de un modo u otro? Seguramente se apartaría de él, pues llegaría a la sensata conclusión de que tales actitudes serán problemáticas. Los hombres tienen la misma reacción: buscan a otra persona que les inspire confianza y amor.

Liberarse de la ira del pasado

La ira acumulada y no resuelta nos hace daño. Si no nos desprendemos de ella, acabamos por hacer una de dos cosas: la reencauzamos contra nosotros, con lo cual erosionamos nuestro sentido del valor personal y caemos en la depresión, o bien la dirigimos erróneamente contra los demás y, en especial, contra aquellos a quienes amamos. Nos hacemos daño a nosotros mismos o bien lo hacemos a quienes queremos. ¡No es una opción muy agradable!

Sin embargo, hay una tercera posibilidad, que es mucho mejor: deshacerse de la ira del pasado y proseguir con la vida. Al igual que cualquier otra clase de cambio, para desprenderse de la ira del pasado se necesita mucho trabajo y el coraje de enfrentarse a uno mismo en forma abierta y honesta. Muchos de nosostros sentimos la tentación de aferrarnos celosamente al resentimiento pasado y arcaico, y de utilizarlo como una especie de justificativo de nuestras actitudes. Pero, por justificado que esté ese resentimiento, por dolorosas que sean nuestras viejas heridas, ese apego tenaz a ellos resulta contraproducente. Nos ata a un pasado desagradable, distorsiona y perjudica el presente, y muestra un futuro mejor y más gratificante.

El proceso de descarga de la ira del pasado comprende cinco pasos fundamentales:

1.   RECONOCIMIENTO. El primer paso tiene que ver con el reconocimiento. Con frecuencia, una de las cosas que nos resultan mucho más difíciles es dis-

criminar entre la ira pasada y mal aplicada y la ira reciente y apropiada. La diferencia consiste en que la ira reciente guarda una proporción aproximada con su causa, mientras que la ira pasada resulta excesiva, en cierto modo mayor que lo que su causa justifica. La ira reciente se puede explicar desde el punto de vista de lo que nos ha sucedido y resulta justificada. La ira del pasado no se puede entender en función de lo que la desató: la intensidad y la profundidad de la reacción parecen sobrepasarla.

2. **VER QUE HAY DETRAS DE LA IRA.** La segunda etapa consiste en entender que la ira es un mecanismo de protección que utilizamos contra el dolor. No estamos sólo furiosos: estamos dolidos. La ira acumulada representa el más profundo dolor, un dolor que no deja de atormentarnos. La razón por la cual la ira actúa como protección es que, a pesar de ser desagradable, resulta menos destructiva que el dolor de sufrir un daño. Sin embargo, para ir más allá de esa ira es necesario enfrentar los viejos dolores. Hay que reconocer cómo nos lastimaron, quién lo hizo y en qué medida.

3. **EXPRESAR EL DOLOR.** Una vez identificado el origen del dolor y de qué se trata, hay que expresarlo. Déjelo salir, exprésalo con palabras, llore, grite o escríbalo. A menudo sucede que las personas que nos hicieron daño ya no están con nosotros o, aunque lo estén, no pueden entender o tomar nuestra ira en forma constructiva. De todos modos, no es necesario enfrentarlas directamente. Pero sí se debe traducir los sentimientos con palabras y sacarlos a la luz.

4. **PERDONAR EL DAÑO CAUSADO.** Para liberarse del dolor y la ira acumulados es necesario, en última instancia, perdonar. Recuerde, sin embargo, que ese perdón es para *usted*. Constituye su pasaje a una

vida libre de ese dolor; no está dirigido a aliviar a quien lo causó. Perdonar no significa necesariamente disculpar a la persona que hizo el daño; no implica que lo que hizo esa persona haya sido justificado. Pero es el proceso que rompe el eslabón de la cadena que nos ata a los viejos sentimientos de dolor e inicia la curación. Usted podría decirse: "Pero yo nunca podría perdonarlo." Sin embargo, recuerde que el otro lado de esa declaración es: "Siempre seguiré sufriendo." Trate de decir algo así: "Me lastimaste mucho, y te perdono y me libero de ese dolor."

5.   VIGILANCIA. El desprendimiento de la ira acumulada es un proceso que lleva tiempo. La ira tiende a reaparecer cada tanto, aun cuando creamos habernos liberado de ella mucho tiempo atrás. Cuando eso suceda, entiéndalo y reconózcalo; hable de ello en forma clara y abierta con la persona con quien está, y luego reafirme para usted misma su libertad con respecto a ese dolor.

El hecho de experimentar con esos cinco pasos puede dar resultados sumamente gratificantes. Cada vez que nos deshacemos de alguna emoción negativa, hacemos lugar para nuestros sentimientos y actitudes más positivos. La ira, el desprecio inexpresable y el resentimiento siempre debilitan, por justificadas que hayan sido esas emociones en un momento.

CAPITULO 5

Cómo la necesidad de dominar
resulta contraproducente

"Dominante" fue la palabra que empleó Vince para describir a su esposa, Sara. Al pronunciarla, hay más que un rastro de resentimiento en su voz. Las primeras veces que Vince le gritó ese epíteto, Sara pensó que él simplemente dramatizaba. Aun ahora, cuando su supuesta actitud dominante para con Vince ha llevado a éste a tener una aventura extramarital y a pensar en el divorcio, Sara no halla explicación alguna a la furia de su esposo.

¿Qué es dominar?

La palabra "dominar" tiene connotaciones ominosas. Sugiere la idea de regímenes totalitarios: impotencia por parte de quienes son dominados y mala voluntad por parte de quienes dictan las reglas y las restricciones. Cuando decimos que alguien es "muy dominante" con su pareja, lo vemos, tal vez, como un tirano, una persona esencialmente alterada por el poder a costa de su inocente pareja.

Pero, ¿es esto realmente así? ¿Es verdad que las personas que desean dominar a sus seres queridos lo hacen con intenciones dañinas? ¿O acaso han elegido un medio contraproducente de dar impulso a su seguridad? Nosotros creemos que se trata de esto último. El deseo de ejercer control sobre la pareja de uno es comprensible y muy común, puesto que el hecho de tener algo bajo control nos hace sentir más cómodos. Esta sensación siempre permite reducir la ansiedad y aumentar la certeza de que todo marchará en forma previsible y satisfactoria.

La necesidad de dominar comienza, por lo general, cuando empezamos a enamorarnos. Hay un dicho acerca de que el amor y el odio están estrechamente relacionados, pero quizá sería más apropiado decir que el amor y el deseo de dominar están firmemente vinculados. Amar a alguien implica tener una creciente necesidad de esa persona. La necesidad emocional otorga un gran poder a la persona a quien necesitamos. Cuando damos ese poder, a menudo sentimos miedo y un resentimiento inexpresable por haber puesto nuestro sentido del bienestar en manos de otro.

El hecho de permitirnos amar a alguien crea en nosotros intensos y aterradores sentimientos de dependencia para con esa persona. El vínculo que une la dependencia y la necesidad de dominar se origina en la niñez. Los niños son capaces de concebir estratagemas muy astutas para dominar la conducta de sus padres. Por ejemplo, para sentirse seguros y mantener su conexión con mamá y papá, un niño puede tratar de crear en ellos un sentido de culpa suficiente para que no lo dejen con una niñera, fingirse enfermo para quedarse en casa o bien quejarse en actitud dolida de que no lo quieren de verdad, para que los padres lo tranquilicen al respecto.

Si usted alguna vez intentó dominar a un ser querido, tal vez sepa que esa intensa necesidad no proviene de la fuerza sino de una sensación de inseguridad: no está convencida de que él la ame, no confía en ese amor. Si lo hiciera, podría permitirle a él la libertad de ser y actuar de manera más acorde con su elección. Al no haber confianza, a menudo existe una necesidad creciente de saber con exactitud dónde está el otro y con quién está, de restringir sus actividades o incluso de volverlo cada vez más dependiente de nosotros.

Casi todos nosotros, en un momento u otro, hemos pasado por la experiencia de tratar de comunicarnos telefónicamente con un ser querido, no lograrlo y luego seguir intentándolo con ansiedad cada pocos minutos. Cuando no podemos establecer contacto, tenemos la sensación de estar perdiendo a la otra persona, como si no pudiéramos contar con su regreso.

Otro ejemplo es el caso de alguien que espera a su pareja reciente en un restaurante y ésta se demora. Uno espera y espera, sin dejar de mirar el reloj. Durante un breve instante, se le cruza por la mente la posibilidad de que no venga, de que todo haya terminado. Todos somos capaces de experimentar esos momentos dolorosos de inquietud ante la posibilidad de una pérdida. Una manera común de solucionar esa inquietud consiste en ejercer un mayor control.

Hay numerosas maneras de lograr el control en una relación. La más obvia incluye la restricción de la conducta: el hecho de dictaminar cómo debe actuar la otra persona alentando o desaprobando esa conducta. Por ejemplo, presionar a un hombre para que actúe con más madurez tiene muy poco que ver con el simple hecho de esperar que tenga una conducta responsable. A menudo se trata, más bien, de un intento velado de hacer que el otro sea menos libre, menos desinhibido y, por consiguiente, menos imprevisible.

Con frecuencia, el control se ejerce mediante una observación directa de las actividades de nuestra pareja. El hecho de verificar su paradero, aun cuando se trate de disimularlo con un inocente: "Sólo quería saber cómo estabas", puede estar motivado por la preocupación de que no nos quiera lo suficiente, de que la unión sea frágil.

Quizá la forma más velada, y sin embargo más común, de dominar a alguien consiste en mostrarse generoso y cariñoso con la otra persona. Esta clase de control puede adoptar la forma de una actitud de apoyo pero, en realidad, constituye un intento de asegurar una posición de poder en la relación haciendo que el otro nos necesite.

Hay quienes dicen que el matrimonio mismo es una forma de control institucionalizada, que es una atadura más que un vínculo. En el sentido más literal, hay cierto elemento de verdad en esa opinión, pues es cierto que el matrimonio implica, en cierta medida, cuestiones de territorio, de posesión y de control. Por definición, el matrimonio nos obliga a adoptar una posición con respecto a la fidelidad sexual, al tiempo que se pasa en común y a las principales actividades recreativas. Se pueden redefinir las áreas de responsabilidad personal, y la amistad intensa con miembros del sexo opuesto puede considerarse una amenaza para la pareja. Pero, en un sentido más amplio, todos necesitamos acordar límites para sentirnos más seguros en una relación. Cuanto mayor es esa seguridad, mayor es la libertad de amarse plenamente.

El control es un tema problemático en todas las relaciones. La unión ideal proporciona la continuidad de una relación segura y previsible y, al mismo tiempo, protege la libertad individual. El compromiso y la adaptación mutuos y positivos conducen a la intimidad emocional y a la preservación de la unicidad y de la expresión individual. El control excesivo supera ampliamente su propio límite: en lugar de dar realce a la vida, como el amor, disminuye la libertad personal, crea resentimiento y, a la larga, produce el deseo de liberarse.

Cómo las mujeres aprendieron a dominar

Cuando se analizan las cuestiones de poder y autoridad entre hombres y mujeres, por lo general es el hombre quien hace el papel de dominante. En realidad, los hombres han intentado dominar a las mujeres en todas las épocas, casi siempre por medio de la restricción o la contención de la sexualidad femenina, que consideraban una amenaza.

Los hombres también han reprimido a las mujeres en áreas en las cuales ellas podían obtener poder, tales como la literatura y el arte, además del aspecto laboral. Pero, mientras que estas diversas manifestaciones de las inquietudes y la inseguridad masculinas se hallan bien documentadas, las maneras en que las mujeres tratan de dominar a los hombres (y a veces lo consiguen) no se conocen tan bien.

La mujer artera, astuta y engañosa es un tema común en la mitología y en la literatura. Desde la seductora tentación de Eva a Adán, hasta los cuentos sobre sirenas que atraen a los hombres hacia su destrucción, siempre ha existido la fantasía de la mujer poderosa y dominante. Sin duda, estas mitologías derivan de la intensa y antiquísima necesidad de los hombres por las mujeres y de la inquietud que esa necesidad provoca. La creación de mitos es una de las maneras en que intentamos comprender aquello que tememos y ponerlo en perspectiva.

Dado que, a menudo, los hombres las han dominado, las mujeres se han visto obligadas a desarrollar técnicas más sutiles para obtener lo que querían de ellos. En general, las mujeres son más astutas que los hombres para el intercambio emocional en una relación, y se sienten más cómodas que ellos con ese intercambio. Por ese motivo, una mujer que desea dominar tiene bastante probabilidad de lograrlo, puesto que el hombre no se percata de lo que ella está haciendo.

Tal como hemos señalado, el control es una manera de sentirse seguro. Al cerciorarse de que el hombre actúa en cierta forma, una mujer puede prever su conducta y tener un grado razonable de seguridad con respecto a él y a su presencia en su vida. Pero la mayoría de las mujeres, sin importar el grado de control del cual gozan, se mantienen un tanto ambivalentes.

En realidad, las mujeres no desean tener un control absoluto, por más que luchen por conseguirlo. Las mujeres dominantes siempre quieren que el hombre se defienda activamente, que no se rinda del todo porque, si lo hace, lo ven débil. Si un hombre cede con demasiada facilidad, la mujer llega a creer que está con ella sólo porque es capaz de dominarlo, no porque la valore. Sabe que él se rinde por miedo (miedo de perder su amor), y eso la inquieta y la atemoriza. Piensa: "Si es tan débil, tan dúctil, ¿cómo puede tener suficiente fuerza para cuidarme, amarme y protegerme?" Entonces, de manera paradójica, el mismo esfuerzo que hace para sentirse segura puede acabar por causarle una inseguridad mayor aún. Ninguna mujer desea realmente dominar, pues cuando un hombre se deja dominar con demasiada facilidad, ella se siente incómoda y sola.

Cuando un hombre se siente dominado

Los hombres detestan sentirse dominados. En un nivel inconsciente, esa sensación evoca recuerdos primitivos y dolorosos de la impotencia de la infancia y la niñez y de la dominación por parte de la madre. Cuando los hombres tienen conciencia de que una mujer los domina, y cuando esa dominación persiste, se sienten peor aún: se sienten castrados.

El Factor Polaridad ayuda a explicar la reacción masculina al hecho de sentirse dominado. Los hombres desean estar vinculados y tener intimidad emocional con la mujer a quien aman, pero no a costa de su capacidad de controlar su propio destino. Cuando los hombres se sienten obligados a permanecer en un estado de fusión, a estar demasiado vinculados, se enfurecen y se resienten, aunque no lo expresen directamente.

Una de las razones por las cuales un hombre se siente impotente al verse dominado es que, en cierta medida, depende de la mujer y, por lo tanto, no desea dar ciertos pasos que podrían amenazar su vínculo con ella. Lo que sucede entonces, en algunos casos, es que el hombre se enfurece por verse restringido y dominado pero, al mismo tiempo, presiente que es peligroso expresar esos sentimientos. Entonces calla y se resiente más aún.

Los hombres que se hallan en esa situación se sienten atascados: no creen poder marcharse o vengarse en forma directa, de modo que su único recurso es no hacer nada y seguir con sus emociones negativas. De manera más específica, si un hombre ha tratado de comunicar la insatisfacción que siente al verse dominado, y si la mujer no reconoce que esa ira puede estar justificada, él puede adoptar una postura de resentimiento mudo.

A veces, las mujeres no perciben los indicios de esa irritación por el control debido a que los hombres la disimulan bien. Estos se avergüenzan de su resentimiento; no quieren parecer quejosos y no les agrada admitir que no saben bien cómo pueden modificar la situación. En consecuencia, la mujer puede ver muy pocas señales de ese torbellino interior y de la consiguiente ira que experimenta el hombre hasta que es demasiado tarde y éste decide, de pronto, abandonar la relación.

Ser dominado es sentir, fundamentalmente, que la otra persona no confía en nosotros y no nos ama, excepto dentro de los límites de la percepción ajena. En consecuencia, un hombre dominado a la larga se siente solo y enajenado y, al mismo tiempo, sofocado por su necesidad de continuar con la relación. Esa clase de conexión negativa con una mujer está emparentada con la esclavitud, no con el amor.

Cuando un hombre está con una mujer excesivamente dominante, a menudo se siente atascado en un aprieto: si cede a ese control debido a su deseo de complacer a la mujer, teme que ella lo considere débil, un pelele. Los hombres saben que, en realidad, a las mujeres no les agrada dominarlos. Entonces, por un lado, el primer instinto de un hombre es el de complacer a su mujer y, por otro, teme parecer un pusilánime en caso de ser demasiado complaciente.

Las mujeres que tienen una actitud dominante para con los hombres son, por lo común, afectuosas y bien intencionadas. Actúan así de manera inconsciente y sin intención. No obstante, esta conducta es, ante todo, contraproducente para ellas mismas, y rara vez les sirve para conservar el amor que desean.

La princesa

Laurence, de veintinueve años, explica por qué decidió dejar de ver a Rita, de treinta y uno, al cabo de apenas tres citas. Se conocieron un domingo, en casa de unos amigos. "Me agradó mucho. Era bonita, amigable y parecía fácil conversar con ella. Unos días después la llamé y la invité a ver cierto filme.

"Primero dijo que quería verlo, luego mencionó otros que prefería ver. A mí no me importaba mucho cuál fuera, de modo que dejé la elección por su cuenta. Eligió uno, y luego me preguntó: '¿Te parece bien o prefieres la que sugeriste al principio?' Finalmente, tuve que elegir yo; para entonces, ya no sabía qué quería ver ella.

"Lo mismo sucedió cuando llegamos al cine. Le pregunté dónde quería sentarse y me dijo: '¿Qué sitio prefieres tú?' Entonces encontré un par de asientos hacia la mitad de la sala y me preguntó: '¿No preferirías ir más adelante?' Le respondí directamente que no, que prefería sentarme en la mitad, y recuerdo exactamente lo que dijo entonces, porque me irritó: 'No es motivo para ponerse así.'"

"En general", recuerda Laurence, "me agradaba Rita. Unos días después de esa salida fuimos a bailar, y el fin de semana siguiente me llevó a una fiesta. Era dulce y afectuosa, pero no me sentía cómodo con ella. Ya sea que se tratara de hacer un plan para ir a algún lugar, o incluso de una simple charla, siempre se producía ese tira y afloja. Ella accedía a lo que yo quería hacer, pero después señalaba todos esos detalles que no le agradaban.

Por ejemplo, pedía mi opinión, después la criticaba y al fin decía: 'Pero tienes razón.' Expresaba sus ideas o adoptaba una posición y luego se retractaba. Me volvía loco. El resultado fue que era más fácil y más sencillo preguntarle primero qué quería y hacer eso. A la larga, llegué a tener la impresión de que trataba de dominarme y de manipularme, en forma indirecta. Todas esas pequeñeces empezaron a acumularse y a irritarme al punto en que ya no me divertía ni me sentía bien con ella. En el mejor de los casos, la veía demasiado obstinada; en el peor, me parecía que se comportaba como una princesa malcriada."

Reducir la ansiedad. Siempre que conocemos a alguien o que salimos con alguien por primera vez, nos sentimos un poco nerviosos, pues queremos dar una buena impresión. Eso es normal y comprensible, pero la forma en que nos hagamos cargo de ese nerviosismo es otra cuestión. Algunos se muestran muy irritables debido a que se resienten por la presión que experimentan. Otros ansían tanto ganar aprobación que se comportan con demasiada dulzura y docilidad. Y luego están las personas como Rita, que tienen una necesidad inconsciente de dominar para sentirse cómodas.

La rigidez de Rita era su manera de sentirse segura, pero desde el comienzo le ocasionó problemas con los hombres. La flexibilidad y la adaptación la hacían experimentar una vulnerabilidad peligrosa con respecto a los posibles daños e, incluso, al rechazo. Sin embargo, su manera de hacerse cargo de esa sensación conducía al resultado que más temía.

Para las personas como Rita, la solución consiste en tomar mayor conciencia de sus angustias sociales y, más específicamente, de su manera de ocuparse de ellas. Es más, a menudo puede resultar apropiado decir a la otra persona que usted está un poco nerviosa y excitada por el encuentro, pues eso tal vez contribuya a que ambos se relajen un poco. Casi con seguridad, él también está nervioso.

La aguafiestas

"Vince es infantil e irresponsable", protesta Sara, de cuarenta años. "Me abandona por el deporte. Según la temporada en que estemos, pasa su tiempo libre jugando al *softball* o mirando partidos de fútbol por televisión con un grupo de amigos."

¿Esto le suena conocido? La realidad es que Vince es fiscal de distrito, muy comprometido con su trabajo, al que se dedica con una diligencia casi exagerada. Pero los fines de semana le agrada relajarse y jugar. En primavera, juega en un equipo de *softball* de aficionados, y en otoño grita y aúlla a más no poder junto con sus amigos, mientras ven por televisión cómo su equipo local gana o pierde.

Hay un aspecto significativo que ha decepcionado a Sara en el transcurso de su matrimonio. Ella creía que Vince sería más atento y generoso con su tiempo, tanto con ella como con sus hijos. Ultimamente, se queja sin cesar de la "inmadurez" de Vince. Cuanto más trata Sara de reducir el tiempo de recreación de Vince, más se resiente él.

Vince recurrió al asesoramiento psicológico tras haber tenido, a espaldas de Sara, una aventura lo suficientemente significativa para hacerlo pensar en abandonar a su esposa. El consideraba que las desavenencias que tenían en relación con los fines de semana no eran solamente discusiones conyugales inofensivas, sino que se trataba apenas de la punta del iceberg de problemas que tenían en su matrimonio. Por debajo de esas quejas, él pensaba que Sara no aprobaba el placer, ni para sí misma ni para él. Vince creía que su esposa veía la vida como una serie de obligaciones a cumplir, de las cuales la principal era la paternidad.

En el transcurso de sus sesiones, Sara reveló lo que había detrás de su necesidad de dominar a Vince. Nunca había estado segura de que él la amara y temía que algún día la abandonara de pronto. Desde el nacimiento de sus hijos, no lo veía tan cariñoso y atento como antes. En lugar de enfrentar esa inseguridad en forma directa y hablar de ello con Vince, poco a poco adoptó una postura de ser la más "madura" de la pareja como medio para dominarlo.

Entender que los hombres necesitan jugar. A menudo se dice que los hombres, en el fondo, son niños, que los obsesionan los juguetes, los juegos y el deseo de jugar. A veces, esto se dice en un tono de menosprecio, como si los hombres "maduros" fueran una excepción. Sin embargo, el hecho es que los hombres no sólo desean jugar, sino que además necesitan hacerlo como una forma de equilibrar su intenso impulso de triunfar en el plano laboral. El juego les permite volver a capturar los estados de ánimo despreocupados de su niñez. Liberan la tensión, lo cual les deja ver la vida desde una perspectiva más equilibrada y realista.

Es interesante que a muchas mujeres les agrade tanto el lado infantil de un hombre en los comienzos de su relación con él, pero que, más tarde, esa misma cualidad les fastidie. Hay mujeres a quienes les cuesta aceptar el hecho de que los hombres pueden ser fuertes y confiables a pesar de ese deseo ocasional de actuar en forma tonta e infantil, especialmente con sus amigos del mismo sexo.

Sara no comprendía la necesidad de Vince de jugar y relajarse. El no amaba menos a su esposa ni a sus hijos sólo por necesitar ese tiempo de recreación. La sutil desaprobación de Sara en cuanto a los aspectos juguetones de su personalidad acabó por eliminar el lado divertido de su relación con ella y con sus hijos. Sara no veía cuánto resentimiento había despertado en Vince, ni cómo ella misma estaba apartándolo.

La inquisidora

Catherine, de treinta años, sentía que estaba enloqueciendo. Revisaba la cartera de Gil cuando éste dormía, controlaba la cuenta telefónica en busca de algún número desconocido registrado en horarios en que ella no estaba en casa, y lo llamaba dos o tres veces a la oficina cuando él trabajaba por las noches o los fines de semana. Aun mientras cedía a sus sospechas, Catherine se avergonzaba de su propia conducta, pero era incapaz de evitarla.

Un año antes, cuando llevaban pocas semanas de relación, Catherine había descubierto que Gil había pasado la noche con su ex novia, pero eso fue mucho antes de que ella y Gil hubiesen desarrollado una relación exclusiva. Además de ese incidente, Gil nunca le había dado motivos para sospechar. Pero aún así, con el tiempo, los celos y la tendencia posesiva se convirtieron en los principales temas de discusión entre ellos.

Gil, por su parte, se sentía sofocado por los celos de Catherine y estaba constantemente a la defensiva. Sentía que tenía que dar explicaciones de su paradero a cada instante. Por mucho que asegurara a Catherine que la amaba, los celos y las sospechas seguían presentes, envenenando cada vez más los sentimientos de Gil.

Este se sentía muy dolido y decepcionado por el deterioro de su relación. En algún momento había tenido la certeza de que se casarían y tendrían hijos.

"Al principio, resultaba maravilloso estar juntos. Era

algo muy intenso, pero pensé que se debía a que estábamos acostumbrándonos a convivir. Pero en lugar de mejorar, la relación se volvió cada vez más tensa. Ella se obsesionó con esa aventura que ocurrió antes de que fuéramos realmente una pareja. Traté de amarla y de hacerla sentir segura, pero no pude."

El resentimiento de Gil creció hasta el punto en que llegó a odiar cada pregunta de Catherine, hasta las más inocentes acerca de cómo había pasado el día. Empezó a trabajar horas extra y, antes de cumplir el año de convivencia con Catherine, le pidió que se mudara.

Catherine estaba tan obsesionada tratando de descubrir posibles indicios de infidelidad en Gil que no advertía la manera en que esa conducta lo afectaba. Gil quería compartir su vida con ella, pero no si eso representaba una invitación abierta a los interrogatorios. Cuando empezó a trabajar más tiempo en la oficina, Catherine debería haber comprendido que se trataba de una advertencia. En cambio, interpretó esas ausencias como una prueba más de que él podría estar enredado con otra mujer, de modo que sus sospechas se intensificaron.

Dominar el tormento de los celos. Los celos son una de las emociones más dolorosas que podemos experimentar. Pueden ser obsesivos e implacables, y conducir a la sensación de estar totalmente fuera de control. El miedo de perder a alguien de quien dependemos puede ser aterrador. Las personas celosas están, en efecto, en guerra con un enemigo imaginario que puede robarles el amor.

Llevados al extremo, los celos se asemejan a la paranoia. Se descubren pistas en todas partes. Cada palabra, cada gesto adquiere significados especiales y aterradores. Cuando no se los resuelve, los celos pueden condenar a una relación al fracaso con rapidez y seguridad. Aun cuando el hombre no se marche físicamente, se retrae en lo emocional y en lo espiritual. El amor y la confianza no pueden florecer en un ambiente de sospecha y resentimiento.

A menudo, los celos se basan en la realidad: las infi-delidades pasadas. Catherine utilizó la aventura de Gil para justificar su desconfianza, a pesar de que cuando aquélla se produjo aún no habían hablado de tener un compromiso excluyente. No obstante, su conducta destruyó lo que podría haber llegado a ser un matrimonio bueno y duradero.

La manera de reaccionar a los celos es una cuestión muy personal. Tiene que ver con el grado de confianza que experimentemos sobre nuestra capacidad de ser amados y valorados. Cuando nos sentimos plenos y dignos, no somos presa fácil de los accesos de fantasías celosas y sospechas. Tener celos es sentirse inseguro, inadecuado, indigno. Si bien los celos, dentro de ciertos límites, son normales en una relación, pueden llegar a ser desmesurados y, por consiguiente, destructivos, si los alimentan la duda sobre uno mismo. Los celos no lastiman solamente a quien van dirigidos, sino también a nosotros mismos, pues corroen nuestro sentido del yo.

Si usted lucha con los celos como Catherine, trate de utilizarlos para empezar a ayudarse. Sepa, en primer lugar, que sin duda usted está exagerando sus sentimientos negativos hacia sí misma y subestimando los positivos. Al dejarse envolver por los celos, al ceder a ellos, usted misma se hace sentir peor de lo necesario.

Puede empezar a detener esa espiral descendente afrontando el verdadero problema: la autoestima. Hablar de ello, preocuparse o hacer algo en ese sentido sólo le servirá para dar más vida a esas sospechas fantasiosas con respecto a su pareja. Actuar motivada por las sospechas y acusaciones no sólo hace que éstas nos dominen más, sino que, asimismo, aleja a la otra persona.

Canalice la energía que gasta en preocuparse y en dudar de sí misma para mejorar su actitud consigo misma. Pruebe escribir todas las cualidades que le agradan en usted. Confíe en esas afirmaciones, piense en ellas y recuérdelas. Medite también en lo que necesita mejorar en su personalidad. Incluso resulta útil pensar en lo que usted imagina que a su pareja le agradaría en otra mujer, pues es probable que se trate de cualidades de las que usted cree carecer. No trate de ser como esa otra persona, pero puede haber algunos aspectos de su personalidad que usted desee tratar de modificar. Analícelos, no por temor, no por su pareja, sino por usted misma.

La salvadora

Anita, de treinta y seis años, tenía una relación exclusiva con Matthew desde hacía dos años. Un año atrás habían hablado de matrimonio, pero él no se decidía a fijar una fecha por una cantidad de razones vagas. Ella estaba cada vez más molesta, desalentada y furiosa, porque creía ser perfecta para Matthew. Sus amigos pensaban que él estaba loco si no se casaba con ella. "Mira todo lo que ha hecho por él", decían. Matthew, sin embargo, no estaba tan seguro. Reconocía que Anita lo había ayudado a cambiar su vida, pero tenía insistentes dudas acerca de su amor por ella. Con el transcurso de los meses, sus dudas aumentaban, y ni siquiera Matthew sabía muy bien por qué.

Cuando se conocieron, Matthew acababa de padecer un fracaso comercial importante: se había separado de su socio poco ético con quien tenía un negocio poco lucrativo en respuestos para automóviles. Si bien se consideraba emprendedor y, en efecto, tenía buenas ideas para los negocios, Matthew nunca había tenido éxito en ese aspecto.

Cuando conoció a Anita, que tenía muchos logros como decoradora de interiores, la combinación parecía perfecta. Anita lo ayudó a llevar por buen camino su nueva empresa y, además, se convirtió en una especie de maestra que lo ayudaba con sus carencias en "relaciones públicas". A ella le encantaba ayudarlo, y él le estaba profundamente agradecido.

Sin embargo, con el correr de los meses, Matthew comenzó a resentirse por la ayuda y el apoyo que al principio había recibido con tanto agrado. Si bien sabía que Anita lo hacía de buena voluntad, al mismo tiempo se sentía dominado, incluso manipulado por ella. Aunque Matthew llegó a ser mucho más competente, ella seguía siendo una especie de "supervisora" que se aseguraba de que lo hiciera todo correctamente. Aun cuando la forma que tenía Anita de hacer las cosas fuera mejor, Matthew empezó a tratar de hacerlas a su manera. A la larga, en su relación había más luchas por el poder que momentos de armonía. Matthew sabía que parte del problema eran las dudas que aún tenía, pero incluso así se resentía cada vez más.

Anita se percataba sólo a medias de la resistencia de Matthew y no la tomaba en serio. Inconscientemente, temía ceder el control, como si Matthew fuera a dejar de amarla al no necesitarla más. Anita nunca había admitido que su manera de hacerse cargo de su inseguridad con los hombres consistía en volverse valiosa para ellos. No lo hacía en forma calculada, pues le encantaba ayudar a su pareja. Pero Matthew comenzó a prestar más atención a los aspectos negativos y dominantes de la conducta de Anita que a sus cualidades positivas y serviciales.

Anita pensaba que él debería haber sido capaz de tolerar la capacidad de ella con menos ambivalencia. Estaba en lo cierto. Si Matthew hubiese sido un hombre más seguro de sí mismo, podría haber hablado en forma más directa y detenido el curso negativo de su relación. Pero no lo era. ¿Eso significa, acaso, que la responsabilidad de salvar la relación quedaba en manos de Anita? No. El propósito de este caso es solamente el de ilustrar cómo el hecho de ser una "salvadora" puede resultar contraproducente. Si usted ha elegido esta manera de ganar el amor de un hombre, tome conciencia del resentimiento acumulado que puede salir a la luz si usted no permite que él se desarrolle por sus propios medios.

Anita y Matthew no lograron modificar su relación y se separaron. Anita prosiguió en terapia y, poco a poco, resolvió algunas de sus inseguridades personales. A medida que aumentaba su sentido del yo y del valor personal, comenzó a creer en su capacidad de ser amada por sí misma, no por lo que podía hacer para solucionar los problemas de un hombre. Al volverse más sana, comenzó a elegir a hombres más sanos.

Sentirse importante por las razones adecuadas. Si usted tiene un fuerte impulso de moldear, rescatar o guiar a quien ama, podría resultarle útil analizar si sus buenas intenciones producen el efecto deseado. Las mujeres "salvadoras" resultan sumamente atractivas para los hombres que tienen problemas. Sin embargo, esas mismas mujeres oscilan en un precario equilibrio entre la generosidad y el control en la pareja. Si usted analiza el efecto que logra, es probable que descubra que su pareja se torna, poco a poco, menos receptiva, o responde menos a su ayuda. Esta es una clara señal de que se siente dominado.

El hecho de dominar no resulta necesariamente negativo siempre que recordemos que tiene ciertas consecuencias. Las personas dominantes necesitan personas dependientes a quienes dominar, y las personas dependientes buscan a otras más dominantes para que las controlen. Todo encaja bastante bien, salvo por un riesgo: la ira oculta. Oculta porque el hecho de verse dominado siempre implica cierta ambivalencia: en efecto, ese hombre débil no desea perder la ayuda de la mujer, pero al mismo tiempo lo enfurece estar en posición desventajosa con respecto a ella.

¿Cómo se puede, entonces, tratar de alterar la base de poder de la relación? Tal vez usted sepa que "necesita que la necesiten", y esa clase de conexión con un hombre ha sido contraproducente. Se requieren dos tipos de acción: usted debe estar dispuesta a renunciar a parte del poder que acompaña esta clase de control, y debe empezar a hablar más abiertamente con su pareja. ¿El realmente desea su ayuda? Recuerde que a menudo la resistencia de una persona se produce en un nivel inconsciente. Por lo tanto, aun las respuestas verbales positivas tales como "eres lo mejor que me ha sucedido" deben compararse con la verdadera actitud de él hacia usted. Por ejemplo, ¿está él de acuerdo con lo que usted opina, con sus planes u objetivos, pero luego, invariablemente, no los lleva a cabo? ¿Se está volviendo más pasivo? ¿Parece estar a la defensiva o reacciona como si lo criticara? Estos son indicios de que está usted ante un hombre que, poco a poco, asume una postura pasivo-agresiva en la relación.

Los hombres aprecian la ayuda de su pareja tanto como las mujeres. Pero hay hombres que se ponen a favor de esa ayuda y luego se resienten porque se creen dominados. Esencialmente, el problema es de ellos, pero puede llegar a ser de usted. Por último, analice su propia manera de relacionarse. ¿Busca hombres más débiles que usted para sentirse más en control de la relación? Si es así, tenga cuidado, pues esa clase de seguridad puede tener corta vida. En última instancia, confiar en su propio valor y desarrollarlo constituye un mejor objetivo.

¿Cuándo es razonable el control?

El intento de dominar, en forma moderada, forma parte de todas las relaciones. El hecho de renunciar a ciertas libertades se ve más que compensado por esa maravillosa sensación de afecto mutuo. Pero cuando el control se vuelve excesivo, se producen conflictos y resentimiento.

La primera señal de que la actitud dominante está tomando mayores proporciones consiste en que el hombre dominado revela indicios de protesta, ya sea verbalmente o en sus actos. Al decir "señal" nos referimos exactamente a eso: una señal de advertencia. Eso no significa que usted deba retroceder. Lo que significa es que ya es hora de que hablen sobre lo que está ocurriendo. Averigüe qué siente su pareja y traten de hallar una nueva manera de relacionarse que resulte cómoda para los dos. En los casos que hemos presentado, no se dio esta comunicación. Las mujeres se creían justificadas (y, en algunos casos, lo estaban) y los hombres se sentían limitados. La comunicación habría podido prevenir las crisis que se produjeron.

En cuanto a qué es legítimo esperar de cada uno y de la relación, eso es decisión de la pareja. Cada uno de ustedes debe decidir en qué medida ha de renunciar a su autonomía y a su independencia para que el otro se sienta seguro. En cualquier sociedad o relación se deben hacer concesiones y adaptarse para que haya armonía y satisfacción mutua. Lo importante es cuánto y por parte de quién. No hay respuestas fáciles.

Sabemos que en la mayoría de los buenos matrimonios cada uno de sus integrantes tiene el cincuenta por ciento de la responsabilidad por lo bueno y por lo problemático. La responsabilidad no reside en la mujer sólo porque ella sea más sensible a las cuestiones emocionales. Sin embargo, cabe recordar también que puede resultar frustrante esperar que el otro inicie los cambios cuando no es probable que lo haga. Cuando nos plantean esa cuestión, nuestra respuesta como terapeutas es que quien debe dar el primer paso es aquél que más desee el cambio o la comunicación. Pero, una vez más, recuerde que siempre se necesita flexibilidad y hacer concesiones para lograr la armonía. El propósito de cualquier unión es lograr esa plenitud que sólo el hecho de estar juntos y sentirse bien al respecto puede brindar.

Un poco de control es normal

Cuando amamos a alguien, lo necesitamos: el amor y la necesidad van de la mano. Por lo tanto, a pesar de la naturaleza pura o altruista de nuestro amor, siempre hay ocasiones en las cuales deseamos ejercer cierta influencia sobre la persona a quien amamos. Este impulso de dominar está dirigido, principalmente, a fortalecer los vínculos y, en general, no pretende debilitar el sentido de individualidad de nuestro ser querido. Lamentablemente, esto es lo que sucede cuando la influencia se vuelve extrema o excesiva.

En el matrimonio y en otras relaciones comprometidas, hay códigos incorporados de conducta que son dominantes, si deseamos verlos desde ese punto de vista. Por ejemplo, una conducta prohibida incluye un exceso de ausencia: esperamos que nuestra pareja pase cierta cantidad de tiempo con nosotros y con la familia. A menudo, la amistad estrecha con miembros del sexo opuesto se ve como un posible preludio para la violación de la fidelidad sexual y, por consiguiente, se la considera una amenaza. Sería erróneo afirmar que tales convenciones son demasiado intolerantes o mezquinas. Los códigos de conducta han evolucionado como una manera de asegurar la seguridad en una relación.

Tanto los hombres como las mujeres necesitan gozar de cierta influencia y cierto control sobre sus parejas para sentirse seguros. Nadie tiene tanta seguridad como para prescindir de cualquier regla en una relación. Las reglas existen, además, porque suponemos que, si en una relación hay un sentido de seguridad, estamos en libertad de amar más plenamente aún. En nuestra experiencia, esto ha demostrado ser cierto: las parejas que se sienten seguras de su amor mutuo tienden a ser más expresivas, a confiar más y a demostrar más su afecto.

Renunciar al control

Si usted se ha identificado con la conducta dominante de algunas de las mujeres presentadas en este capítulo, he aquí algunas medidas que puede tomar para modificar esta forma contraproducente de hallar seguridad en una relación.

En primer lugar, analícese con honestidad y trate de determinar en qué medida se siente insegura en una relación. Con esto nos referimos al grado de nerviosismo o aprensión que experimenta con respecto a su capacidad de ser amada. ¿Cree realmente que la aman y que su pareja le es leal? Es normal que haya un poco de preocupación o duda. Sin embargo, las personas inseguras van más allá de los momentos de duda o preocupación: llegan a sentir verdadera angustia.

Todos tenemos la necesidad de hacer conocer lo desconocido, de luchar por hallar certeza ante la incertidumbre. Una de las maneras en que hacemos esto es mediante el control. Cuando dependemos mucho de alguien, tratamos de que el paradero de esa persona sea previsible. Lo reconozcamos o no, todos necesitamos saber dónde se encuentra nuestra pareja en un momento dado. Algunos nos conformamos con una idea general ("está trabajando"), pero otros necesitan saberlo con certeza, llamarlo varias veces al día sólo para aliviar la ansiedad y cerciorarse de que su pareja los recuerda.

Esto puede llegar a ser una conducta obsesiva y contraproducente. Los intentos de dominar son, en realidad, maneras de evaluar en qué medida somos importantes para nuestra pareja. Aun cuando esos intentos provoquen irritación y una reacción negativa, podemos sentirnos aliviados. La atención negativa es atención al fin.

La conducta dominante debilita el amor. La mejor y más saludable manera de sentirse seguro en una relación es confiar. Confiar en nuestra pareja no es sólo creer en ella; es un acto de fe, pues la confianza no es algo que manipulemos, sino algo que sentimos solamente cuando dejamos de dominar o de intentar influir.

Las personas inseguras que tienden a dominar a sus parejas pueden aprender a confiar sólo si renuncian a sus estrategias de dominación. Si usted lo deja en paz, si le otorga espacio, si le concede su independencia, ¿él la busca? ¿Sigue demostrándole afecto? Usted puede descubrir todo esto si tolera la ansiedad que produce el hecho de renunciar al control.

Recuerde que, inicialmente, usted utilizó el control para reducir sus temores y su inseguridad. Por lo tanto, si renuncia a él, sin duda pasará por un breve período en el cual aumentará su ansiedad y su nerviosismo. Procure tolerarlo; no morirá ni la consumirá la incertidumbre. Conceda a su pareja una oportunidad de demostrar su amor por usted. Pero primero tiene que correr el riesgo.

La gente se siente mucho mejor cuando confía en su pareja. Las personas que tienen un impulso excesivo de dominar siempre creen, en el fondo, que no merecen el amor que reciben. Si usted se arriesga a renunciar al control, si aprende a tolerar la incertidumbre, descubrirá un amor más genuino. Y lo que quizá sea más importante, descubrirá una nueva fortaleza interior.

CAPITULO 6

Las mujeres que dan demasiado

En los últimos años hay una tendencia a criticar a las mujeres por una cualidad que antes despertaba admiración: el hecho de brindarse o amar con mucha generosidad. En el pasado se decía que una mujer alcanzaba su plenitud cuando recibía amor a modo de recompensa por su inmensa capacidad de amar. Ahora, se les dice que "aman demasiado".

En realidad, es casi imposible amar demasiado cuando el amor es sano y genuino. Nosotros creemos que el amor es la cura de muchos trastornos de las relaciones, no su problema. Sin embargo, sí es posible dar demasiado. Las mujeres que parecen en exceso afectuosas en realidad se están brindando en demasía por temor.

Las mujeres que se vuelven altruistas por demás, que brindan demasiado, a menudo han sido consideradas enfermas y masoquistas: mujeres que se ven inexorablemente atraídas hacia relaciones dolorosas. A nuestro entender, es una descripción dura y distorsionada. Según nuestra experiencia, ni las mujeres ni los hombres buscan dolor o sufrimiento en el amor. Sin embargo, para muchas mujeres la angustia se convierte en un subproducto indeseable de

133

sus intentos de hallar seguridad en una relación. Hay mujeres que han aprendido un hábito de generosidad y altruismo que, invariablemente, agota sus recursos emocionales y, por irónico que resulte, acaba por alejar a los hombres: el mismo resultado que tanto temen.

Sin duda, usted sabe de mujeres que se hallan en tan dolorosa situación. Tal vez usted misma sea una de ellas. ¿Esto le suena conocido? "Varios hombres me han dicho que parezco demasiado desesperada, pero no sé por qué." O bien: "Haría cualquier cosa por él, pero no lo reconoce." O también: "Me he dado cuenta de que me relaciono sexualmente con los hombres mucho antes de lo que desearía... Supongo que me da miedo decirles que no."

Cada una de estas mujeres cree estar haciendo todo lo que está a su alcance por crear sentimientos positivos con un hombre. Lo triste es que, sin saberlo, están sembrando las semillas del rechazo. Tratan de ser afectuosas pero, en realidad, en lugar de promover la intimidad emocional, la evitan. El motivo de esta conducta bien intencionada pero contraproducente es que todas estas mujeres dan demasiado.

¿Es posible dar demasiado? ¿Acaso el amor no es brindar? ¿No será el verdadero problema el hecho de que la otra persona no tolera ser amada y tener intimidad emocional? ¿Se puede amar demasiado? Sin duda, el hecho de dar y el amor están estrechamente vinculados. Todos valoramos y apreciamos que nuestra pareja se brinde con generosidad, que acepte la noción de que al amor hay que cuidarlo y alimentarlo. Pero el amor es más que el simple hecho de brindarse, y el amor sano tiene restricciones inherentes; es condicional más que ilimitado e incondicional.

Para los adultos, una relación amorosa positiva y enriquecedora se basa, en última instancia, en la reciprocidad y el equilibrio. Las necesidades y los deseos de cada integrante de la pareja deben tener la misma importancia. El amor y la generosidad equilibrada conducen a sentimientos mutuos de bienestar, comodidad y confianza. No obstante, durante siglos, las mujeres han sido condicionadas para creer que se espera más de ellas que del hombre.

¿Por qué las mujeres dan más?

En el pasado, siempre se decía a las mujeres que ellas eran las "guardianas" de la relación, que era su responsabilidad hacer que el amor durara. Se les enseñaba que su identidad y su valor personal dependían, en gran medida, de su capacidad de mantener feliz a un hombre. Las niñas crecían tratando de complacer a papá, y las jóvenes creían que su autoestima iba de la mano con su belleza y su capacidad de conseguir pareja.

Fuera cual fuese la estrategia que utilizaran, (las artes culinarias o la atracción sexual), la capacidad de seducir a un hombre tenía la más alta prioridad para una mujer. Aun en la actualidad, en la era de la liberación femenina, en que las mujeres se preocupan por su desarrollo profesional, independencia y realización personal, los publicistas y los medios de comunicación masiva continúan exhortándolas a vestirse, actuar y lucir de cierta manera a fin de atraer a los hombres y hacerlos felices.

Tal como lo demuestra el Factor Afinidad, las mujeres tienen una inclinación hacia las relaciones como una cuestión crucial en su desarrollo. Es por eso que son más propensas a adoptar actitudes contraproducentes con el propósito de asegurar la intimidad emocional y la continuidad de las relaciones con el sexo opuesto.

Cabe recordar que los hombres también sufren una clase similar de exceso en su búsqueda de la autoestima. En los casos en que las mujeres dan demasiado, los hombres se esfuerzan con exceso en su trabajo. Así como las mujeres pueden hacerlo impulsadas por el miedo a estar solas, a no ser amadas, a los hombres los impulsa el miedo al fracaso, a no ser "lo bastante buenos".

Se podría suponer que, en los últimos años, el movimiento feminista ha influido en las mujeres para que se brinden en forma más apropiada, para que eviten ser presa fácil de la idea anticuada y convencional de lo que significa ser mujer, para que exijan que el amor sea equitativo y recíproco entre ellas y su pareja. A nuestro entender, eso no ha sucedido en la medida en que sería deseable.

Hay dos motivos por los cuales, aún hoy, las mujeres siguen amando demasiado y brindándose con excesiva generosidad. En primer lugar, el deseo apremiante de encontrar pareja y formar una familia ha llevado a las mujeres a cometer una cantidad de excesos a fin de encontrar amor. Uno de esos excesos ha sido el de dar demasiado. La angustia que provoca la soledad basta para que algunas mujeres retornen a viejas maneras de relacionarse con el sexo opuesto. Tales mujeres tienen la ingenua creencia de que los hombres todavía buscan una mujer "a la antigua", cuyo principal aporte a la relación sea su voluntad de brindarse sin retaceos.

En segundo lugar, en el caso de las mujeres casadas, el hecho de tomar conciencia de que el matrimonio no es necesariamente para siempre provoca cierta angustia. En la actualidad hay mujeres que albergan el secreto temor de que, de pronto, en medio de una crisis por la edad, sus maridos las abandonen y busquen a una mujer más joven. Si bien esta preocupación está fundada en los hechos y, por lo tanto, no es del todo irracional, la solución no consiste en dar demasiado, pues el hombre rara vez interpreta esa actitud como amor.

Amar es más que dar

¿Por qué algunas mujeres dan demasiado? Tenemos relaciones porque disfrutamos de la compañía de nuestra pareja y porque esa persona enriquece nuestra vida y nos hace felices. ¿Acaso eso no es el resultado de brindarnos con amor y generosidad, sin esperar nada a cambio? No del todo. En realidad, es probable que la mujer o el hombre que brinda demasiado no sea en absoluto afectuoso.

Por maravillosos que parezcan los actos de amor y generosidad, pueden ser maneras veladas de satisfacer necesidades más profundas. Con frecuencia, el amor es un campo de batalla en el cual tratamos de resolver nuestros propios problemas. Resulta obvio que la solución de esos problemas no tiene nada que ver con el amor, pero, a menudo, tratamos de que nos proporcionen alivio en el contexto de la relación de pareja.

La única dificultad común que caracteriza a las mujeres que dan demasiado es la inseguridad. Ellas tienen temores ocultos de no ser suficientes. La solución consiste en compensar lo que creen que les falta brindándose al hombre.

En muchas de esas mujeres, esa inseguridad proviene de conflictos infantiles no resueltos. Cuando eran niñas, carecían de amor, o bien si lo tenían, era tan incoherente que generaba un anhelo capaz de durar toda la vida. Si no nos han amado, intentamos continuamente redimir el dolor que hemos padecido. A menudo las mujeres que sintieron esa falta de afecto o de atención en su niñez se brindan a un hombre en exceso con la esperanza de que éste les corresponda lo suficiente para borrar esa profunda tristeza.

Las mujeres que dedican su vida entera a la misión de recibir amor de un hombre con el propósito de llenar un vacío, llegan a creer que esa actitud altruista es lo que se espera de ellas. Tales mujeres piensan que la tarea femenina consiste en ser una fuente inagotable de afecto y apoyo emocional. No se sienten dignas de ser amadas por lo que son. En el fondo, temen el abandono, y es ese temor lo que las hace tan vulnerables al hecho de brindarse en exceso.

Rosemary, una mujer casada de poco más de cuarenta años, explica: "Detesto admitirlo, pero creo que hago tanto esfuerzo movida mucho más por el miedo que por el amor. A pesar de que llevo catorce años de matrimonio y he hecho más de lo que me correspondía, siento que debería estar agradecida. Tengo miedo de perder a Paul si me brindo menos o pido más para mí."

Lo que Rosemary está haciendo es caer de lleno en las mismas situaciones que le resultan tan aterradoras. El hecho de amar a un hombre la asusta tanto que, para seguir adelante, en lugar de amar menos, ama más. Ingenuamente, cree que al aferrarse cada vez más estará protegida de lo que en realidad teme: la soledad. Por desgracia, esa actitud la conducirá precisamente a aquello que más teme. Cuando las mujeres dan demasiado, los hombres no se sienten simplemente agradecidos: se sienten sofocados.

A otras mujeres, el hecho de brindarse en exceso o en forma unilateral las ayuda a sentir que mantienen el control de la relación. Para ellas, necesitar a un hombre resulta incómodo y amenazador. Detestan recibir amor, por extraño que eso parezca.

"No soporto la idea de necesitar a un hombre", exclamó Carol. "Me pone nerviosa." Para Carol, es más fácil dar que recibir. Prefiere que el hombre la necesite a ella. "Cuando doy, estoy en una posición de poder y control, pero cuando un hombre me lo retribuye, me siento débil. Empiezo a preocuparme por la importancia que está adquiriendo la relación y por la posibilidad de perderla. En cambio, mientras soy yo quien inicia las cosas, no siento nada de eso."

Hay una tercera clase de generosidad que, de hecho, tiene muy poco que ver con el amor: es el hecho de dar por la sola sensación de hacerlo. La expresión "adicción al amor" alude a esta clase de amor. Hay mujeres, y también hombres, que raras veces se sienten vivos o animados a menos que estén atrapados en el drama del romanticismo y la búsqueda del amor.

Estas mujeres se vuelven adictas al hecho de intentar sentirse completas o validadas por medio de un hombre. La sensación de anhelo pasa a ser un vivificante fin en sí misma. Las relaciones amorosas, aun cuando resultan angustiantes, se convierten en intensas señales de que están vivas. Cuando estas mujeres se brindan, se sienten plenas por el momento, "casi" amadas. Lo que no comprenden, sin embargo, es el efecto terriblemente negativo y alienante que este "falso" amor tiene en el hombre con quien están.

Las mujeres como Rosemary y Carol brindan amor por una inseguridad básica. Si bien pueden expresar esa inseguridad en formas muy distintas, ésta es siempre el elemento común que alimenta su continua necesidad de dar, de complacer y de condescender. Tales mujeres introducen fuerzas contraproducentes en la relación. Los actos de amor no son positivos cuando surgen del miedo a la pérdida o al abandono, o cuando su propósito inconsciente es manipular a otro. La mujer que da en demasía corre el riesgo de provocar en su pareja resentimiento y una sensación de "absorción" emocional.

Cómo el amor puede volverse agobiante

Es probable que usted haya tenido una relación en la cual tuvo la impresión de que el hombre la quería más que usted a él. Era él quien la llamaba por teléfono. El siempre expresaba primero su afecto. Le traía pequeños regalos y le enviaba flores. Demostraba verdadera preocupación si no podía comunicarse con usted, aunque fuese por unas horas. Quería todo su tiempo libre. Quería mirarla a los ojos profundamente y con amor, y tener largas charlas significativas. ¡Y usted no quería nada de eso! Cuanto más insistía y daba él, más perdía usted el entusiasmo. Usted conoce esa sensación. Es horrible, ¿verdad? Pues bien, esa sensación es la que a menudo experimentan los hombres cuando las mujeres dan demasiado.

El amor siempre nos parece más vivo e importante

cuando tenemos una participación activa en él. Siempre resulta más vivificante y vital el papel de "amante" que el de "amado". Cuando estamos en una modalidad activa no sentimos obligación, ni culpa, ni usurpación de territorio, ni sofoco alguno. Lo ideal es que una relación sea constantemente dinámica: que los integrantes de la pareja se turnen para ser el amante ardiente. De esa manera, cada uno se siente siempre renovado por esa magia especial que acompaña al rol de "amante", y nunca se ve obligado a languidecer por demasiado tiempo en el rol de "amado".

Recuerde el Factor Polaridad. Los hombres se sienten más activamente afectuosos y relacionados con una mujer en un punto medio aproximado entre el Apego y la Individualidad. Es en esta área media donde los hombres experimentan el mayor grado de pasión e interés. Las mujeres que dan demasiado presionan, sin saberlo, todas las teclas equivocadas en los hombres. Con el único deseo de complacer y atraer, estas mujeres alejan a los hombres; al dar más y más, estimulan en ellos la decisión de dar cada vez menos. ¿Por qué?

En primer lugar, los hombres necesitan dar amor para conservar su interés por una mujer. Las mujeres que dan demasiado tienden a agobiarlos al saciar rápidamente sus necesidades afectivas. Si la mujer lo hace todo y lo da todo, al hombre le queda poca motivación para hacer algo. Ante esa actitud, el hombre teme verse emocionalmente absorbido, y ese temor lo lleva a apartarse de ella.

A medida que la incomodidad y la necesidad de poner distancia que experimenta el hombre comienzan a preocupar a su pareja, ésta se siente culpable de ese alejamiento. Entonces, precisamente cuando debería dar menos, ella hace todo lo contrario: su solución consiste en dar más. De esta manera, el problema continúa agravándose. Cuanto más unilateralmente se brinde la mujer, más se alejará el hombre.

Las mujeres que se brindan sin esperar nada a cambio colocan al hombre en una situación incómoda; no las aprecian, ni siquiera las respetan. Para que un hombre mantenga una relación activa con una mujer, es necesario que él también se brinde, que la respete y que esté dispuesto a invertir energías y sentimientos en la relación. Si el hombre no se brinda, si no la ama en forma activa y participativa, significa que se está alejando en un proceso de distanciamiento.

Las relaciones no se mantienen estáticas. Se hallan en un estado de crecimiento y redefinición, o bien en un estado de deterioro gradual. La generosidad excesiva tiene un resultado muy coherente y profético: conduce a la falta de interés y de respeto, y no alienta la intimidad significativa. Llevado al extremo, el hecho de dar demasiado puede, incluso, crear una atmósfera en la cual los hombres se vuelven explotadores.

Explotar a alguien parece algo sumamente malvado, pero hay formas de explotación que no tienen necesariamente una intención consciente, aunque su resultado sigue siendo el menosprecio masculino hacia las mujeres. Lo que predispone a una mujer para ser potencialmente explotada siempre conlleva intensos sentimientos de inseguridad, una necesidad excesiva de vincularse con un hombre y la negación de la posibilidad de que el carácter y la ética del hombre sean cuestionables.

Es obvio que tanto los hombres como las mujeres temen que los demás se aprovechen de ellos, pues eso hace añicos su autoestima y su confianza fundamental para con los demás. Sin embargo, sucede. ¿Cuántas veces ha oído a mujeres solteras, por ejemplo, hablar con amargura de hombres que no tenían otra intención que la de "usarlas" sexualmente, o a mujeres casadas que sienten que sus maridos no les prestan atención y las consideran como algo seguro?

La explotación por parte del hombre significa aprovecharse de la intensa necesidad de una mujer de vincularse con él. Debido a su desesperación, ella interpreta mal la verdadera intención del hombre. Lo que él busca, en lugar de un amor recíproco, puede ser algo mucho más inmediato y básicamente egoísta. La mujer se ciega a ese egocentrismo y, sin saberlo, proyecta en el hombre fantasías de un deseo de vinculación y amor semejante al propio. La deshonestidad del hombre se revela en sus evasivas acerca de la importancia de la relación. Por lo general, los delitos del hombre en estos casos son de omisión y no de comisión: permite que una mujer se deje engañar y especula sobre el futuro.

Sea cual fuere el grado de deshonestidad del hombre, es probable que la sed afectiva de la mujer sea tan intensa que, aun cuando él deseara amarla, se vería abrumado. La percepción de ese alejamiento aumenta la ansiedad de ella. Al final de toda esta lucha, el hombre sigue concentrándose en lo que puede obtener de la mujer, no en amarla. Es triste, pero a las mujeres que dan demasiado las abandonan en lugar de amarlas.

La rescatadora

Brad, de cuarenta y un años, contratista en el rubro electricidad, considera que todas las mujeres se parecen bastante y, lamentablemente, le recuerdan demasiado a su madre. Piensa que nunca recibió de su madre el amor que necesitaba. Al ser soltera, ella pasaba mucho tiempo fuera de casa, ya fuese trabajando en dos sitios para poder mantenerse o bien porque tenía citas. Brad tenía la impresión de estar siempre tratando, en vano, de conseguir su atención, su amor y aprobación.

Janet, de treinta y seis años, maestra de escuela primaria, recuerda haber tenido una actitud protectora con su padre, a quien veía como una víctima de las exigencias implacables y del carácter irascible y abusivo de su madre. El se retiraba pasivamente a leer su Biblia mientras Janet peleaba en su lugar. "Siempre sentí que tenía que compensarlo por las actitudes de mi madre. Se portaba muy mal

142

con él. Sin duda, yo no entendía todo lo que él hacía para provocar la ira de mi madre, pero siempre ví a papá como una especie de santo que, por algún motivo, tenía que soportar la prepotencia de mi madre."

Todas las relaciones de Janet con los hombres se ven determinadas, en gran medida, por sus intentos de demostrarles que las mujeres pueden ser afectuosas. Según expresa ella misma: "Siento que es mi responsabilidad compensarlos por los defectos de otras mujeres. No soporto que piensen que somos hirientes o que no somos dignas de confianza."

Como consecuencia de esas influencias de su niñez, Janet siempre encuentra a algún hombre lastimado o resentido con quien puede tratar de obrar su magia curativa. Cuando conoció a Brad, le vino al dedillo, dado sus antecedentes emocionales empobrecidos.

Brad y Janet conviven desde hace dos años. A Janet le gustaría casarse, pero Brad siempre posterga la decisión, utilizando como excusa el fracaso de sus relaciones anteriores. En lugar de resentirse o de imponerle un plazo para decidirse, Janet tiene paciencia. Ella cree que, a la larga, el poder y la dulzura de su amor ganarán la confianza de Brad.

En esencia, Brad acepta el afecto y la generosa sensibilidad de Janet sin sentir nunca la necesidad de hacerlos recíprocos. La actitud de ella no lo conmueve ni lo motiva para permitir que la relación evolucione hacia un nivel más profundo y comprometido. Janet confía en Brad y él, básicamente, se aprovecha de ella. Y seguirá haciéndolo hasta que Janet ponga fin a la situación. Como dice Brad, no sin cierta candidez: "A veces desearía que no fuera tan buena. Jamás me hizo nada malo, pero yo la decepciono todo el tiempo. Me da la impresión de que puedo hacer cualquier cosa sin que deje de amarme. Es una locura pero, en lugar de quererla más por eso, estoy perdiéndole el respeto, aunque sé que merece algo mejor."

Conseguir lo que se merece. La ansiedad de Janet por hacer todo el trabajo es, en cierto modo, directamente responsable por la falta de respeto y el distanciamiento cada vez mayores de Brad. Es obvio que Brad también necesita hacerse responsable de su incapacidad de aceptar y dar amor con madurez. Pero el problema es que la voluntad de Janet de dar sin recibir tiende, en última instancia, a perdonar la conducta de Brad.

Si usted se ha encontrado en una situación similar a la de Janet, hay ciertas medidas que puede tomar para desarrollar un mayor sentido de sus derechos con un hombre.

Esencialmente, las mujeres como Janet están resolviendo en sus relaciones adultas viejos problemas de su niñez. Al asumir el papel de rescatadora, Janet trataba de hallar cierto sentido en su vida, alguna manera de sentirse bien consigo misma. Cuando niña, no sólo protegía a su padre, sino que además trataba de ganar su amor. Sin duda, un hombre pasivo como su padre volvía loca a su madre con su incapacidad de hacer nada, salvo vivir la vida como una especie de víctima santurrona. Janet no tenía conciencia de que él no sólo privaba a su madre de lo que merecía, sino que también descuidaba la expresión de su amor por Janet y le permitía asumir el papel de rescatadora.

El hecho de actuar como salvadora o rescatadora puede convertirse en una manera de acercarse a un hombre, de alentar su dependencia y de tener una ilusoria sensación de seguridad... al menos por un tiempo. A la larga, el hombre pierde el respeto porque tiene la impresión de que la mujer no espera ser tratada con equidad. Si esta clase de mujer tuviera una mayor autoestima y un sentido adecuado de sus derechos, esperaría e incluso exigiría reciprocidad. Dar demasiado y actuar como rescatadora, una estrategia inconsciente para obtener mayor seguridad, nunca da resultado.

Lo que una mujer como Janet puede hacer es reconocer que su actitud generosa emana de la inseguridad y no del amor. Si usted tiene estos problemas, primero es necesario que reconozca la presencia de temores e inquietudes más profundos con respecto a su capacidad de ser amada y digna. Luego, pregúntese si realmente cree tener algún valor más allá de su capacidad de satisfacer las necesidades de un hombre.

Cuando una mujer o un hombre se plantea esa importante pregunta, a menudo hay una respuesta afirmativa rápida y detallada: somos interesantes, inteligentes y consumados en diversos aspectos. A veces tenemos, en realidad, un sentido de autoestima y confianza mucho mayor de lo que creemos. En última instancia, son nuestros actos los que proporcionan la verdadera respuesta a esa pregunta. Las mujeres que se consideran merecedoras de un amor maduro y recíproco no permanecen por mucho tiempo en el papel de rescatadoras, por más que estén ante un hombre que sea todo un proyecto de "rehabilitación".

A fin de salirse de esos patrones aprendidos, es necesario correr el riesgo de esperar más, de hacer exigencias cuando el amor parece desequilibrado. Pero allí está la trampa. Para sentirse bien al correr ese riesgo, primero hay que sentirse bien con uno mismo. En realidad, no tiene mayor importancia cuál de las dos cosas vaya en primer lugar: la expectativa o la autoestima; cada una proviene y se alimenta de la otra. Lo importante es actuar, dar el primer paso.

Si usted deja de dar demasiado, empezará a descubrir qué otra cosa puede un hombre amar o apreciar en usted. Al principio, si le parece que a él sólo le importa su capacidad de rescatarlo, de defenderlo o de resolver sus problemas, es probable que sea tiempo de que usted siga su camino. No se preocupe: el solo hecho de que usted considere que tiene derecho a recibir amor hará que él la mire con nuevos ojos y, a menudo, en forma muy positiva.

La recompensa por salirse de esos patrones de conducta y correr esos riesgos es inmensa: relaciones que brindarán más satisfacción recíproca y el hecho de ser amada por lo que usted es en lugar de ser simplemente necesitada por lo que hace. Y más allá de eso, el hecho de esperar amor a cambio hará que usted se abra a la oportunidad de estar con hombres más sanos y capaces de dar.

La hermana siamesa

Hay mujeres que tratan de resolver sus sentimientos de privación emocional intentando establecer una relación casi simbiótica o fusionada con sus parejas.

Gail tiene veintiocho años y está casada desde hace ocho meses. Creció en medio de un vacío emocional, ignorada por su madre, que siempre estaba ocupada, y desestimada por su padre, que nunca tuvo al varón que deseaba. Gail relata: "Recuerdo que trataba de hacer cosas que hacían los varones, con la esperanza de complacer a papá. Pero siempre tenía la horrible sensación de que, en lugar de resultarle más interesante, sólo lo decepcionaba más aún por ser niña."

Su matrimonio con Jack ha sido problemático desde el comienzo. Desde el punto de vista de Gail, ella hace todo lo posible porque Jack sea feliz y se sienta amado. La verdad es que, poco a poco, está sofocándolo y matando el amor genuino que siente por ella.

"Pensé que, cuando nos casáramos, se sentiría más segura", confía Jack. "Todas las discusiones que solíamos tener giraban en torno de su preocupación de que yo no la quisiera tanto como ella a mí. Yo la quería de verdad, pero aunque se lo decía, no era suficiente."

Después de la boda, las expresiones de amor de Gail se aceleraron. "Constantemente me envía tarjetas románticas, me escribe notas, incluso me llama al trabajo; suele llamarme tres o cuatro veces por día. Ella cree que es dulce y cariñosa, pero es demasiado."

Jack prosigue: "Hay muchas cosas que me gusta hacer con Gail, pero ella quiere que hagamos todo juntos. Recuerdo que, cuando fuimos de luna de miel a Hawaii, ella quería tomar mi mano mientras buceábamos. En ese momento me conmovió, pero últimamente ese deseo constante de que estemos juntos me está volviendo loco. Lo que yo quería en este matrimonio era una pareja, no una hermana siamesa. Empiezo a tener serias dudas sobre el tiempo que durará nuestro matrimonio. Haga lo que haga yo, no le parece suficiente. Siempre he sido bastante afectuoso, pero ahora, cuando me pide un abrazo, siento que me retraigo por dentro."

El aislamiento emocional que padeció Gail en su niñez le dejó profundos sentimientos de privación e inseguridad. No se considera querible como pareja adulta, dado que en su niñez nunca recibió el apoyo y el reconocimiento que tanto necesitaba. Gail haría cualquier cosa para demostrar a Jack su amor. Sin embargo, su sed de recibir amor lo hace parecer una exigencia emocional. Gail comete el error fatal de esforzarse demasiado. Sus esfuerzos no se traducen como una entrega generosa de amor, sino más bien como un deseo insaciable de sentirse completa y reconocida.

Lograr una mayor separación. A pesar del genuino amor que Jack tiene por Gail, su incapacidad de hacerla sentir segura de ese amor lo hace verse impotente y disminuido. Sin saberlo, Gail estimula en Jack sentimientos primitivos de incomodidad y angustia. La intensa necesidad de intimidad emocional que Gail experimenta está sofocando a Jack, y va mucho más allá de los límites de la intimidad saludable.

Las mujeres como Gail necesitan aprender a retroceder y a dar a un hombre espacio para respirar. Los sentimientos de inseguridad no son lo que desconcierta a los hombres, sino la forma en que esos sentimientos se expresan. Sin embargo, al sugerir que la mujer debe retroceder, somos conscientes de que ésa es, precisamente, la conducta que ella teme, pues sólo se siente a salvo y valorada cuando "hace algo". Retroceder equivale a sentirse sola y abandonada. Si una mujer que necesita tanta unión retrocede, se siente agobiada por la angustia, pues pierde contacto con la razón por la cual puede ser amada.

A fin de quebrar este patrón de conducta se debe experimentar la angustia provocada por la soledad; eso es inevitable. Es como tratar de cambiar cualquier hábito. Es crucial que pase parte del tiempo lejos del hombre: con amigas o incluso sola. Averigüe qué siente usted cuando no está con él. Por lo común, los primeros sentimientos que surgen son similares a los que usted puede haber experimentado en su niñez: soledad y miedo. Sin embargo, al dejar pasar un tiempo sin una conexión con un hombre, usted verá que pronto empezará a sentirse cada vez mejor, más fuerte y más segura de sí.

A medida que aprenda a crecer y a sentirse mejor sin el recordatorio constante del amor de un hombre, empezará a descubrir que, en el pasado, lo que le parecía un regalo de amor era, en muchos casos, apenas una expresión velada de sus propias dudas profundamente arraigadas con respecto a su valor personal y a su capacidad de ser deseada.

La amante fácil

En el transcurso de los años, Terry, de treinta y cuatro, se había acostado con muchos hombres distintos. Ella se sentía cómoda con su estilo de vida, pero sus amigos le advertían que era demasiado "fácil". Terry se decía que era una mujer sexualmente liberada y que se sentía perfectamente cómoda al acostarse con un hombre en la primera cita, siempre que existiera una atracción adecuada. Sin embargo, la intención de Terry no era sólo divertirse; estaba empeñada en casarse, y no se percataba del efecto negativo

148

que su conducta tenía sobre sus posibilidades de hallar una pareja estable.

Terry creía que al mostrarse sexualmente abierta o disponible lograría prolongar el interés de un hombre. Pero, en un nivel más profundo, Terry tenía el lamentable temor de no ser "suficiente" a menos que se ofreciera como pareja sexual fácil y complaciente. La combinación de su sed emocional y su escasa autoestima la impulsó a tener relaciones que eran, en última instancia, superficiales y emocionalmente insatisfactorias.

Por otra parte, las relaciones sexuales que Terry veía como un regalo no eran valoradas de la misma manera por los hombres con quienes se acostaba. Los hombres a quienes inicialmente atraía por sus numerosos atributos positivos (es atractiva, interesante e inteligente) y que podrían haber tenido interés en construir con ella una relación de afecto recíproco acababan por valorarla tan poco como se valoraba ella misma. Al alentar tan pronto las relaciones sexuales, Terry anulaba la posibilidad de llegar a una verdadera intimidad emocional.

El sexo casi nunca actúa como el esperado adhesivo en una relación. Una mujer que se ofrece con demasiada facilidad descubrirá que esa actitud no hace más que invitar a un hombre a que la utilice para una gratificación pasajera. Los hombres raras veces se ven atraídos por mujeres que son "aventuras de una noche". Ellos juzgan rápidamente a las amantes fáciles y rara vez aprecian sus otras cualidades o valores.

Respetar su verdadero valor personal. A fin de restablecer su autoestima, Terry tuvo que ir en contra de sus instintos, hacer algo que le parecía paradójico. Tuvo que aprender a tolerar un poco de distancia y contener su inseguridad en el comienzo de sus relaciones, cuando deseaba acercarse más. Tuvo que enfrentar y dominar su miedo más básico: el miedo al abandono y a no estar en una relación de pareja. Pero esto *no* significa actuar con frialdad o excesiva reserva, pues eso aleja a los hombres. En cambio, según descubrió Terry, una actitud de reserva positiva crea una ligera incertidumbre en un hombre y despierta su interés.

Sin olvidar en absoluto el objetivo de tener una relación duradera, basada en el equilibrio y el respeto, Terry está tomando las cosas con más lentitud en sus nuevas relaciones. "Antes", recuerda Terry, "cuando me acostaba con un hombre de inmediato, me sentía muy ansiosa y pensaba en si volvería a llamarme'. Después de ingresar en terapia, afirma: "Durante unos ocho meses sólo tuve citas intrascendentes y no conocí a nadie con quien deseara tener una relación seria, de modo que no me acosté con nadie."

Al arriesgarse y dar menos, Terry ganó más. Descubrió que los hombres apreciaban facetas de su personalidad que antes quedaban ocultas por su pose de mujer fatal. Pero tenía que correr el riesgo. Según hemos señalado, el acto mismo de confiar en el valor propio surte el efecto de hacernos sentir más valiosos. Es una especie de valiente salto de fe pero, en verdad, hay poco que perder al intentarlo.

Dado que en nuestra cultura se ha dado un énfasis tan excesivo al sexo, existe la creencia errónea de que es una manera infalible de atraer a un hombre. Eso, simplemente, no es cierto. En realidad, el conservadorismo sexual está surgiendo precisamente porque hombres y mujeres parecen preferirlo.

Tomemos, por ejemplo, aquel viejo consejo de no acostarse con un hombre en la primera cita. Pues bien, no sólo es un muy buen consejo; si damos un paso más adelante, nos parece sensato no convertirse en amante de un hombre hasta haber tenido tiempo suficiente para conocer sus objetivos y su carácter, y para haber establecido con él cierto grado de confianza y reciprocidad. De esta manera se distingue a los hombres que son capaces de tener una relación afectuosa y a aquellos que son, simplemente, explotadores.

Este consejo se basa en el hecho de que los hombres,

si bien parecen más liberados, aún funcionan de acuerdo con su vieja programación inconsciente. Es probable que busquen una pronta relación sexual, pero en un nivel más profundo, la mayoría de los hombres piensa que las relaciones sexuales deben ser, en realidad, una expresión de cariño y compromiso. En la ausencia de ese cariño, sólo tienen un valor superficial y pasajero. La atracción puede estar presente desde el primer momento, pero el afecto no puede existir en el comienzo de una relación. El afecto se desarrolla en forma gradual, en función de la experiencia y con el tiempo. No sobreviene con rapidez, por más que la mujer lo desee o que el hombre diga sentirlo.

Si bien algunos de estos comentarios están dirigidos a las mujeres solteras, hay una sugerencia correspondiente para las casadas. Las esposas que siempre acceden a las propuestas sexuales de sus maridos por miedo a decir que no, encontrarán, inevitablemente, dificultades.

En primer lugar, lo más importante: el hecho de acceder de esta manera para satisfacer las exigencias masculinas sólo hace que usted se resienta cada vez más. Por otra parte, a la larga, los hombres toman conciencia de ese resentimiento. Presienten que usted no está "haciendo el amor" sino sólo cediendo para conservar su amor. Aunque usted crea que él le estará agradecido por mostrarse tan accesible, es probable que, en el fondo, se sienta tan mal como usted. Aun los hombres que son demasiado torpes para percibir esa ausencia de un verdadero deseo acabarán por no apreciarla y, simplemente, la tomarán como cosa segura. Sea cual fuere el resultado, el hecho de dar demasiado aun en lo sexual corroe el matrimonio.

La mártir

¿Qué hace que una mujer se convierta en mártir? El ingrediente más básico y común es, sin duda, una escasa autoestima. El martirio nunca es positivo, por más que se lo disfrace. De hecho, a menudo constituye un acto agresivo velado, destinado a dominar por el hecho de inducir en nuestra pareja sentimientos de culpa. Cuando una mujer opta por renunciar a su poder, cuando rehúsa reconocer y defender sus necesidades, es vulnerable a la posibilidad de convertirse en mártir.

Jackie, de treinta y ocho años, siempre se ha sentido inferior a Sheldon, con quien lleva seis años de matrimonio. Empezó a trabajar apenas terminó la escuela secundaria; él tiene un título importante en ingeniería. Ella es callada; él es encantador y muy sociable. En el fondo, Jackie teme que algún día Sheldon se canse de ella.

En lugar de desarrollarse personalmente y aprender a sentirse más cómoda en su matrimonio, se volvió excesivamente modesta y sacrificada, y pone a su esposo en primer lugar en todas las áreas de su vida. Por ejemplo, hace compras para Sheldon en las mejores tiendas para hombres, pues piensa que la ropa cara es importante para su carrera. Sin embargo, cuando se trata de ella, compra en las liquidaciones.

En los comienzos de su matrimonio, esa aparente generosidad conmovía a Sheldon, pero pronto comenzó a experimentar un vago sentimiento de culpa. La alentó a que tomara clases, no con una actitud superior sino porque lo entristecían los comentarios modestos de Jackie. Además, cuando le hacía regalos costosos, ella siempre los devolvía. Al día siguiente de haberle obsequiado un hermoso brazalete de oro para su aniversario, Sheldon llegó a casa y halló un costoso portafolios de cuero para él. Una vez más, Jackie había devuelto su regalo y antepuesto las necesidades de Sheldon a las de ella. Sheldon estalló, lo cual precipitó una crisis que los llevó a buscar ayuda profesional.

¿Qué ocurrió aquí? ¿Por qué estalló el aparentemente cariñoso Sheldon? Desde el punto de vista de Jackie, no había explicación alguna. "Siempre lo hice todo por él y puse mi vida en segundo plano." Sheldon tenía un punto de vista muy diferente. Al recordar sus años de matrimonio, tomó conciencia de que lo acosaban los sentimientos de culpa.

Jackie era una mártir. Lo que la hacía sentir más segura era renunciar a sus necesidades a favor de las de Sheldon. Llena de inseguridad y de dudas con respecto a sí misma, intentaba controlar la relación haciendo que su esposo sintiera pena por ella. En el fondo, creía que él jamás abandonaría a alguien tan dispuesto como ella a sacrificarse y brindarse.

Más tarde, Sheldon comentó que siempre percibía con dolor esos sacrificios, que lo hacían sentir culpable y provocaban en él una lenta acumulación de resentimiento. "Nunca me sentí bien al volver a casa. Solía desear que mi esposa fuera una de esas mujeres que tienen sus propios amigos y actividades, no alguien que corra del trabajo a casa para recibirme con un trago y una cena especial."

¿Cuáles fueron las señales de advertencia que Jackie pasó por alto? En primer lugar, nunca creyó de verdad en el amor de Sheldon. Por extraño que parezca, su martirio era extremadamente egocéntrico. Su angustia le provocaba una miopía tal que le impedía creer que él pudiera amarla. Cada vez que Sheldon trataba de alterar el equilibrio de su matrimonio e introducir un mayor grado de reciprocidad e igualdad, ella lo contrariaba. No había ningún receptáculo para el amor que él deseaba dar. Jackie se sentía amenazada por ese deseo de Sheldon de igualdad: temía no estar a su altura, no ser lo bastante querible o inteligente para conservar el interés de su esposo.

Renunciar al sacrificio personal. La presencia de un mártir en la pareja siempre crea graves desigualdades. En la actualidad, los hombres no desean estar en una relación desigual, con una mujer sacrificada. Tales mujeres les provocan sentimientos de culpa y el consiguiente resentimiento. En lugar de hacerlos sentir mejor y más seguros, la mujer mártir produce el efecto contrario: los hace sentir solos.

Cuando una mujer no se respeta, es difícil que el hombre se compadezca de ella. Pero si la mujer se arriesga a desarrollar buenos sentimientos para consigo misma y a confiar en ellos, hallará en los hombres una reacción positiva y afectuosa.

Si usted se ha identificado con la conducta sacrificada de Jackie, es importante que comprenda que está utilizando una estrategia que no logrará que su pareja la quiera más sino que, en realidad, hará que se resienta. El sacrificio personal y otras conductas que inducen sentimientos de culpa sólo provocan conflictos en la pareja.

Por lo común, las mujeres que se convierten en mártires carecen de la capacidad de imponerse: temen expresar sus necesidades y deseos legítimos a su pareja. En cambio, esperan despertar pena en el hombre mediante el sufrimiento. Incluso tienen la fantasía de que sus sacrificios producirán admiración, dado que los demás a menudo admiran a la mártir porque lo da todo a fin de crear armonía en el hogar.

Al igual que en otros casos de mujeres que dan demasiado, la manera de salirse de este patrón de conducta consiste en reducir gradualmente lo que se da y, al mismo tiempo, estar a la espera de recibir más. Observe si el afecto de su pareja aumenta cuando usted comience a actuar en una forma que inspire respeto.

Inicialmente, el hecho de dar menos la angustiará, e incluso puede despertar en usted el temor de que su pareja la abandone. Esa angustia es una emoción de la cual usted ha huido durante todos estos años al actuar como mártir. Recuerde que, si bien usted aprendió esa conducta como una manera de tolerar la falta de amor en su niñez, no debe dejarse dominar por el pasado. No debe ser una víctima, que en realidad, en el fondo, cree ser.

La ayudante

Las mujeres que asumen el papel de ayudantes de un hombre presentan una cantidad de rasgos en común. La mayoría de ellas tiene dudas persistentes en relación con su valor personal y se sienten mucho más cómodas dando que recibiendo. Estas mujeres temen que el hecho de esperar una retribución de amor pueda precipitar su mayor temor: "No vales la pena si tengo que hacer algo a cambio."

Ellen, de treinta y cinco años, secretaria en un estudio jurídico, asumió este papel en su relación con Jimmy. Cuando se conocieron, Jimmy, de treinta y tres años, tenía un empleo de tiempo parcial enseñando procesamiento de palabras en algunas corporaciones, y cursaba el primer año en la escuela universitaria de graduados. Parecía tener todo lo que Ellen buscaba en un hombre... y lo mejor de todo era que realmente parecía atraído por ella.

Los primeros meses que pasaron juntos fueron verdaderamente estupendos e hicieron que Ellen decidiera invitar a Jimmy a vivir con ella. Sus horarios les dejaban poco tiempo libre, de modo que el poco tiempo que pasaban juntos resultaba más valioso aún. Para lograr unas horas más, Ellen se ofreció a pasar a máquina un par de trabajos para Jimmy. Lo hizo de corazón y la complació ver que de esa manera podían pasar más noches juntos. Ellen siempre había tenido facilidad con las palabras. No pasó mucho tiempo para que en lugar de pasar a máquina los trabajos de Jimmy, comenzara a redactarlos.

Jimmy tenía mucho trabajo con sus estudios. Le agradaba poder salir cada vez más a menudo con sus amigos, mientras Ellen se quedaba en casa, luchando con alguno de sus trabajos. Si bien a veces se resentía un poco, Ellen disculpaba la falta de disciplina de Jimmy diciendo que era algo pasajero y que, simplemente, tenía que ver con el hecho de que él necesitaba un descanso al tener tantas presiones en la universidad.

A Jimmy le agradaba conversar con Ellen, pues ella

sabía escuchar con calidez y en actitud receptiva. No sólo lo comprendía y lo aceptaba, sino que además ejercía sobre él un efecto sedante e inmensamente tranquilizador. Jimmy hablaba sin cesar de las presiones que sentía, y Ellen siempre estaba dispuesta a aceptar otra tarea más para ayudarlo.

Ellen amaba a Jimmy y disfrutaba de la creciente confianza que él depositaba en ella. Sentía que esa participación suya, activa e íntima, en todos los aspectos de la vida de Jimmy reafirmaba el amor de ambos. Sin saberlo, poco a poco y con coherencia, Ellen había establecido con Jimmy un patrón de conducta que, lamentablemente, alentaba una creciente explotación y reducía la posibilidad de una relación apasionada.

La voluntad de Ellen de hacer cosas por Jimmy y de compensarlo por sus carencias surtió un efecto previsible en él. Al ser hijo único, Jimmy estaba acostumbrado a que los otros hicieran las cosas por él, especialmente su madre sacrificada y demasiado indulgente. Le resultó muy fácil pasar de mamá a Ellen. Esta, sin percatarse, se había convertido en una especie de madre sustituta: alguien que se brindaba sin cuestionamientos y esperaba muy poco a cambio.

Ser menos madre y más mujer. Muchas mujeres se envuelven en una suerte de rol maternal. Algunas se sienten cómodas en él, pues las hace sentir "supermadres". Con esto no queremos decir que la mujer cálida y maternal esconda conscientemente algo más en esa conducta. Sin embargo, de manera inconsciente puede estar haciendo a un lado sus propias posibilidades de llegar a ser algo más, de ser vistas en forma más compleja. Es triste, pero estas mujeres pueden pasarse la vida siendo madres de sus maridos además de serlo de sus hijos. Esta manera de dar demasiado fomenta en el hombre la actitud de descuidar a su pareja y tomarla por segura, pero lo que es más importante, puede evitar que la mujer descubra su propio potencial.

Según hemos señalado, las mujeres que asumen el papel de "madre" a menudo lo hacen porque eso les permite evitar un enfrentamiento con otras facetas de su personalidad. Por ejemplo, hay mujeres que se sienten sexualmente inadecuadas y la actitud maternal constituye una manera de evitar una confrontación con su inseguridad. A veces, incluso, es posible que el hombre sea cómplice en este aspecto. Un hombre que desea que su esposa se comporte como una madre puede no querer que ella sea demasiado sexual, pues eso puede resultarle confuso. Se trata de una variante de la dicotomía entre lo sagrado y lo profano: las demás mujeres pueden ser sexis, pero la esposa de uno debe ser pura y estar por encima de tales placeres.

A fin de salirse de este patrón de conducta, usted debe confiar en que su pareja realmente desea una mujer y no simplemente una madre. Debe arriesgarse a revelar más facetas de su personalidad. Revele más y otorgue menos. Deje que él la descubra. Si parece desconcertado por un cambio repentino en su conducta, puede hablarlo con él. Infórmele con actitud afectuosa que, al brindarse tanto, usted se ha convertido en menos de lo que podría ser.

Saber cuándo el amor es unilateral

La forma más directa de determinar si usted está dando en demasía consiste en examinar con atención la manera en que se recibe esa actitud. ¿Su generosidad y su amor cautivan a su pareja? ¿Le responde él con un aprecio adecuado? ¿Le retribuye, con el tiempo, esa actitud? Por lo general, las mujeres que dan demasiado no buscan indicios de reciprocidad; más bien, siempre tienen la esperanza de recibirlos. Cuando usted se plantee estas preguntas, no busque respuestas inmediatas. Esto lleva tiempo. Hay hombres que no responden en seguida. A veces deben pasar unos días; a veces, una semana, para obtener algún indicio de la forma en que su pareja recibe su generosidad.

¿El se aparta luego de que usted se mostró especialmente cariñosa? ¿El aprecio y el respeto que demuestra por usted aumentan con el tiempo que pasan juntos, o disminuyen? Después de unas semanas o unos meses, si realmente presta atención, usted podrá percibir el efecto de su calidez y su amor.

¿El paso del tiempo le produce angustia? Las mujeres que dan demasiado tienden a ser impacientes, y tratan de calmar su ansiedad dando más aún. Es como si mediante el hecho de dar pudieran asegurar el amor que tanto anhelan.

¿Trata usted de disculparlo? ¿Es demasiado comprensiva? Las mujeres que dan demasiado siempre tienen alguna sospecha de que se están extralimitando. A menudo toman conciencia de que buscan demasiadas excusas para explicar por qué su pareja se comporta como lo hace, por qué no es más generoso. Si usted trata de explicar a sus amigos y a su familia por qué su relación parece unilateral, he allí un claro indicio de que el desequilibrio ha llegado demasiado lejos.

Por último, ¿considera usted que su generosidad coincide con sus dudas acerca de su capacidad de ser amada? ¿Se considera "suficiente" o, al igual que tantas mujeres que dan demasiado, canaliza su inseguridad en algún tipo de conducta en su pareja que es, en realidad, una forma velada de conseguir aprobación? En ese caso, usted sabe, en el fondo, que no da resultado.

Aprender a esperar amor a cambio

A los hombres hay que pedirles que se brinden. La mujer debe esperar reciprocidad en su relación con un hombre, y no lo decimos sólo para que haya justicia y equilibrio. Más bien, de acuerdo con el Factor Polaridad, esa exigencia de reciprocidad en una relación de pareja es necesaria para la formación de un vínculo del hombre con la mujer. Cuando una mujer ofrece demasiado y espera muy poco, el vínculo, desde el punto de vista del hombre, no se forma como debería. Esto no significa que con esta clase de conducta un hombre no pueda llegar a depender de una mujer en lo referente a hacerle favores y prestarle servicios. Pero esa conexión no es emocional, no se basa en el respeto ni en la pasión: no es el amor que una mujer desea.

Las relaciones unilaterales en las cuales se permite que el hombre se brinde poco inhiben el acercamiento de éste hacia el extremo del apego. Si la mujer hace todo el trabajo, disminuye el deseo del hombre de hacer algo por cuenta propia, y ése es un error grave y contraproducente. Por otra parte, la mujer que se sabe merecedora de un amor activo y hace saber al hombre que ella espera reciprocidad en ese aspecto seguirá atrayéndolo continuamente.

Para evitar los peligros de dar demasiado, usted debe tener en claro sus propias expectativas. Analice a conciencia en qué medida le resulta fácil o difícil sentirse digna de que un hombre la ame y se brinde a usted. Si llega a valorarse y a actuar de acuerdo con esa valoración, evitará ser explotada, porque la conciencia de su propia dignidad evitará que eso suceda. Las mujeres explotadas se ciegan por causa de su propia sed emocional: hacen a un lado el juicio. El hecho de estar en contacto con el propio valor actúa como un faro amistoso en su búsqueda del amor.

La mujer que da demasiado siente que tiene al tiempo en su contra; actúa como si sus posibilidades de hallar amor se le estuvieran escapando. Si usted es soltera, aprenda a tomarse su tiempo con una nueva relación. Permita que las experiencias sexuales sean el resultado del paulatino desarrollo de la confianza, del conocimiento mutuo y del cariño. Desconfíe de su impulso de apresurar las cosas y del impulso del hombre de apresurarla a usted.

Comprenda que, diga lo que diga un hombre, la respetará más y confiará más en usted si usted misma se valora.

Arriésguese y hable de sus sentimientos: háblele de sus temores y señale su propia responsabilidad y participación en todo ese proceso. De ahí en adelante debe asumir la actitud de pedir más y establecer límites a su generosidad. Cuando usted crea tener derecho a esperar amor a cambio, él se acercará más. Si no lo hace, es mejor averiguarlo ahora y seguir buscando lo que usted realmente merece.

SEGUNDA PARTE

LAS MUJERES
QUE LOS HOMBRES AMAN

CAPITULO 7

El camino hacia el compromiso

El deseo de tener amor es un impulso humano fundamental. No importa lo que seamos o lo que hagamos, hombres o mujeres, casados o solteros, todos deseamos lo mismo cuando se trata del amor: alguien con quien compartir las experiencias de la vida, alguien que nos haga reír, alguien que entienda nuestros miedos y nuestras penas, y alguien que nos haga sentir bien con nosotros mismos.

En esta sección del libro analizaremos la manera en que los hombres se sienten atraídos hacia las mujeres y la razón por la cual se enamoran. Sin embargo, ningún análisis válido puede resultar completo si no se comprende el proceso mismo del amor, desde sus comienzos tumultuosos hasta sus diversas etapas, desde las intensas expectativas de romanticismo hasta la profundidad y la seguridad del compromiso amoroso maduro.

Existe un motivo básico por el cual, en la mayoría de los casos, es tan difícil encontrar el amor. Comenzamos nuestra búsqueda no sólo con objetivos sinceros y realistas, sino también con fantasías primitivas muy arraigadas. Estas fuerzas inconscientes, y no las conscientes, son las que dan forma a nuestra necesidad de amar y de. ser amados, y crean numerosos obstáculos a medida que avanzamos por el camino que lleva de la soledad hacia el compromiso. Por nuestra parte creemos que, a fin de liberarse de los patrones de conducta contraproducentes, para no perjudicar los intentos de hallar amor o de fortalecer un matrimonio, como primera medida es esencial comprender las fantasías que acompañan la búsqueda del amor.

Los tres deseos secretos del amor

La búsqueda del amor está motivada por tres poderosos deseos inconscientes: el deseo de fusión, de validación y de sentirse vivo. No importa quiénes seamos, la sensatez que creamos tener o la razonabilidad de nuestras expectativas conscientes, siempre llevamos en nuestro inconsciente esos tres deseos primitivos. Pero allí está el problema: ¡Ninguno de esos deseos tiene nada que ver con el hecho de dar amor a otra persona! Se trata, en cambio, de necesidades, todas las cuales señalan una preocupación primordial acerca de uno mismo y de la propia satisfacción. Dado que esos deseos se ven alimentados por la necesidad de recibir y no por la de dar, a la larga producen un conflicto entre nosotros y la persona que, esperamos, satisfará esos deseos.

¿De dónde provienen estos tres deseos? A medida que pasamos de la infancia a la adultez, recorremos un camino de individualidad en el cual nos convertimos realmente en nosotros mismos, creando y expandiendo de manera constante un sentido más definido de lo que somos. Parte de este cambio es positiva, y otra parte es negativa.

Muchas personas experimentan la vida como si se tratara de una lucha continua, en la que deben tolerar su angustia interior y, al mismo tiempo, evitar con temor las presiones externas. Otros individuos, más afortunados, desarrollan un deseo sano y positivo de enfrentarse a los desafíos y riesgos de la vida. La mayoría de nosotros tiende a oscilar entre el temor y la confianza, entre la duda sobre uno mismo y la aceptación.

EL ANHELO DE FUSION.

Tal vez el deseo más primitivo relacionado con el amor sea el deseo de completarnos, de fusionarnos. Este deseo nace del miedo a la soledad y de una sensación de estar incompletos. Inicialmente, todo niño existe en una unión simbiótica o interdependiente con su madre, antes de que se produzca la individualización y la separación saludable. Desde el momento en que nos separamos de nuestra madre hasta nuestro último suspiro, la soledad o su posibilidad nos acompaña constantemente. A muy temprana edad desarrollamos lo que se llama necesidades narcisistas, amor propio, la necesidad de querernos. Esas urgencias narcisistas son naturales y saludables cuando se dan con moderación, y se producen de la siguiente manera.

Cuando tenemos padres sanos y atentos que nos cuidan con cariño, desarrollamos un sentido positivo de nosotros mismos. Poco a poco, aprendemos a incorporar, o a internalizar, el amor de nuestros padres por nosotros y su capacidad de calmarnos y consolarnos. Al percibirnos con los ojos de ellos, por así decirlo, aprendemos a calmarnos y a administrarnos amor propio. Por medio de este proceso, aprendemos a ser menos ansiosos, a necesitar menos la fusión, y nos sentimos más completos dentro de nosotros mismos.

Lamentablemente, este proceso nunca es perfecto, pues los padres tienen defectos y su amor no es coherente. Con una crianza saludable, los niños pueden manejarse fácilmente ante las incoherencias menores de sus padres, a medida que aprenden a enfrentar las frustraciones y un mundo imperfecto. Poco a poco, el sentido del yo que tiene el niño se fortalece, se define mejor y se vuelve más resistente. Pero si el progenitor es desatento y no demuestra cariño, el sentido del yo del niño puede quedar fragmentado y subdesarrollado. Es triste, pero un niño así es incapaz de consolarse y, a la larga, recurre a fuentes externas para hacerlo: a otras personas, a las drogas, incluso al amor; en suma, a cualquier estímulo externo que bloquee el dolor de la duda y la sensación de estar incompleto.

La fusión pasa a ser, en la fantasía, una solución para esos sentimientos de un yo deficiente. Por ejemplo, una mujer con tales antecedentes puede fantasear, inconscientemente, que si pudiera fusionarse con un hombre lograría aquella maravillosa sensación de seguridad que experimentaba con mamá.

La mayoría de la gente tiene este deseo o esta fantasía en mayor o menor grado; simplemente, es más pronunciado en las personas más necesitadas. En momentos de estrés o de privación emocional, especialmente, podemos soñar con fusionarnos con alguien que nos proporcione el amor que no sentimos por nosotros mismos, alguien que nos haga sentir enteros.

LA BUSQUEDA DE VALIDACION

Otro deseo poderoso que alimenta nuestra búsqueda de una conexión afectuosa es el deseo de validación: la necesidad de sentirnos bien con nosotros mismos, de tener autoestima. Nuevamente, debido a experiencias infantiles incompletas e imperfectas, es probable que no nos sintamos dignos y, en consecuencia, busquemos validación en el exterior.

Ser buenos padres implica alentar a los niños a pensar por sí mismos y a llegar a valorarse a través de sus experiencias. Pero algunos padres no alientan la autonomía: mantienen al niño dependiente de la aprobación paterna. La consecuencia de esta actitud es una búsqueda incesante de signos externos que demuestren nuestro valor o nuestra capacidad de ser amados.

Hay personas que se miran al espejo y sonríen: "¡Me agrada lo que veo!" Otras se miran y se preguntan, con angustia: "¿Le gustará a Fulano lo que ve?" Buscan a otra persona que les diga que están bien. Los adultos que no han aprendido a ser conscientes de su validación tienen el mayor potencial para obsesionarse con el amor, para estar siempre en busca de esa persona que los haga sentir bien.

La mayoría de los hombres y las mujeres buscan cierta validación al elegir pareja. Hasta cierto punto, todos vemos a nuestra posible pareja como una medida de nuestro propio valor y status. Por ejemplo, es probable que usted haya tenido la experiencia de presentar a su nueva pareja a sus amigos, con la esperanza secreta de que ellos mejoraran su opinión de usted gracias a la clase de persona que había logrado atraer. Lo que se cree aquí es, en el fondo, que si una persona atractiva o de personalidad bien definida nos ama, de alguna manera eso eleva nuestro valor.

El problema de la validación como solución dominante para los sentimientos de deficiencia estriba en que no amamos realmente a la otra persona; en cambio, amamos la ilusión del mejoramiento de nuestro yo. Por otra parte, siempre existen esos oscuros momentos de soledad en los cuales nuestras inseguridades nos recuerdan lo que realmente sentimos por nosotros mismos. En verdad, la validación personal por medio del amor de otra persona no da resultado.

EL DESEO DE SENTIRSE VIVO

El tercer deseo que alimenta nuestra búsqueda de amor es el de sentirnos vivos. En este mundo tan cargado de tensiones, constituye un verdadero desafío recargar nuestras baterías, sentirnos vivos y entusiasmados con la vida. Este es un motivo clave por el cual adjudicamos tanto énfasis al sexo: es una de las maneras más fáciles de sentirnos estimulados, vibrantes, vivos.

Una segunda manera en la cual muchas personas tratan de sentirse vivas en la actualidad es la búsqueda de romances: una fuente segura de emociones intensas. Hay otros, tal vez más pesimistas acerca de las recompensas de una relación, que buscan sentirse vivos por medio de la comida, la bebida o las drogas. Estas personas experimentan una sensación momentánea de bienestar interior mientras dure el efecto químico... lo cual nunca es demasiado tiempo.

El origen de nuestra intensa sed de volver a sentirnos vivos y estimulados se halla en las experiencias infantiles relacionadas con una melancolía que emana de la pérdida de la madre cálida y segura. Todos los niños necesitan ese contacto a fin de experimentar una sensación de bienestar. De hecho, los niños que no reciben ese contacto físico y esa calidez desarrollan, a menudo, graves enfermedades físicas y emocionales.

Es deplorable, pero las personas que tuvieron una niñez insegura y carente de un contacto afectuoso llevan consigo una tristeza constante. El antídoto de ese sentimiento crónico de vacío es la estimulación de cualquier clase. En el caso de los hombres, por lo común se apela al abuso de sustancias o a la actividad sexual como solución para ese dilema. En las mujeres, es más frecuente la adicción a los altibajos emocionales de las relaciones amorosas. Pero cuando esas mujeres capturan al objeto de su obsesión, invariablemente experimentan un "bajón" emocional. A medida que la infatuación da lugar a la realidad y a la rutina, la intensidad palidece. Por lo tanto, la adicta al amor pasa por una gran cantidad de relaciones de pareja.

A medida que crecemos y abandonamos nuestra niñez deficiente, todos podemos anhelar, en mayor o menor medida, la fusión, la validación y el sentirnos vivos. Por tanto buscamos, con mayor o menor intensidad, soluciones externas para esas necesidades internas.

Todos crecemos tratando de compensar una cantidad

de cosas que faltaron en nuestra niñez; nadie es producto de una crianza perfecta. Pero hay soluciones que son saludables y que van más allá de las fantasías poco realistas. Es posible aprender a amar y a ser amado. Pero para ese aprendizaje se necesita comprender la evolución del amor. Una visión clara de las vueltas del proceso del amor ayuda a evitar las expectativas poco realistas y las desilusiones que se producen con tanta frecuencia en nuestras relaciones.

Las etapas del amor

Todas las relaciones amorosas evolucionan en una dirección perceptible. La primera fase es la del romanticismo, la infatuación o el enamoramiento. La segunda etapa es un período de adaptación en el cual se produce una colisión entre la ilusión y la realidad. La fase final es el amor maduro y perdurable.

EL ROMANTICISMO

En nuestra búsqueda del amor, lo primero que todos buscamos es esa deliciosa sensación de entusiasmo e infatuación con otra persona: el romance. Este implica una sensación de fusión, de ser uno solo con el otro; una sensación de regocijo y pasión, incluso momentos de éxtasis. Experimentamos un incremento de nuestra sensibilidad hacia la belleza, no sólo en nuestra pareja sino en el mundo en general: en las demás personas, en las imágenes, los olores, el espectro total de los sentidos.

En esta fase extendemos los límites de nuestro sentido del yo hasta incluir a la otra persona. Tenemos la impresión de conocer a nuestra pareja desde siempre y, sin embargo, nos deleitamos al redescubrirla cada día. La experiencia del romance comprende las tres cosas básicas que deseamos: fusión, validación y sentirnos vivos.

Hay una sombría contraparte de esta experiencia. Es posible sentirse angustiado, temeroso: "Tengo miedo de que, si realmente me conoce, ya no le agrade." O bien: "Me parece demasiado bueno para ser verdad, demasiado bueno para que dure." Estas aprensiones que se hallan bajo la superficie, si bien son dolorosas, al mismo tiempo aumentan la carga emocional; la incertidumbre y los temores contribuyen al misterio y a la excitación.

Este es un período de inocencia, en el cual las virtudes de la otra persona se ven magnificadas y en primer plano. Sus defectos o actitudes fastidiosas están en segundo plano y pueden, incluso, parecer increíblemente encantadores. Al tacaño se lo ve como "un hombre liberado que me permite compartir los gastos por igual". El obseso que no cesa de hablar de sí mismo es "abierto y vulnerable". El hombre retraído es "fuerte y misterioso".

No cabe duda de que el amor romántico es una de las grandes experiencias y aventuras de la vida. Pero, al igual que todo en la vida, siempre existe la relación riesgo-recompensa. El romanticismo, con todas sus recompensas embriagadoras, trae consigo las inevitables y graves resacas psicológicas.

LA IRRUPCION DE LA REALIDAD.

¿Qué sucede cuando introducimos estas expectativas, estas necesidades y estos deseos inconscientes en una relación? ¿Qué ocurre cuando la realidad irrumpe en la fantasía? En la segunda etapa de una relación, el período de adaptación, hay dos posibilidades: que la realidad y la fantasía choquen con tanta violencia que la conexión se ve cercenada en forma irreparable, o bien que se unan y formen expectativas saludables y realistas.

A medida que se disipa la intoxicación romántica inicial, uno de los primeros indicios de cambio puede ser algo tan simple como el aburrimiento. Al principio, estar en presencia de nuestra pareja es suficiente estímulo; estamos totalmente en paz, satisfechos de poder contemplar los ojos de nuestra pareja durante horas, fascinados. En consecuencia, muchas personas piensan que el primer asomo de aburrimiento es una señal de que "todo terminó". La relación no resultó ser lo que esperábamos. "Tal vez me equivoqué", es la primera duda que puede ocurrírsenos.

A medida que los integrantes de una pareja profundizan su relación, la poco halagüeña luz de la realidad destaca duramente las imperfecciones. Los hábitos irritantes y las diferencias menores, que antes se pasaban por alto, ahora pasan al centro del escenario. De pronto, ambos están molestos, irritados. Las críticas "constructivas", los comentarios sarcásticos o menospreciativos, incluso los accesos de furia y fastidio pueden ahora estar dirigidos a la persona que antes era incapaz de hacer nada malo. Ha comenzado el período de críticas. El no sabe vestirse, sus amigos son aburridos, su forma de reír es torpe, sus besos son demasiado húmedos.

Los integrantes de la pareja perciben, claro está, el momento en que cambia la imagen que el otro tenía de ellos, y entonces se ponen a la defensiva. Incluso es probable que se llegue a la desaprobación total: "¿Qué vi en él?" El resentimiento se acumula: "¿Qué vi en ella?" Lo que sucede en realidad es que las imágenes iniciales, idealizadas y románticas, están siendo remplazadas por imágenes más realistas.

A medida que las áreas de conflicto salen a la superficie y no se resuelven directamente mediante la adaptación o las concesiones, la fantasía se diluye y los límites de dos identidades separadas se vuelven dolorosamente claros. El deseo inicial de ser uno solo se ve remplazado por el deseo de tener espacio para respirar. Aun cuando una mujer reconozca la necesidad de que haya una distancia normal y razonable, y transmita esta necesidad a su pareja con actitud de apoyo, es probable que produzca angustia, miedo a la separación y al abandono. Por ejemplo, si él desea pasar más tiempo sin ella, con sus amigos, eso puede interpretarse como una acusación: "No me bastas." Si ella cancela varias citas consecutivas, arguyendo que, simplemente, no tiene ganas de salir, él puede temer que su próximo pedido sea el de separarse: "Ya no me agradas."

Aun cuando la tensión disminuya, aparecen vagos sentimientos de tristeza, melancolía y desaliento. En consecuencia, comienza a disminuir el tercero de los deseos románticos: el de sentirse vivo. Regresa la sensación de aislamiento que se experimentaba antes del comienzo de la relación. "¿Cómo es posible? ¿Quién destruyó lo que era tan valioso para los dos? ¡Esta sensación de pérdida que tengo no puede ser mi culpa! ¡Yo ansiaba esta relación! ¡Debe de ser tu culpa!" La adjudicación de la culpa conduce a la ira, y alguno de los dos integrantes de la pareja comienza a reprimir su amor, su ternura y su goce sexual.

El sexo constituye el barómetro más sensible a estos cambios. Aun en las relaciones más armoniosas y apasionadas, a la larga se produce un enfriamiento normal del deseo sexual. Sin embargo, la primera vez que uno de los dos demuestra una falta de interés sexual puede resultar traumática. Hasta ese momento, la insaciabilidad sexual ha sido uno de los indicadores de la perfección de la relación. Pero la tensión, el conflicto y la duda siempre apagan el deseo sexual. Crecen las necesidades sexuales. Las negativas se interpretan como invalidaciones. El que toma la iniciativa sexual y se ve rechazado experimenta un creciente resentimiento, al igual que el que se siente presionado para ceder. Con el tiempo, el que se niega se endurece y cae en un patrón de retraimiento. Ni siquiera es consciente: simplemente "no está con ánimo". En esta coyuntura, uno o ambos miembros de la pareja pueden fantasear con tener una aventura y recapturar los sentimientos románticos con una nueva pareja.

A medida que disminuyen las sensaciones de fusión, validación y de estar vivo, la desilusión puede provocar pensamientos tales como: "Tal vez él no sea bastante bueno para mí. Tal vez no funcionemos como pareja. Quizá yo sería más feliz con otra persona." Regresa el anhelo de realizar aquellos viejos deseos románticos. Se puede tomar la decisión de poner fin a esa relación y empezar de nuevo.

Si bien esto parece una perspectiva deprimente, no hay que desanimarse, pues se trata de una magnificación de los obstáculos que pueden aparecer cuando liberamos expectativas e inconscientes deseos primitivos, y permitimos que éstos dominen nuestra conducta. Las expectativas realistas acerca de los ciclos naturales de las relaciones pueden evitar tristes y atormentados melodramas.

Resulta esencial aceptar la noción de las fases en casi todos los aspectos de la vida, inclusive en las relaciones amorosas. El hecho de aferrarnos demasiado a las visiones románticas nos impide enfrentar con eficacia· el inevitable período de adaptación y hace que sea imposible proseguir el camino hacia el amor maduro.

Con un enfoque realista, todos debemos satisfacer algunas de nuestras necesidades fuera de la relación de pareja. Debemos aceptar que, básicamente, somos personas separadas, por más que todos deseemos amar a alguien y ser amados por esa persona. Además, debemos tener un sentido del yo lo suficientemente fuerte para poder amar a otro en forma genuina y con buenos resultados. El valor propio emana de nuestra propia evaluación de nosotros mismos; no es algo que se pueda adquirir de otra persona.

En cierto sentido, el peligro global del romanticismo es que podemos quedar atascados en esa fase inicial de infatuación y fantasía, impulsados por inconscientes deseos egoístas y por objetivos poco realistas. Cuanto más intensas sean nuestras necesidades y nuestras ilusiones en el comienzo de una relación, más tumultuoso será el período de adaptación y, por consiguiente, tenemos menos probabilidad de atravesar con éxito esta difícil etapa para llegar a la etapa final.

EL AMOR MADURO

A pesar de sus obstáculos inherentes, el romanticismo juega un papel indispensable en la preparación del terreno para el amor duradero. En efecto, un comienzo apasionado puede resultar muy beneficioso a la larga. Cuando una pareja experimenta en el comienzo todo el espectro de emociones intensas, positivas y negativas, adquiere una mayor capacidad para resistir el torbellino de la fase de adaptación, puesto que ya han experimentado lo bueno y apasionado que puede ser el amor. Ese recuerdo actúa como una poderosa motivación para soportar los tiempos difíciles, a fin de volver a experimentar aquellos deliciosos sentimientos.

Como terapeutas, a menudo oímos decir a personas que tienen matrimonios prolongados y buenos: "Lo que hemos aprendido es que funciona en ciclos. Pasamos por períodos espantosos en los cuales realmente nos detestamos, discutimos constantemente, y por períodos de aburrimiento y desazón, pero aun en los peores momentos sabemos que, tarde o temprano, volveremos a estar tan enamorados como antes."

Cuando llegamos al final de la fase romántica de una relación, dejamos atrás cierto deleite. Pero el hecho de renunciar a las fantasías románticas, prepara, en realidad, el terreno para una experiencia humana que trasciende el romanticismo. Es verdad que renunciar al romanticismo constituye una especie de pérdida de la inocencia, pero deja lugar para algo más gratificante aún: el amor adulto, maduro y recíproco.

El amor maduro no es idealización, adoración ni infatuación. Es apreciar a alguien por lo que es en realidad y no por lo que quisiéramos que fuera. El amor maduro no es egoísta: va más allá de nuestras necesidades e inquietudes. Según ha dicho el psiquiatra Harry Stack Sullivan: "El amor existe cuando la seguridad y la satisfacción de otra persona son tan importantes para nosotros como las propias."

Lo que requiere el amor

Es probable que usted haya oído a alguien decir que carece de la "capacidad de amar". Capacidad de amar significa poder sentir y demostrar afecto e interés por otra persona. Esto es empatía, es decir, la voluntad de participar en los sentimientos o las ideas de otra persona, la capacidad de ponernos en el lugar de otro, de sentir curiosidad por lo que sucede dentro de otra persona, y de entender lo que siente.

La capacidad de amar existe cuando renunciamos a nuestra postura narcisista con respecto a nosotros mismos y al resto del mundo. Esto significa que vamos más allá del ensimismamiento, hacia un deseo genuino de conocer a los demás e interesarnos por ellos. El narcisismo es algo con lo cual todos crecemos y a lo cual retornamos a veces, en momentos difíciles. Ser narcisistas implica un interés excesivo en nosotros mismos y una necesidad de recibir atención, afecto y amor. Representa un desarrollo normal y necesidades normales, pero a veces puede sobrepasar sus límites, en detrimento de nuestra capacidad de amar en forma menos egoísta. Los tres deseos básicos que describimos en el comienzo de este capítulo se refieren a intereses narcisistas.

La primera parte de este libro trataba, en muchos aspectos, acerca de las maneras por medio de las cuales tratamos de apaciguar nuestras inseguridades en las relaciones. El amor maduro llega cuando tales necesidades ya no nos dominan. Todos tenemos la tendencia de recaer, ocasionalmente, en el egocentrismo; por ejemplo, en momentos de extrema soledad. Pero una vez alcanzada la capacidad de experimentar un amor maduro, esto implica que nuestras energías quedan también en libertad de amar a otros.

Un componente del amor adulto es la capacidad de integrar la ternura y la sexualidad, la capacidad de "hacer el amor" a la persona a quien queremos. El amor no es simplemente una cosa o la otra: no es afecto sin sexualidad o sexualidad sin afecto. Los hombres y mujeres que no han alcanzado este nivel de afecto consideran que la sexualidad no es más que una validación de lo que son. La mujer adicta al amor se siente digna mientras el hombre anhelado le preste atención. El donjuán se siente entero y valorado mientras se vea validado por la conquista de otra mujer deseable. Es esta clase de amor, el amor como sensación, el amor como vehículo para resolver viejas carencias infantiles, la que nos trae problemas.

Cuando hablamos de renunciar a una postura narcisista y de estar dispuestos a abrazar el amor maduro, debe quedar en claro que el amor requiere la unión de dos individuos razonablemente maduros y sanos. Sólo cuando tenemos un fuerte sentido del yo podemos permitirnos amar con madurez. El verdadero amor requiere ceder o rendirse a la otra persona. Para ceder de esa manera, no se debe temer a la pérdida de la identidad en la relación de pareja. Si nos sentimos bien con nosotros mismos, ya no necesitamos invertir energías en impulsar nuestro ego; más bien, nos sentimos en libertad de invertir esa energía en amar a otra persona. Dicho de otra manera, el amor maduro evoluciona a partir de la comprensión de que la generosidad y el afecto no egoístas nos renuevan en lugar de agotarnos.

En última instancia, no basta con que tengamos conciencia de los peligros específicos de la etapa inicial de infatuación romántica, o de la segunda fase de adaptación durante la cual la ilusión debe enfrentar la cruda realidad. Tampoco es suficiente que sepamos navegar por esas aguas engañosas para llevarnos bien con nuestra pareja. Debemos estar dispuestos a hacer la transición desde el romanticismo, con sus necesidades y deseos esencialmente egoístas y su intensidad emocional, hacia la etapa final del amor: el amor maduro y perdurable, que es sobre todo incondicional y desinteresado y que se renueva constantemente mediante la adaptación realista, la aceptación y el compromiso. Esta transición, cuando pasamos de un amor que es puramente emocional a uno que es espiritual, es el momento del compromiso.

¿Qué es el compromiso?

En la actualidad, el compromiso es un tema de profundo significado e importancia tanto para los hombres como para las mujeres. Hay dos maneras de definirlo: una definición del compromiso es el hecho de decidir contraer matrimonio, y la otra se refiere a los sentimientos desinteresados y a los actos de amor de aquellos que ingresan a una relación excluyente con otra persona.

Actualmente, la mayoría de las personas consideran el compromiso en términos de su primera definición. Si bien ésta tiene una importancia obvia para cualquiera que esté esperando, especialmente para la mujer que oye cada vez más el tictac de su reloj biológico, es la definición más amplia la que tiene connotaciones más profundas y más significativas para hombres y mujeres. Resulta lamentable, pero hay hombres y mujeres que se casan sin haber analizado nunca en su interior las connotaciones de mayor alcance del segundo significado del compromiso. Esta segunda definición del compromiso como concepto intelectual o ético es, a nuestro entender, la más importante.

Analicemos primero, por un momento, la noción de compromiso como decisión de contraer matrimonio. A veces, el compromiso tiene muy poco que ver con el verdadero amor. Una persona que decide casarse sin un verdadero deseo de intimidad emocional está tomando una decisión, pero no asumiendo un compromiso. Es probable que no haya pensado realmente en las cuestiones de amor, lealtad, y en el hecho de asumir un pacto para toda la vida. De hecho, algunas personas se casan y luego, más tarde, evolucionan hasta llegar a un estado de verdadero compromiso.

Si vamos más allá de la definición restringida del compromiso (la decisión de casarse), podemos pasar a analizar la otra, más amplia: la del compromiso como idea intelectual. El compromiso, en este sentido, no sólo se refiere a una declaración de lealtad, sino también a un código más amplio de conducta, ética y honor.

Hay muchos hombres y mujeres que creen estar comprometidos con una relación o con un matrimonio, aunque el contenido de su compromiso puede ser muy distinto. La persona que, en el fondo, sabe que su amor es superficial puede estar "comprometida" con otra persona y serle fiel, pero, en realidad, nunca ha creído en la posibilidad de que exista pasión y afecto en el matrimonio.

El compromiso tiene dos facetas, cada una de las cuales propone desafíos, fortalece y expande nuestro sentido del yo y, al mismo tiempo, nos asusta y nos vuelve reticentes a asumir las responsabilidades del matrimonio.

En primer lugar, el compromiso requiere coraje. A fin de comprometernos con otra persona, debemos tener el coraje de amar, la voluntad de luchar y arriesgarnos. Para ello, debemos tener suficiente seguridad de nuestro sentido del yo, debemos poder confiar. Por más información que hayamos acumulado, por seguros que estemos de que nuestro amor será reconocido y retribuido en igual medida, aun así corremos el riesgo de que nuestra creencia resulte infundada, de que, algún día, la persona a quien amamos no nos ame. En el amor no hay garantías pero, no obstante, optamos por declarar nuestras intenciones. Eso es confianza, pura, simple y aterradora.

La segunda faceta del compromiso tiene que ver con la postura ética que asumimos cuando decimos estar comprometidos. Tal como hemos sugerido, el compromiso es, en última instancia, una especie de código que define la conducta del amor. Es una declaración de nuestra intención de cumplir las condiciones del acuerdo. A veces, esas condiciones se refieren a los tradicionales votos matrimoniales: "honrarlo y amarlo, para bien o para mal, en la salud y en la enfermedad, hasta que la muerte nos separe". ¡Qué palabras poderosas! Estos votos, declaraciones e intenciones no deben ser tomados a la ligera.

El compromiso en los años ochenta

Hace algunas décadas, los hombres y las mujeres daban por sentado que el matrimonio era para siempre. En la actualidad, ya no podemos gozar de una perspectiva tan ingenua; sabemos que es relativamente fácil disolver un matrimonio y que el divorcio constituye una alternativa común para las parejas con problemas. Dado que, en la actualidad, los hombres y las mujeres tienen conciencia de lo superficiales que pueden ser los compromisos, están más resueltos aún a no caer en tales trampas. Desean que sus compromisos tengan significado, que sean sinceros y no frívolos, y que perduren en lugar de desintegrarse.

Hoy en día, el compromiso parece asustar más a los hombres, no porque no deseen casarse o aceptar vínculos para toda la vida sino, precisamente, porque lo desean y lo toman en serio. Debido a que, en la actualidad, hay tantas mujeres dispuestas a tener una relación seria y expresan abiertamente sus intenciones, los hombres, a su vez, expresan su reticencia, no al compromiso, sino a asumir lo que creen que podría ser un compromiso prematuro.

Los hechos lo demuestran: los hombres se casan en la misma proporción en que siempre lo han hecho. No hacen a un lado el matrimonio, como creen algunos. Ocurre que son muy cautelosos acerca de expresar ese deseo y a quién expresarlo. Dado que las mujeres parecen tan ansiosas de casarse, a menudo incluso desesperadas, los hombres, por lo contrario, parecen más cautos. Vacilan en hablar con una mujer de su opinión del matrimonio por temor de que aun una charla abstracta de lo que les gustaría en el futuro pueda ser interpretada como una promesa implícita.

Aunque los hombres parezcan evitar el tema del futuro y del compromiso, piensan en él, desean el compromiso, y desean tener una relación comprometida con una mujer.

Sin duda, el compromiso es más difícil en los años ochenta que en el pasado, pero no porque a los hombres y a las mujeres les importe menos. Es porque quieren que funcione bien. Y conocen todas las maneras en que el matrimonio y el amor pueden fracasar, todas las maneras en que las buenas intenciones se frustran.

Los ritmos del compromiso

Muchas mujeres han tenido la experiencia de desear cierta forma de compromiso con el hombre a quien aman y, sin embargo, hallar resistencia. Es probable que hayan esperado mucho tiempo que él diera el primer paso para profundizar la relación, sólo para oírlo decir: "No apresures las cosas... No quiero que me presiones." Los hombres pueden declarar sus sentimientos en los comienzos de una relación, pero eso no significa que estén enamorados o dispuestos a comprometerse con un vínculo exclusivo y permanente.

Para los hombres, sentirse románticos y desear comprometerse son dos experiencias totalmente distintas, y una no conduce automáticamente a la otra. Un hombre puede sentir que está enamorándose y, sin embargo, no estar listo para pensar siquiera en un vínculo permanente. Muchas mujeres, por otra parte, permiten que los sentimientos románticos las impulsen con mayor rapidez hacia el compromiso.

Para las mujeres, los intensos sentimientos románticos a menudo inspiran un deseo de vincularse en forma permanente; para los hombres, no ocurre de esta manera, y no porque estén en contra del compromiso. Es probable que ni siquiera se les haya ocurrido aún; simplemente, pueden no estar listos. La mayoría de los hombres no experimenta la misma urgencia que las mujeres. Esta discrepancia es muy común en las relaciones. ¿Por qué?

Está claro que las distintas zonas vinculares de hombres y mujeres, o sus zonas de tolerancia y comodidad con la intimidad emocional, conducen a diferentes ritmos y a un variado sentido de la oportunidad en las relaciones. Por lo común, las mujeres se sienten listas para asumir un compromiso o para casarse varios meses antes que los hombres.

Pero hay otra cosa que sucede y que puede sorprender a las mujeres. A menudo, los hombres están dispuestos a profundizar la unión, pero ocultan por completo a las mujeres esa disposición. Incluso es probable que la oculten a sí mismos. Una mujer puede no reconocer la receptividad de su pareja porque ésta le da pocas pruebas de su apego. Por lo general, los hombres son mucho más dependientes de lo que hacen saber a las mujeres.

Esta dependencia oculta de los hombres explica por qué el ultimátum oportuno a menudo da resultado y logra que un hombre se comprometa con una relación. La oscilación masculina entre Apego e Individualidad no significa que él no ame, pues en realidad puede ser muy afectuoso. Por eso, cuando recibe un ultimátum, se ve forzado a reconocer para sí mismo que no puede vivir sin la mujer a quien ama.

El compromiso es, fundamentalmente, una actitud. Cuando damos compromiso estamos afirmando nuestro amor. Es una expresión continua de la medida en que valoramos a la otra persona, de la posición que esa persona ocupa en nuestra vida. El hecho de mantener el compromiso es un proceso vivo y evolutivo que toma forma a diario con nuestros encuentros mutuos. El compromiso es intención, es el amor en acción. En una buena relación, cada acto intencional de amor no sólo tiene significado en el momento, sino que además sirve para solidificar y reforzar aún más el vínculo creciente entre el hombre y la mujer.

CAPITULO 8

Renunciar al príncipe azul
y buscar al hombre

En los últimos años se ha puesto de moda "atacar" a los hombres. A menudo se los describía como atascados en una imagen machista, emocionalmente subdesarrollados e insensibles con las mujeres. Luego, cuando se abrieron un poco, los acusaban de ser demasiado "blandos". Según las últimas críticas, los hombres se han vuelto esquivos y reacios a comprometerse con las relaciones. De más está decir que todas estas críticas no contribuyen en absoluto a crear armonía y comprensión mutua entre los sexos. En este capítulo nos proponemos aclarar algunos de esos mitos y presentar una imagen de los hombres que esté libre de las distorsiones que surgen de la retórica tendenciosa y de las caracterizaciones superficiales.

Uno de los motivos por los cuales las mujeres no entienden a los hombres es que éstos se esfuerzan poco por dejarse conocer. En cambio, los hombres han dejado que persistieran esos mitos acerca de lo que son, de lo que sienten y de lo que piensan. Sin embargo,aunque parezca contradictorio, los hombres desean que los conozcan, y aman a las mujeres que los entienden y los aceptan.

Otra razón por la cual no se entiende bien a los hombres es que las mujeres han demostrado cierta reticencia a ver la psiquis masculina con objetividad. Una visión tan clara y desapasionada resulta incluso amenazadora para algunas mujeres, pues temen perder su fantasía del príncipe azul. Los hombres no son caballeros andantes de armadura resplandeciente; tienen defectos, a menudo vergonzosos. A nuestro entender, muchas mujeres, aún hoy, buscan una variante del príncipe azul: un hombre fuerte pero sensible, heroico pero tierno, que tenga energía para proporcionarle sorpresas románticas y, al mismo tiempo, sea muy capaz en el mundo laboral. Tales superhombres no existen. Pero si usted renuncia a su deseo de hallar al príncipe azul, le prometemos que encontrará un hombre que, a la larga, le ofrecerá mucho más.

El hecho de entender a un hombre proporciona poder. Un hombre brinda su corazón en forma más plena a una mujer cuando siente la seguridad y la confianza que acompañan al hecho de que lo conozcan y, aun así, lo valoren. La clave fundamental de la pasión de un hombre y de su deseo de comprometerse es la capacidad femenina de entender quién es él en realidad y aceptarlo así.

Comprender no es necesariamente aceptar

Comprensión y aceptación no son sinónimos. Todos los hombres ansían que la mujer amada los acepte. La comprensión es sólo una parte de ese deseo. Comprender es saber quiénes son realmente los hombres por debajo de su postura y de su jactancia. Es saber qué los impulsa y motiva, además de qué cosas evitan y temen. Es saber cómo reaccionan a las mujeres y cómo interactúan en las uniones íntimas. Es tener conciencia de las muchas maneras en que pueden parecerse a usted y, también, en qué difieren. Si bien todo eso es maravilloso, la aceptación va mucho más allá.

Hay mujeres que tienen una comprensión parcial de los hombres, especialmente de sus puntos vulnerables, pero no los aceptan de verdad, ni siquiera les agradan mucho. Apelando a su tan sensible conocimiento de los hombres, pueden detectar de inmediato sus puntos débiles y saber aprovecharlos con sutileza. A un hombre puede fascinarlo el hecho de que una mujer así lo conozca, pero esa fascinación rara vez se convierte en confianza o amor por sí misma. Por lo común, esa clase de comprensión masculina se utiliza para manipular y explotar, no para ofrecer amistad.

Otras mujeres tienen una profunda comprensión de los hombres, pero tampoco los aceptan. Conocen sus puntos fuertes y débiles. Estas mujeres poseen pocas ilusiones; saben qué cosas pueden dar los hombres y cuáles no. Pero, si bien valoran los atributos positivos de ellos, tienen un deseo, a veces oculto, de que los hombres fueran diferentes, mejores. Las imperfecciones humanas de los hombres les producen resentimiento, pues impiden que el hombre sea el príncipe romántico, la pareja idealizada que esperaban encontrar.

Una forma de aceptación que todos conocemos es la que se acompaña con un encogimiento de hombros y un profundo suspiro: "¡Bueno, ya sabes cómo son los hombres!" Esta no es la clase de aceptación que los hombres buscan. Lo que un hombre espera es que aprecien toda su personalidad, y que perdonen sus hábitos fastidiosos, sus defectos de carácter y sus deficiencias.

La aceptación plena y afectuosa exige una clase especial de madurez. Significa ser capaz de amar sin dejar de percibir las cosas buenas y las no tan buenas. Un hombre lo describió con agradecimiento: "Sé que no es fácil vivir conmigo. Pero no puedo expresar lo bueno que es estar con Sara. Aun cuando me porto muy mal, cuando estoy impaciente, de mal humor o, simplemente, no me ocupo de mi parte de responsabilidad en nuestro matrimonio, sé que, de alguna manera, lo malo se mezcla con lo bueno y que ella me ama. No es que no reaccione cuando actúo mal, sino que sé que me ama a pesar de todo. Su aceptación, su perdón y su amor me dan deseos de esforzarme más por ser la mejor persona que puedo ser."

Lo que esta mujer ofrece es amor y aceptación, sin límites estrictos ni "peros". Según se ha dicho a menudo, es muy fácil amar a alguien en sus buenos momentos. Lo difícil es amarlo en los malos. Esta clase de amor no requiere apartar la vista o no tomar conciencia, y no es en absoluto ciego. Una aceptación afectuosa significa, simplemente, no permitir que los aspectos irritantes de nuestra pareja afecten el núcleo de nuestro amor. Cuando estos aspectos aparecen, reaccionamos a ellos emocionalmente y luego los hacemos a un lado, sin dejar que se acumule el resentimiento ni que se erosione el afecto fundamental.

La aceptación requiere que dejemos de ser perfeccionistas e idealistas con nosotros mismos y con nuestra pareja. Si somos demasiado críticos con nosotros mismos, lo seremos también con nuestra pareja.

Podemos liberarnos de los límites restrictivos del idealismo si invertimos lo que está en primer plano y lo que está en segundo. Por ejemplo, si dejamos que una tos proveniente de un palco pase a primer plano, nos perderemos la magnífica sinfonía que está tocando la orquesta en el escenario. Si usted coloca en primer plano el hecho de que un hombre es distraído o impaciente al conducir su automóvil, o que tiene la costumbre de dejar la toalla mojada en el piso del baño, puede pasar por alto su constancia en tiempos de adversidad, su paciencia cuando los niños se portan mal o su lealtad y aprecio para con usted. La aceptación permite que esos aspectos placenteros permanezcan en primer plano, en general, y que aquellos que la fastidian o decepcionan estén en segundo plano.

No es fácil amar y aceptar en forma consciente. Para ello es necesario renunciar a los deseos poco realistas. No consiste en apreciar todo, sino en comprender que los defectos, por irritantes que sean, son igualmente parte de la persona a quien amamos.

No estamos catalogando lo que debe resultarle aceptable o no. Estas son determinaciones subjetivas que usted debe hacer. Sin duda, aceptación no es lo mismo que libertad de acción, y usted no debe soportar una conducta intencionalmente insensible o mezquina. Lo que queremos señalar es ese amplio espectro de conductas típicas que, si bien resultan fastidiosas, son muy normales. El hecho de aceptar defectos menores, especialmente si pesan menos que las cualidades que nos agradan y que respetamos, contribuye mucho a proporcionar la tranquilidad y la libertad que la otra persona aprecia tanto.

Quiénes son los hombres en realidad

A fin de entender realmente a los hombres, es importante contar con un panorama general de sus problemas, sus esperanzas y sueños, especialmente su continua búsqueda de la masculinidad. Esta búsqueda, que los hombres emprenden a partir de la niñez, afecta profundamente su forma de amar a una mujer. Del mismo modo en que una mujer ama y valora al hombre que la apoya en su deseo de realización personal, ella lo atraerá si comprende la necesidad masculina de triunfar en su carrera.

EL IMPULSO HACIA LA AUTONOMIA

La autonomía es un componente primordial del Factor Polaridad: la independencia comienza con la separación del niño y su madre. Sin embargo, la necesidad de autosuficiencia que experimentan los hombres pronto sobrepasa ese origen y se convierte en un objetivo en sí misma. La búsqueda de la autonomía adquiere valor y significado propios.

Los pensamientos de un hombre están dominados por su necesidad de participar en actividades que le proporcionen una sensación de fuerza y vitalidad, y también por su necesidad de evitar situaciones que impliquen la temida perspectiva de debilidad o impotencia. La mayoría de los hombres tiende a la acción y aborrece la pasividad. Buscan constantemente maneras de sentirse fuertes y poderosos, pues tales sensaciones están íntimamente ligadas a su sentido de la masculinidad.

Si bien los hombres definen la fuerza y la masculinidad de maneras muy diferentes, el factor común es una sensación de poder o "efectividad", es decir, la capacidad de producir un efecto o un impacto en su ambiente. Al margen de los caminos específicos que tomen para lograr esto, la mayoría de los hombres tiene un importante impulso para sentirse más efectivos. Cuando lo logran, se sienten más masculinos.

Para los hombres, la autonomía, la capacidad de triunfar en forma independiente, constituye la base necesaria para obtener una sensación de masculinidad. Esto no significa que los hombres deban estar solos para sentirse masculinos. No obstante, el sentido de masculinidad que buscan es una sensación que, por lo común, se produce fuera de las relaciones, con la posible excepción del área sexual. En general, los hombres definen la masculinidad en actividades orientadas hacia el trabajo y la acción, en las cuales puedan, en última instancia, experimentarse en forma individual.

LA NECESIDAD DE SER VALIENTES

En la niñez, los varones aprenden de sus pares y de su primer modelo de masculinidad, su padre, a sentir vergüenza de los sentimientos de temor, a ignorarlos. Aquí hay un gran contraste con las niñas, a quienes se enseña el concepto más realista de que el miedo es apropiado en ciertas circunstancias, que es aceptable reconocerlo y expresarlo.

A partir de la niñez, las cuestiones de fuerza y valentía pasan a estar siempre presentes en la mente masculina. La mayoría de los hombres aún conservan en la edad adulta recuerdos infantiles de no haber aceptado un desafío de otro niño, de haberse "achicado" en una pelea, o de haber comparado, abiertamente o con disimulo, el tamaño del pene en el vestuario. Si bien estas experiencias a veces se recuerdan con diversión, otras veces conservan un doloroso matiz de angustia y vergüenza. Estos hechos dan forma a las primeras imágenes que tiene un niño de su propia masculinidad.

La competencia y la comparación son los principales barómetros para medir la masculinidad. Los niños que están dispuestos a competir comienzan a verse con imágenes masculinas. El niño que teme aceptar el desafío, que es tímido o evita la competencia, recibe el rótulo de "mariquita".

En las sociedades primitivas, los varones pasaban su niñez aprendiendo las artes de la caza en preparación para su iniciación a la adultez: la caza de un animal peligroso. Hoy, las pruebas de coraje y fuerza no son de tanto riesgo (con la excepción de las "picadas" entre automóviles y la actividad de las pandillas callejeras) y, en general, quedan relegadas al área del atletismo. Sin embargo, a pesar de que en la actualidad son más limitadas las oportunidades de probar el coraje físico y moral, la necesidad y el deseo de los jóvenes de ser rudos ha disminuido muy poco. La inmensa popularidad de los filmes y los programas de televisión de acción y aventuras confirman este hecho.

La película *Rocky* resume la fantasía del supuesto perdedor que triunfa en el *ring*. Rambo vuela en pedazos a toda una nación sin ayuda. Clint Eastwood y Charles Bronson han hecho carrera en el cine con sus personajes de vengadores solitarios que triunfan sobre hordas de sujetos malos. La gran cantidad de filmes que destacan el hecho de vencer y vengarse, ya sea en el contexto de los deportes, de la guerra o de las calles (policías contra delincuentes) surgen de la necesidad masculina de trascender más allá de una sensación de impotencia o desamparo. A todo hombre le gustaría sentirse capaz de estar a la altura de las circunstancias, de aceptar el desafío y ganar.

En suma, los niños no "eligen" ser fuertes: necesitan serlo. Este implacable impulso hacia la autonomía ayuda a los niños a vencer los sentimientos de debilidad o desamparo. Los hace más duros, los ayuda a definir mejor la masculinidad y los prepara para los rigores futuros.

LA NECESIDAD DE GANAR

Uno de los mejores y más conmovedores ejemplos de la importancia que tiene para los hombres el hecho de ganar o perder es la arquetípica obra *La Muerte de un Viajante,* de Arthur Miller. Su protagonista, Willy Loman, es un hombre que llega al corazón y despierta los temores de la mayoría de los hombres que ven su penosa lucha. Por mucho que su esposa insista a sus hijos acerca de que su padre "merece atención", por mucho que se esfuerce Willy por convencerlos de que la gente no sólo lo aprecia sino que lo aprecia mucho, sabemos que está condenado por su fracaso como vendedor. En Estados Unidos, ser un perdedor es sufrir un destino terrible. En el curso de la terapia con hombres, hemos visto que, por mucho éxito que tengan, los acosa el fantasma del fracaso. De hecho, tenemos la impresión de que a los hombres los impulsa mucho más el miedo al fracaso que el deseo de triunfar.

A partir de la niñez, el énfasis en los logros adquiere suma importancia en la vida de un varón. Las niñas reciben mensajes contradictorios acerca de los logros y de la ambición profesional, pero para los varones jamás se cuestiona la absoluta necesidad de llegar a ser económicamente autosuficientes y, más allá de eso, poder mantener una familia. Un niño sabe desde temprana edad que pasará toda su vida adulta trabajando y, en cierta medida, siendo juzgado por el grado de éxito que logre.

Dado que a Estados Unidos se lo conoce como el país de las oportunidades, los hombres que fracasan en este país piensan que la culpa es suya, que no se esforzaron lo suficiente. El concepto de "tener lo que se debe tener", de ser valiente y osado, es típicamente norteamericano, y es lo que alimenta el impulso masculino de triunfar. A medida que los niños se convierten en hombres, su sentido del valor personal se ve determinado, en gran parte, por sus avances en la escalera del éxito.

Lamentablemente, en ese país, uno de los índices primordiales del éxito es el dinero. Para algunos hombres, el solo hecho de poder mantenerse es un logro importante. Para otros, el dinero pasa a ser una medida no sólo de su capacidad de mantener una familia, sino también de su habilidad o astucia en el juego del poder. Los hombres tienden a describir la búsqueda del éxito económico mediante los mismos términos que utilizarían para referirse a la guerra o a las competencias atléticas intensas. Los gerentes se imaginan como generales que conducen sus tropas a la lucha. Si un hombre tiene la habilidad necesaria para sobrevivir en el mundo de las corporaciones, es un "ganador".

Ganadores y perdedores, desde la perspectiva masculina, a menudo se distinguen también por la medida en que son rudos y "mundanos", lo cual, una vez más, asemeja la lucha en el mundo de las corporaciones con la de los adolescentes que crecen en las calles.

Los hombres piensan que las mujeres no entienden esa compulsión por triunfar y ser rudos. A pesar de haber oído el mensaje del feminismo acerca del "hombre nuevo", siguen creyendo que las mujeres los juzgan como parejas potenciales según criterios tradicionales: cuanto más éxito tenga un hombre, más atractivo resulta para ellas. En gran medida, esto es verdad. El éxito, los ingresos y los logros de un hombre son altas prioridades para muchas mujeres en su elección de pareja. El mensaje persistente que reciben los niños y, más tarde, los hombres, es: triunfa en el trabajo y todo lo demás vendrá solo.

Dadas las tremendas presiones sociales que impulsan a los hombres a ser "ganadores", no es de extrañar que adjudiquen tal prioridad al trabajo, a menudo a expensas de sus relaciones personales. Larry, de treinta y dos años, ejecutivo en una fábrica, lo expresó con tristeza: "Sé que mis hijos están antes que nada, aunque tengo la sospecha de que eso es más un deseo sincero que una realidad. Pero sí comprendo que mi matrimonio ocupa el segundo lugar, después de mi trabajo. Ojalá fuera de otra manera, pero siempre parece que el riesgo es demasiado grande para perder de vista el juego."

Ofrecemos estas observaciones no como sugerencia a las mujeres para que traten con más indulgencia a su pareja, obsesionada con el trabajo a expensas de sus propias necesidades, sino para revelar algunas de las fuerzas subyacentes que motivan a los hombres. Estamos convencidos de que las mujeres que tienen éxito con los hombres son aquellas que comprenden plenamente el poder de las fuerzas que impulsan a los hombres en su trabajo.

LA NECESIDAD DE JUGAR

A menudo se dice que los hombres son, en el fondo, niños, que los obsesiona comprar "juguetes" y participan demasiado en toda clase de juegos, incluso en las bromas elaboradas. A veces, esto se afirma en tono menospreciativo, como si los hombres maduros fuesen una excepción. El hecho es, sin embargo, que los hombres no sólo desean jugar como niños algunas veces, sino que, además, significativamente, *necesitan* jugar para mantener un equilibrio con su intensa dedicación al trabajo.

Según lo ilustramos con el caso de "la aguafiestas", en el capítulo cinco, numerosas mujeres interpretan mal el deseo masculino de jugar, de divertirse, incluso de hacerese los tontos. Muchos hombres nos han dicho que sus esposas se sienten amenazadas por sus actitudes infantiles, que no pueden aceptar que los hombres puedan ser fuertes, confiables y maduros y, aun así, comportarse a veces como niños.

El hecho es que los hombres necesitan jugar, y no sólo con su pareja; necesitan, también, tiempo y espacio para jugar con sus amigos del mismo sexo. La recompensa que obtienen es la liberación de tensiones y la capacidad de ver la vida desde una perspectiva más equilibrada. Las mujeres que comprenden realmente a los hombres reconocen su necesidad de ser serios y también de ser infantiles y tontos en ocasiones.

LA NECESIDAD DE SER HEROES

Desde tiempos inmemoriales, los hombres se han definido desde el punto de vista de su capacidad de aceptar riesgos, de ser valientes y heroicos. En los tiempos modernos, estas cuestiones a veces se experimentan indirectamente en libros o filmes, pues en nuestro complejo mundo tecnológico es difícil hallar tareas o viajes que sean heroicos. No obstante, el hecho de actuar con coraje, de dar ese paso que incluye el potencial del fracaso e incluso del daño físico, es una fantasía que la mayoría de los hombres tienen en secreto.

En la actualidad, para los hombres constituye un desafío encontrar un contexto heroico, una situación que exija riesgo, honor y temeridad. En una sociedad en la cual la mayoría de los esfuerzos son mundanos, interdependientes y, a menudo, anónimos, el acto heroico o valiente no está al alcance de la mayor parte de los hombres. En este siglo, la guerra y la sexualidad han sido, con frecuencia, las únicas áreas en las cuales se ha podido expresar este aspecto de la masculinidad. Por fortuna, hemos dejado atrás hace mucho tiempo la noción de una "buena guerra". Por otra parte, la revolución sexual hizo que la conquista sexual de las mujeres se volviera obsoleta como medida de masculinidad.

En el pasado, los hombres definían a la masculinidad, en parte, desde el punto de vista de su capacidad de seducir a las mujeres. Pero cuando la revolución sexual equiparó las reglas, los hombres dieron marcha atrás. En cuanto tomaron conciencia de que las mujeres tienen un apetito sexual similar al suyo o, a veces, mayor, y de que los hombres tenían que preocuparse por ser buenos amantes, la conquista sexual pasó a la historia. El sentido de dominio que los hombres obtenían con la seducción dio lugar a una conciencia de la responsabilidad y el desempeño que se esperaba de ellos.

Mientras tanto, el movimiento feminista puso fin al dominio masculino en el área laboral. Las mujeres demostraron su capacidad de asumir casi cualquier tarea que hacían los hombres y de hacerla tan bien como ellos o mejor. Pasaron a integrar clubes que antes habían sido exclusivamente para hombres, fueron nombradas en la Corte Suprema y llegaron a ser candidatas para la vicepresidencia. Han llegado a tener una participación activa en todas las áreas laborales, desde el programa espacial hasta la sala de sesiones. ¡Incluso hay reporteras deportivas que han invadido los vestuarios! ¿Qué área queda que siga siendo dominio exclusivo de los hombres? ¿Cómo pueden ellos definirse dentro de los conceptos de la masculinidad tradicional?

En la actualidad, es difícil para los hombres encontrar actividades y tareas que les proporcionen una afirmación de coraje y heroísmo. Es probable que nunca se encuentren maneras de lograr tales afirmaciones, pero la mayoría de los hombres conserva la noción inconsciente o secreta de que su búsqueda es apremiante.

Cómo reaccionan los hombres
a la comprensión y a la aceptación

La mayoría de los hombres sufre, en ocasiones, el hostigamiento del temor a la inadecuación. Saben precisamente cuáles son sus puntos débiles y podrían escribir una lista de sus defectos más notables. Frente a esas limitaciones, a menudo resulta difícil mantener la confianza, pues los hombres pueden ser más críticos consigo mismos de lo que jamás demostrarán a las mujeres. El hombre que cree que su pareja lo acepta básicamente recibe un inmenso impulso para su seguridad: se siente amado y bueno a los ojos de ella. Todos los hombres necesitan esa sensación, aunque sean incapaces de expresar esa necesidad a las mujeres.

Cuando los hombres experimentan una aceptación afectuosa y coherente, poco a poco se vuelven más abiertos, menos cautos, menos temerosos de ser juzgados con dureza o de ser considerados deficientes. Todos los hombres, sin excepción, tienen un gran temor de ser considerados deficientes en algún aspecto importante. La aceptación les permite sentirse "más" en lugar de concentrarse en la difundida preocupación masculina de parecer "menos" ante los otros.

El resultado de estos sentimientos positivos es que los hombres se sienten más expansivos y se dejan conocer más. La recompensa para la mujer que acepta a un hombre es el fortalecimiento del amor de éste por ella. Tanto el hombre como la mujer experimentan una unión más rica como consecuencia de la intimidad y la libertad de expresión que la aceptación promueve en él.

La confidente

Ken, de treinta años, administrador de un centro artístico, describe su primer encuentro con Marisa, de veintisiete, asistente de un notorio coleccionista de arte. Se conocieron en una oportunidad en que ambos se ofrecieron como voluntarios para integrar una comisión para un remate de obras de arte a beneficio. Acabaron por compartir la responsabilidad por un aspecto del remate y se reunieron en un café para hablar de sus planes.

"Tardamos apenas quince minutos en llegar a un acuerdo. Ella era muy abierta y me alentaba mucho, diciendo cosas como '¡Qué buena idea!', y sugiriendo otras. Su calidez, su facilidad para sonreír y reír me hacían sentir estupendamente. Me hizo preguntas acerca de mí, de dónde había estudiado, y empezamos a hablar de nosotros.

"Haciendo memoria, recuerdo el momento exacto en que fuimos más allá de la conversación superficial entre dos personas que comparten una actividad y empecé a sentir que quería seguir viéndola. Descubrimos que teníamos un conocido en común, un hombre que tenía una reputación bastante mala por su mal carácter y porque nunca se lo veía dos veces con la misma mujer. Yo había empezado a calificarlo de mujeriego cuando Marisa me interrumpió y dijo: 'Yo tengo la corazonada de que sigue sufriendo por algo que le pasó hace un par de años.' Me explicó que ese hombre había estado comprometido con una mujer y que, de pronto, ella lo había abandonado por otro. Mencionó un par de ocasiones en que este sujeto había hecho grandes esfuerzos por ayudar a los demás y, en suma, me dio una imagen mucho más compasiva de él. Habló con mucha comprensión y compasión; veía lo bueno en alguien a quien la mayoría de la gente criticaba sin conocer.

"Luego comenzó a hablar de lo difíciles que son las relaciones hoy en día para los hombres y las mujeres. Sin darme cuenta, le relaté acerca de mi última relación seria y de lo que había aprendido de ella. Hablamos casi hasta la medianoche. Cuando la acompañé a su automóvil, la invité a cenar al día siguiente. Mientras volvía a casa, comprendí que era la clase de mujer con quien quería estar. Era cálida, abierta, la clase de persona que me da deseos de abrirme. Tengo el presentimiento de que vamos a vernos mucho."

Provocar la atracción mutua. Con mucha frecuencia, tanto los hombres como las mujeres no se dan cuenta de la rapidez con que forman sus impresiones. El caso de Ken ilustra con qué prontitud un hombre puede percibir la posibilidad de que una mujer se convierta en confidente. Tenemos la errónea creencia de que la atracción siempre es el catalizador inicial del comienzo de la "química" de la pareja. Sin embargo, la percepción de lo que en verdad necesitamos y a lo cual reaccionamos puede ser la chispa que atraiga a un hombre y a una mujer. Ken percibió en Marisa una capacidad de aceptación que, obviamente, tenía suma importancia para él.

Molly es otra mujer que llegó a ser confidente. Era el primer aniversario de bodas de Molly y Ben. Después del último de muchos brindis por su matrimonio, Molly abrazó a sus mejores amigos, Andrea y Brad; los tres contemplaron la fiesta, la casa, y a Ben.

—Tengo que agradecerles por todo esto —les dijo Molly, sonriendo.

—Oye, nosotros te dimos el consejo —respondió Brad—, pero fuiste tú quien lo cumplió.

Apenas un año y medio antes, Molly había llegado a uno de los peores momentos de su vida, al borde del suicidio. Luego de tres semanas de una relación apasionada e intensa con Stan, dueño de un restaurante, él dejó de llamarla y no respondió a las llamadas de ella.

Molly se sentía humillada, rechazada, furiosa y, más que nada, desesperanzada. Desesperanzada porque, al recordar todas las breves y decepcionantes relaciones que había tenido en esos años, aquella última, con su abrupto rechazo, parecía una deprimente repetición de todas las anteriores: romanticismo, entusiasmo, pasión y, finalmente, la desaparición del hombre.

Camino a casa desde el trabajo pasó por la casa de sus amigos y, sollozando, por primera vez en su vida, pidió ayuda de verdad. La respuesta que recibió esa noche de Brad y Andrea fue sincera, incluso cruel por momentos. Brad le dijo:

–Cada vez que te presentamos a un sujeto bueno y honesto que desea una familia, nos llamas al día siguiente y dices: "Es simpático pero aburrido", o bien "No era sexy", o "No me entusiasmaba".

Andrea intervino:

–Cuando nos hablas de los hombres con quienes sales, lo único que dices es lo bien que les va en el trabajo, a qué restaurante te llevaron o lo estupendos que son en la cama, pero nada acerca de si se sienten cómodos juntos, de ser persona de carne y hueso.

–Además, cuando salimos contigo y con alguno de esos tipos –prosiguió Brad–, no actúas de la misma manera que cuando estás sólo con nosotros. Asumes una personalidad ficticia, seductora, provocativa, como destacando tu aspecto sexy. Eso puede atraer a un hombre por poco tiempo, pero a la larga él querrá alguien con quien pueda hablar sinceramente.

Molly no cambió del día a la noche, como tampoco sus actitudes y su conducta contraproducente con los hombres no se habían desarrollado del día a la noche. Si bien Molly era eficiente y agresiva en su profesión, y se mostraba auténtica con sus amigos, cuando se trataba de su pareja exhibía la conducta provocativa y romántica que había internalizado profundamente de su madre en su niñez. Después de su crisis, comprendió que tenía que aprender a ser amiga, además de amante.

Luego de algunas citas intrascendentes con hombres que no le interesaban en realidad, conoció a Ben en un torneo de vóleibol. Era exactamente la clase de hombre que siempre la había entusiasmado: dinámico, sexy, y un triunfador. De inmediato tuvo una intensa reacción hacia él pero, en su primera conversación, como en sus primeras citas, conservó su decisión de asumir otra actitud con los hombres y se obligó a hablarle con franquesa y naturalidad, en lugar de utilizar el lenguaje sexy que empleaba en el pasado.

Se sentía muy bien con su nueva conducta y al tomar las cosas con calma en su nueva relación, pero aunque trató de no hacerlo, comenzó a pensar en Ben y a fantasear sobre él en forma casi obsesiva. Desde la noche en que se convirtieron en amantes, Molly volvió a caer en su vieja actitud: volvió a su pose femenina tradicional, casi infantil, como Scarlet O'Hara con Rhett Butler.

La reacción de Ben la desconcertó. Poco después del inicio de sus relaciones sexuales, la interrumpió en medio de una broma provocativa mientras estaban en la cama, después de hacer el amor. "Tal vez deberíamos volver a ser amigos solamente, Molly", le dijo, irritado. "Estamos entrando en una cosa totalmente distinta que, francamente, ya no me atrae."

La reacción inmediata de Molly fue de intensa humillación y dolor; sentía que Ben estaba rechazándola como lo habían hecho antes todos los otros. A punto de levantarse y marcharse a casa, Ben la tomó en sus brazos y la abrazó con fuerza. "Hablemos."

En la larga charla que tuvieron, Ben le explicó que había tenido muchas infatuaciones e intensas aventuras sexuales con mujeres, y que ya estaba cansado de eso. Dijo que sentía una constante presión en su trabajo, de ser dinámico y seguro de sí, y que a esa altura lo último que deseaba era sentirse presionado en una relación. "Lo que me atrajo de ti desde el principio, desde nuestra charla en el torneo de vóleibol, fue que sentí que, contigo, podía relajarme y ser yo mismo."

Molly necesitó una adaptación psicológica importante para renunciar a sus arraigados anhelos emocionales que siempre la habían hecho equiparar el rol de amante con el del príncipe azul, el ideal romántico. Pero, a la larga, lo logró, con el aliento y el apoyo de Ben. Este ha encontrado en Molly a una mujer en quien puede confiar, una mujer que lo atrae más aún. En Ben y en la manera radicalmente distinta en que se relaciona con él, como su confidente, su apoyo y su amiga, Molly ha encontrado un amor profundo y perdurable.

Ser auténtica con un hombre. Aún hay muchas mujeres que piensan que la actitud provocativa conquista a los hombres. Al actuar de esa manera pueden llamar su atención o estimular su curiosidad, pero rara vez lograrán que se desarrolle una relación significativa. Los hombres se cansan de los juegos con mayor rapidez de lo que las mujeres creen. Los hombres como Ben buscan, básicamente, algo más genuino con una mujer; ya han jugado bastante.

Tal como hemos dicho con tanta frecuencia en este libro, es difícil salirse de un patrón de conducta que hemos tenido toda la vida. Es necesario renunciar a aquello que nos resulta conocido y seguro, y probar lo que es desconocido y puede no dar resultado. Aun así, el hecho de tratar de cambiar vale la pena. Naturalmente, al principio, es posible que todos los hombres se exasperen pero, en última instancia, un hombre desea una confidente, alguien con quien pueda ser él mismo, sin presiones.

La acogedora

Semana por medio, cuando acudía a su sesión de terapia semanal, Janie tenía un nuevo hombre de quien hablar. A los treinta y tres años dirige su propia empresa de diseño de interiores para tiendas de ropa y restaurantes. Es excepcionalmente creativa e inteligente, y tiene una buena capacidad de discernimiento tanto para sí misma como para los demás. En un área tan competitiva como la del diseño, su excelente habilidad para las relaciones públicas, su capacidad para vender sus ideas inusitadas, y su personalidad, le han ganado gran parte de su éxito.

La habilidad social y la perceptividad de Janie no se evaporaron en sus relaciones con los hombres. Demostró un buen entendimiento del impulso masculino de triunfar en lo laboral y de su necesidad de comprensión. Con su estupendo sentido del humor y su capacidad para hacerlos sentir cómodos, Janie no tuvo dificultad para atraerlos. Cada vez que conocía a uno, hablaba con entusiasmo de los logros de éste y de lo mucho que se habían divertido juntos. Parecía realmente esperanzada: "¿Quién sabe?", decía. "Quizás esta vez dé resultado."

Sin embargo, al cabo de pocas semanas, siempre explicaba que había conocido a otro: "El último resultó ser aburrido" o "inseguro" o "superficial". O bien: "Supongo que conoció a otra mujer; después de todo, no nos llevábamos del todo bien." Si bien en el comienzo de la terapia Janie había expresado un deseo genuino de tener una relación permanente con un hombre, comenzaba a dar la impresión de que o bien no tenía un interés verdadero en una relación perdurable, o era una perfeccionista que rechazaba a un hombre tras otro como si no fueran lo bastante buenos para ella. Sólo al cabo de varios meses de un intensivo análisis de su conducta con los hombres, emergió su actitud contraproducente.

A pesar de todo su interés en una relación duradera, resultó que Janie tenía un profundo cinismo hacia los hombres y el amor. Atraía a los hombres, pero a cierta altura de la relación se detenía por temor a verse lastimada o rechazada. Si bien su conducta aparente era cálida y acogedora, su sentido del humor se volvía hiriente y sarcástico. Confundidos por esos dobles mensajes, los hombres se apartaban de ella. El efecto general de la actitud de Janie resultaba intimidatorio: los hombres no podían confiar en su afecto por ellos.

La hostilidad de Janie estaba tan bien disimulada que ni siquiera ella la reconocía en un nivel consciente. Se originaba en una combinación de ira no resuelta contra sus padres y un resentimiento hacia los hombres por ejercer la mayor parte del poder en el mundo de los negocios.

La madre de Janie había sido una idealista romántica, cuyo deseo de que su vida familiar fuese cálida y afectuosa se había visto paulatinamente frustrado por un marido amargado y sarcástico debido a repetidos fracasos laborales. Janie, que en su niñez había sido aficionada a los juegos de varones, a partir de la adolescencia resolvió convertirse en una mujer de negocios fuerte y astuta, y siempre había luchado contra su arraigada inclinación hacia el romanticismo. No quería llegar a convertirse en una réplica de su madre, decepcionada y frustrada.

Con el tiempo, comprendió que su agudo sentido del humor, su cinismo y su sarcasmo eran los medios a los cuales apelaba para reprimir su propio romanticismo y su vulnerabilidad. En efecto, utilizaba su ingenio a modo de escudo para mantener a los hombres a cierta distancia.

Ahora tiene una relación sana con Luke, un dibujante publicitario que es tan perceptivo, inteligente y creativo como ella. Al elegir a Luke, Janie no se conformó con nada menos que alguien de su nivel. Con él, Janie es tan divertida y rápida como siempre. Pero ahora, ha perdido gran parte del cinismo y el sarcasmo.

¿Cómo logró salirse de sus viejos patrones de conducta en esta nueva relación? Janie dice que trató de "recordar desde el comienzo que no se trataba de conservar el dominio suprimiéndolo a él, que no era cuestión de 'ganar o perder' en una especie de batalla contra los hombres, sino que los dos perderíamos a menos que lo aceptara y lo perdonara tanto como quería que él lo hiciera conmigo; la regla de oro: 'No hagas a los demás...'. Tuve que aceptar sus puntos vulnerables y revelarle los míos, dejarlo entrar, y eso no siempre es tan fácil."

"Valoro la capacidad de discernimiento que tiene Janie hacia mí y hacia nosotros como pareja", dice Luke. "Conoce a los hombres y me conoce a mí. Sabe exactamente lo que soy y lo que no soy, pero me quiere de todos modos. Antes, siempre tenía la impresión de que las mujeres me idealizaban para poder ser románticas, o que eran tan realistas que no había romanticismo alguno. Ahora tenemos un poco de cada cosa y nos aceptamos mutuamente tal como somos."

Ser franca sin sarcasmo. El humor y la perceptividad pueden usarse como defensa, como una manera de mantener alejado a alguien. Una forma más positiva de usarlos es la comunicación de comprensión y afecto. Janie aprendió a utilizar su ingenio y su discernimiento de una manera afectuosa y sensible. Los hombres como Luke responden a las mujeres que dicen la verdad, que no temen ser desafiantes y francas.

La mayoría de los hombres se sienten realmente bien con una mujer abierta, que no ejerce la autocensura en su comunicación, siempre y cuando ésta no venga acompañada por un juicio emitido con sarcasmo. Esto es así incluso cuando ella comenta algún aspecto negativo de la conducta de él, si la crítica parece específica y no una acusación velada. De hecho, a los hombres los intriga increíblemente la mujer que es perceptiva con ellos, en especial aquellos que no temen introducir sus observaciones en forma directa y humorística en la relación. En el fondo, a la mayoría de los hombres les desagrada salirse con la suya con una mujer, y cuando ella les hace ver su conducta en forma precisa pero no crítica, les agrada. Ese agrado se debe a que sienten que la mujer los conoce y los acepta.

Reconocer la necesidad masculina de aceptación

Los hombres a menudo expresan indirectamente su deseo de comprensión y aceptación. Es probable que se avergüencen o se sientan incómodos al manifestar con palabras ese deseo ubicuo y profundo porque no lo consideran "masculino". Algunos de esos indicios indirectos son, por ejemplo, el hecho de hablar con admiración de ciertas parejas que tienen charlas "reveladoras", o de mencionar con envidia a hombres cuyas esposas "realmente los comprenden". Un hombre puede sincerarse con su hermano, su hermana o su madre. Puede hablar con una amiga, incluso con una amiga íntima de su esposa. Todas estas reacciones son indicios de una necesidad de mayor comprensión que no halla en su mujer. La verdad de la cuestión es que él preferiría hacer esas confidencias a la mujer a quien ama, pero no se siente capaz de hacerlo.

Cuando nos exponemos y no nos comprenden, o bien nos subestiman con sutileza o nos toman a la ligera, el efecto puede ser sumamente destructivo. Para protegerse de ese dolor, los hombres se expresan en forma indirecta o recurren a otras personas. ¿Cuáles son algunos de los deseos, sentimientos y temores que un hombre quiere confiar a su mujer? Como ya hemos mencionado, tal vez el tema más vital que los hombres necesitan tratar es el trabajo. Por repetitivo que pueda resultar, los hombres tratan de resolver sus problemas laborales hablando de ellos, a menudo hasta el cansancio y, a veces, en forma interminable. Necesitan hablar de sus sueños y objetivos además de sus conflictos y frustraciones. Necesitan sentir que pueden revelar sus dudas e inseguridades tanto como necesitan compartir sus triunfos.

A cierta altura de su vida, un hombre necesita discutir "de qué se trata"; necesita revelar la impotencia de sentirse consumido y la frustración que implica el no saber qué hacer al respecto. La mayoría de los hombres experimenta, en un momento u otro, una profunda pérdida de interés en su actividad, que los llena de angustia y culpa. Pueden tener deseos o fantasías de otras cosas que les gustaría probar. Pueden experimentar angustia por el envejecimiento y la decadencia física, tener la sensación de haber "perdido", de no haber logrado lo que esperaban. Estas preocupaciones afectan a todos los hombres.

Otro aspecto que los hombres pueden tener deseos de discutir, pero a menudo no saben cómo hacerlo, es la sexualidad. Los hombres, al igual que las mujeres, pueden tener dudas acerca de su calidad como amantes y del nivel general de satisfacción mutua.

Otro tema más que los hombres rara vez plantean es el de los amigos. Es triste, pero la mayoría de los hombres tienen pocos amigos de su mismo sexo. Conocidos, sí. Amigos, no. En la adultez, les cuesta más que a las mujeres hacerse de amigos, dado que se sienten menos cómodos con sus emociones. A menudo experimentan cierta tristeza al pensar en los amigos que desearían tener, pero los incomoda revelar ese deseo, como si no debieran necesitar amigos, como si debieran ser más autónomos.

Por otra parte, la mayoría de los hombres tienen una intensa necesidad de camaradería e igualdad. Les gustaría quitarse sus armaduras y dejar de sentirse presionados para ser príncipes. La mujer es un alma gemela, una compañera y aliada en las inevitables luchas y penas de la vida. Todo hombre desea la constancia del amor y la aceptación, la amiga afectuosa y compasiva que lo ama y cree en él, a pesar de los errores que comete o los fracasos que sufre.

Crear confianza

¿Cómo se fomenta la confianza de un hombre? ¿No se trata, acaso, de algo que existe de antemano o no existirá nunca? ¿Hay, realmente, una manera de que un hombre se sienta más libre y revele sus sentimientos a su mujer? Sí, usted puede ayudar a un hombre a ser más abierto y expresivo, si así lo decide. La clave está en el paulatino desarrollo de la confianza.

Para todos nosotros, hombres y mujeres, la condición previa esencial para que exista una verdadera confianza es que nos creamos y sintamos amados a pesar de nuestros defectos, peculiaridades y limitaciones. En última instancia, un hombre espera que su mujer se relacione con él mismo, no con una fantasía.

El hecho de aprender a renunciar a las nociones idealistas de los hombres es un desafío para muchas mujeres. Algunas temen que, si renuncian a esas nociones, experimentarán una pérdida neta. En realidad, es todo lo contrario. Al liberar a un hombre de un modelo imposible de alcanzar, se le permite ser él mismo en forma más plena. No debe ocultar sus aspectos desagradables ni su vulnerabilidad, sus temores ni sus sueños, sus puntos fuertes ni los débiles. Lo que aporta a la relación es, entonces, más plena y totalmente suyo, lo cual proporciona a ambos una experiencia más rica.

Hay algunas cosas específicas que una mujer puede, si lo desea, hacer para promover esto, pero recuerde que el crecimiento de la confianza se produce con el tiempo; no espere resultados instantáneos.

Comunique su voluntad de saber más acerca de lo que él siente y piensa. Sea receptiva: tenga una actitud cálida y alentadora. Esto no significa que deba estar siempre dispuesta ni que deba velar por él en forma permanente. El hecho de ser receptiva no se puede transmitir en pocas frases, pero a menudo el primer paso son las palabras. Hágale saber que puede hablar con usted, que le interesa saber más de él, de lo que piensa y siente pero que, en general, no llega a decir.

Es conveniente hacerse tiempo para conversar cuando estén los dos tranquilos, sin presiones, y sepan que no serán interrumpidos. Exprese su interés en los planes de él, en sus sueños para el futuro y en los obstáculos que cree que debe superar. Hágale saber que usted comprende que puede haber muchas cosas que él nunca dijo, temas sobre los cuales nunca hablaron, y que le interesa escucharlo, hablar con él y conocerlo más a fondo.

Sentirse comprendido es sentirse amado. La aceptación que fomenta la confianza y la comunicación constituye la base de todas las relaciones satisfactorias.

CAPITULO 9

Confiar en que un hombre
ame la fortaleza de su mujer

Muchas mujeres no se dan cuenta de que en la actualidad un número cada vez mayor de hombres busca en ellas no sólo apoyo emocional, sino también inspiración. Siempre que decimos a las mujeres que su fortaleza atrae a los hombres, nos miran con escepticismo. Aún persiste el mito de que la mujer fuerte intimida a los hombres y provoca hostilidad. Sin embargo, el hecho es que los hombres siempre han admirado a la mujer fuerte y conservan la fantasía de la "madre tierra".

La expresión "detrás de todo hombre de éxito hay una mujer fuerte" a menudo es muy cierta. La historia está llena de mujeres que fueron la fuerza principal que guiaba a sus maridos, el "poder detrás del trono". Ahora, tal como entonces, esta clase de mujer actúa como consejera, confidente, incluso como detector de mentiras; comprende los verdaderos sentimientos de los hombres y utiliza su capacidad de percepción para ayudarlos a evitar conductas o ilusiones contraproducentes.

En nuestro ejercicio de la psicoterapia, cuando trabajamos con un hombre conflictuado por un problema laboral, siempre le preguntamos: "¿Qué piensa su esposa o su novia de esta cuestión? ¿Qué piensa ella de su jefe o su socio? ¿Cómo ve esta nueva empresa excitante pero de riesgo que usted piensa iniciar?" Preguntamos estas cosas porque sabemos que, a menudo, la mujer tiene mayor capacidad que el hombre para discernir los puntos fuertes y los débiles de él.

El vínculo que une a un hombre con la mujer que lo guía y lo inspira es, a nuestro entender, el más fuerte y perdurable de todos. Una mujer así cautiva a un hombre, lo reconforta y lo fascina a la vez.

Los hombres y la nueva mujer

En la actualidad, más de una década después del inicio del movimiento feminista, ha emergido una nueva mujer: fuerte y consumada, ha dejado su marca en el mundo del comercio.

Durante gran parte de la década de 1970, mientras las mujeres luchaban por la igualdad, los hombres se sentían, en el fondo, resentidos y amenazados por la nueva mujer. Ingenuamente, creían que ellas habían invadido sus dominios exclusivos. Pensaban que la mujer a quien amaban ya no los veían en una posición única y valiosa.

Luego, en 1980, se produjo la Gran Recesión, el revés económico más grave que experimentó Estados Unidos desde la Gran Depresión de 1929. Esta recesión tuvo un impacto muy profundo en los hombres. Por primera vez hablaron abiertamente de sus preocupaciones financieras y de su miedo al fracaso. Muchos de esos hombres percibieron la evidente necesidad de que sus esposas se incorporaran al sector activo de la población, a fin de tener una familia de dobles ingresos. Los hombres más jóvenes, aún solteros, comenzaron a ver a las mujeres desde otra perspectiva. En lugar de sentirse amenazados por la nueva mujer profesional, empezaron a verla como pareja, como alguien que compartía la responsabilidad de mantener a la familia.

Por otra parte, los hombres también comenzaron a ver a las mujeres no sólo como parejas financieras, sino también como parejas psicológicas. El mundo laboral ya no era excluyente ni misterioso para las mujeres. Ellas también lo integraban, con los mismos sueños, los mismos objetivos y las mismas frustraciones. Las mujeres sabían de qué se trataba el juego. Y los hombres sabían que ellas lo sabían.

Ahora comienza una nueva etapa, con un inmenso potencial. Las mujeres fuertes y triunfadoras son, en muchos casos, superiores a los hombres desde el punto de vista de los conocimientos, de su capacidad económica y de su sabiduría con respecto al funcionamiento del mundo. Claro que esto también se daba en gran medida en el pasado, pero ahora las mujeres ya no se creen obligadas a ocultar sus puntos fuertes a los hombres.

Además, los hombres comienzan a reconocer el poder intuitivo de las mujeres y su valor en el aspecto laboral. Mientras que ellos tienden a ser demasiado racionales y lógicos, a menudo las mujeres son más capaces de combinar el pensamiento racional con la intuición y la sensibilidad, tanto con respecto al lenguaje corporal de la gente como a lo que dicen entre líneas. Se trata de una combinación única que puede ser un poderoso complemento del pensamiento más dicotómico (bien/mal, bueno/malo) de los hombres.

Hoy, muchas mujeres se sienten cómodas al utilizar su inteligencia y su capacidad intuitiva para crear, resolver problemas, negociar tratos y dirigir a los empleados. Por otra parte, expresan ese estilo típicamente femenino en forma más bien directa, en lugar de seguir el viejo modelo femenino de éxito, que era: "Si quieres triunfar en un mundo de hombres, debes asimilarte a ese mundo; debes vestir como un hombre, pensar como un hombre, hablar como un hombre y actuar como un hombre." La mayoría de las mujeres descubrieron que no se sentían cómodas al imitar el modelo masculino, que a los hombres no les agradaba que actuaran como una caricatura de ellos y, lo que era más importante, que esa actitud no mejoraba su desempeño.

Nuestras observaciones se aplican no sólo a las mujeres profesionales, sino también a las amas de casa y las madres de tiempo completo. Sea cual fuere el camino que hayan elegido, las amas de casa pueden ser tan liberadas psicológicamente como las profesionales. Tienen conciencia, están bien informadas y no temen expresar sus puntos fuertes. Estas mujeres también son vistas desde una perspectiva nueva y sumamente favorable.

Hace diez años, o tal vez menos, no habríamos podido estar tan seguros de estas observaciones como lo estamos ahora. Dado que la nueva mujer está aprendiendo a equilibrar la expresión abierta y directa de su fortaleza y competencia con su capacidad de afecto y gentileza, finalmente los hombres confían en que ellas ocupen un papel cada vez más preponderante en su vida.

Existe una gran cantidad de hombres que admiran y aprecian a la nueva mujer. Ella puede ser indispensable en la vida de un hombre. Influye no sólo en su vida privada y emocional, sino también en su carrera profesional.

Los hombres sí son receptivos

Si usted dijera a un hombre a quien acaba de conocer que podría ayudarlo a llegar a ser todo lo que espera brindándole inspiración, seguramente él reaccionaría con escepticismo. La mayoría .de los hombres han sido condicionados para creer que, en una relación de pareja, deben conservar la ventaja en lo relativo al poder y al dinero. Este mensaje les fue transmitido no sólo por nuestra cultura en general, sino también, más específicamente, por las expectativas femeninas. Los hombres no son ciegos a las fantasías femeninas del príncipe azul, y saben que algunas mujeres desean ser princesas, no reinas.

En el pasado, tanto los hombres como las mujeres a menudo se burlaban de quienes estaban casados con mujeres fuertes. Los veían como "dominados" o, peor aún, como "castrados". El comentario despectivo clásico acerca de tales matrimonios era: "¡Es fácil ver quién lleva los pantalones en esa familia!"

Si bien esta actitud está cambiando, no es fácil que los hombres, ni siquiera los llamados "liberados", se desprendan de aprensiones tan arraigadas. Este es el motivo por el cual el fenómeno de amar a la mujer fuerte, inspiradora y motivadora, aún no se discute muy abiertamente. Los hombres que se ven atraídos por esas mujeres se muestran reacios a revelar sus deseos y atracciones.

A fin de comprender las preocupaciones masculinas en este aspecto, debe recordarse lo difícil que es para las mujeres renunciar a la fantasía del hombre perfecto. En la actualidad, las mujeres pueden renunciar a esa fantasía con facilidad en un nivel intelectual, pero el renunciamiento emocional y psicológico más profundo de la noción del hombre perfecto sigue siendo difícil.

Del mismo modo, para los hombres resulta problemático hacer a un lado sus nociones estereotipadas de la conducta masculina "adecuada" en relación con las mujeres. Si no olvidamos esto, es fácil ver por qué, cuando un hombre conoce a una mujer que posee el dinamismo, el discernimiento y la inteligencia necesarios para actuar como guía en su vida, le cuesta tanto "rendirse" a ella. Y ésa es la palabra adecuada: "rendirse", pues eso es exactamente lo que sienten los hombres al dejarse guiar por una mujer.

Todos hemos tenido la experiencia de sentirnos a la defensiva cuando otorgamos a otra persona el poder de aprobarnos o desaprobarnos. Nos asusta, nos angustia. Sin embargo, cuando dejamos "entrar" a alguien, aun cuando esa persona vaya a enseñarnos algo que, al principio, puede hacernos sentir tontos o criticados, nos aliviamos. Nunca es tan malo como creemos que será. Eso es exactamente con lo que luchan los hombres cuando permiten que una mujer asuma una posición de mayor autoridad y liderazgo.

Los hombres que aprenden esto (y son cada vez más) perciben una ganancia neta. Sienten que no están solos. No sólo tienen a una mujer que es comprensiva, que los acepta y que los acompaña, sino que, además, tienen una verdadera pareja. Experimentan una vivificante sensación de alivio porque hay alguien con quien pueden compartir las cargas, los sueños, las inquietudes y las esperanzas. Se sienten más grandes, plenos y fuertes.

Aquí hay una interesante paradoja. Si bien los hombres no tienen una resistencia muy profundamente arraigada al hecho de conceder poder y autoridad a una mujer, les resulta mucho más fácil aceptar el liderazgo de las mujeres que el de los hombres, siempre que haya confianza y se sientan cómodos. La aceptación de una mujer permite que afloren las inquietudes más vulnerables de un hombre. Con otro hombre, a menos que sea un amigo excepcional, esa intimidad se ve bloqueada por una sensación de competencia o un temor de verse disminuido. Los hombres que tienen esta clase de relación con una mujer presienten que ella los conoce como nadie más. Y, por lo general, no se equivocan al suponerlo.

La compañera

Kelly y Matt están celebrando el primer mes de ganancias de su estación de radio. Hace ocho meses compraron la emisora de FM situada en una región montañosa. En aquel tiempo, la emisora estaba sumamente endeudada debido a una mala administración por parte de su propietario. Kelly y Matt decidieron modificar el estilo de la radio: emiten música folclórica y, desde entonces, han ganado audiencia y anunciantes.

Kelly, de treinta y seis años, comenzó su carrera en un programa informativo radial y llegó a ser una conocida reportera de televisión en una gran ciudad. Hace dos años, cuando la emisora cambió de dueño, fue despedida abruptamente. Matt, de treinta y cuatro años, era gerente de ventas de la misma emisora de televisión. Se casaron pocos meses después de conocerse.

"Las mujeres famosas, por una u otra razón, a menudo reciben mucha atención de los hombres, pero la mayoría de ellos lo hacen por motivos erróneos", dice Kelly. "Quieren ser vistos con ella o poder decir que se acostaron con la reportera de tal canal. Matt y yo nos entendimos desde el comienzo. El hecho de trabajar en la misma actividad nos otorga una gran ventaja."

Con frecuencia habían hablado de salir del inexorable estilo de vida urbano y mudarse al campo, y habían asistido a varias convenciones de radio y televisión para interiorizarse en la propiedad de emisoras. Cuando Kelly fue despedida, decidieron cumplir su sueño.

Ahora, Kelly y Matt trabajan literalmente codo a codo en las diminutas oficinas de la emisora de radio. Se turnan para pasar música y participan en la conducción de las charlas dominicales y de los programas sobre temas de interés general. Matt encabeza la sección de ventas, de la cual Kelly es, quizá, la vendedora más dedicada. "Y yo cuento con sus sugerencias para vender", agrega Kelly con una sonrisa.

"Claro que, igual que cualquier pareja que decide trabajar en forma conjunta", dice Matt, "nos preocupaba que nuestro matrimonio resultara perjudicado. Pero, hasta ahora, nos va muy bien. Estamos aquí, en estas espléndidas montañas, tenemos ganancias y es casi un negocio familiar.

"No podría estar más feliz", prosigue Matt, "de tener como socia a alguien que me ama. Somos socios día y noche. Esto nos acerca cada vez más; juntos, analizamos qué funciona y qué no en la emisora. Estamos aprendiendo a aconsejarnos y apoyarnos mutuamente, a equilibrar nuestros puntos fuertes y débiles para formar un buen equipo. El entusiasmo de Kelly realmente me inspira. Cuando estoy mal, ella se da cuenta, me abraza y lo conversamos."

Kelly agrega: "Quisiera dar un consejo a las parejas que piensan iniciar un trabajo en conjunto: no hablen de trabajo cuando lleguen a casa por la noche. Después de los primeros meses, Matt y yo empezábamos a desgastarnos, a irritarnos el uno con el otro. Ahora, tratamos de relajarnos cuando estamos en casa, y de no pensar en la emisora. Si nuestro tiempo libre no nos renueva y nuestro matrimonio se desmorona, esta vida estupenda que tenemos se destruirá."

Desarrollar el apoyo mutuo. El compañerismo y la reciprocidad que existen entre Kelly y Matt han ampliado su visión de las recompensas de una relación de pareja. Su matrimonio ilustra cómo el hecho de eliminar las diferencias de rol según los sexos o las desigualdades no conducen a una monotonía descolorida sino, por el contrario, a una unión más rica y vibrante.

El matrimonio de Kelly y Matt muestra una nueva clase de equipo conyugal que en la actualidad parece prevalecer. Ya sea que se trate de una emisora de radio o de un puesto de venta de hamburguesas, las cuestiones fundamentales son las mismas. En esta era de actividades empresariales, muchos hombres y mujeres desean combinar una relación de pareja con una sociedad laboral. Creen que la relación más excitante y estimulante es aquélla en la cual el hecho de estar juntos, tanto en el trabajo como en casa, acrecienta su amor.

La triunfadora

Tracy, de veintiocho años, es una mujer que parece vivir a doble velocidad. Vibrante y entusiasta, está en constante movimiento. Tracy se crió en medio del ajetreo y el bullicio de la zona de los comercios de vestimenta en la ciudad de Nueva York. Su madre era costurera en una fábrica de ropa, y su padre, que había huido de Polonia durante la guerra, se ganaba la vida modestamente como mayorista de la indumentaria.

Tracy empezó a trabajar en la industria de la moda mientras aún estaba en la escuela secundaria, diseñando copias poco costosas de modelos exclusivos. A los veinticuatro años, sus diseños originales le ganaron el apoyo de un inversor. Lanzó, en pequeña escala, su propia línea de ropa femenina a precios moderados. Ahora, su firma emplea a veinticinco personas y sus vendedores han obtenido varias cuentas amplias con cadenas de grandes tiendas.

"Admito que, durante mucho tiempo, sentí envidia por el impulso y el éxito de Tracy", revela Gordon, de veinticinco años, su novio desde hace tres. "Le hacía comentarios irónicos por su obsesión de ganar dinero y la interrumpía cuando empezaba a contarme acerca del último negocio que había hecho. Incluso la hice sufrir mucho con las ambiciones mal encaminadas de la 'nueva mujer profesional' a la que va dirigida su línea de indumentaria. Me llevó mucho tiempo comprender que, en realidad, estaba celoso de su increíble desenvoltura en el mundo de los negocios."

Hasta hace varios años, Tracy se sentía insegura de su inteligencia por no haber ido a la universidad. Con el tiempo, venció su inseguridad y su miedo a la gente al aprender a hablar y a trabajar con toda clase de hombres y mujeres que conocía en el ambiente. Aprendió que la autoestima deriva de la acción, de modo que desarrolló un estilo positivo, entusiasta y directo que, junto con su ropa elegante y bien confeccionada, resultó ser una excelente fórmula para alcanzar el éxito.

Tracy conoció a Gordon en una ocasión en que él fue a quejarse porque su estéreo estaba puesto a demasiado volumen: acababa de mudarse al apartamento del piso inferior. Ella lo invitó a tomar una taza de té y, al ver que Gordon estaba de mal humor, le preguntó qué lo había puesto así, además de la música muy alta. Lo que ocurría, le explicó él con un suspiro de frustración, era que tenía problemas en el trabajo.

En los meses siguientes se invitaron a cenar varias veces y, pronto, su amistad se convirtió en romance, aunque Gordon tenía algunos momentos de incomodidad. "Mírate", decía, con cierto pesar, "tú ya tienes tu propia empresa, mientras que yo aún estoy tratando de decidir qué quiero hacer con mi vida."

Gordon era muy inteligente y tenía ideas muy creativas en su trabajo como asociado en comercialización en una agencia de publicidad, pero carecía de habilidad social; no tenía una personalidad expansiva, ni la capacidad de percepción con respecto a la gente, tan necesarias para prevalecer en una actividad de tanta colaboración como la suya. En las reuniones, cuando se frustraba al intentar exponer sus ideas, a menudo se ponía a la defensiva, lo cual, invariablemente, resultaba contraproducente. Gordon presentía que había cada vez más distancia entre él y sus compañeros de trabajo, pero no sabía cómo revertir el proceso.

Poco después de conocer a Tracy, comenzó a tomar clases empresariales por las noches. "Yo sabía que estaba tratando de encontrarse a sí mismo, y me parecía bien", recuerda Tracy. "Mi trabajo es muy limitado, y me encantaba oírlo hablar de todos los cursos interesantes que estaba haciendo. Compartía sus libros conmigo y me llevaba a conferencias en la universidad. Para mí, era como adquirir un poco de la experiencia universitaria que no había tenido."

La relación de Tracy y Gordon podría haberse arruinado por causa de los celos y la competencia. Sin embargo, Tracy percibió la envidia velada de Gordon por su éxito en los negocios, y decidió que tenía mucha seguridad en sí misma y en su trabajo para dejarse abrumar por los comentarios irónicos de él.

"Si hubiera tomado la frustración de Gordon como algo personal, podríamos haber discutido todo el tiempo y habernos separado. No le daba consejos porque no me los pedía; sólo lo hice mucho después." Tracy tampoco suprimía su entusiasmo en su trabajo simplemente porque Gordon estaba frustrado con el suyo. "Supongo que somos dos personas muy distintas, y los dos necesitamos respetarnos y aceptarnos mutuamente por lo que somos. Desde el comienzo, fijé ese modelo y, más que nada, fue eso lo que nos mantuvo juntos."

Con el tiempo y gracias a la compañía de Tracy, Gordon comenzó a mejorar su capacidad para las relaciones públicas. Le preguntaba cómo se manejaba ella en una negociación difícil o con algún empleado problemático. La energía de Tracy y su fe en la posibilidad de triunfar eran contagiosas. Su amor por Gordon, el ejemplo que presentaba como empresaria directa y sencilla y sus consejos acerca de cómo tratar eficazmente con la política de oficina se combinaron para dar impulso a la confianza de Gordon en sí mismo. El renovó su compromiso con su carrera, ha sido ascendido y, lo que es más importante, disfruta de su trabajo.

"Tracy fue una verdadera inspiración para mí", dice Gordon. "Me dio un ejemplo de cómo se puede participar en este juego sin dejar de ser uno mismo. Sin que me diera cuenta siquiera, fue para mí una especie de consejera. Y ahí está la clave: nunca me presionó ni me criticó."

Desprenderse de viejos esquemas. Al compartir su experiencia, su astucia y su entusiasmo, Tracy fue una verdadera y afectuosa inspiración para Gordon. El experimentó algo inesperado con una mujer: descubrió que podía renunciar a la necesidad de ser quien tuviera todas las respuestas y, al hacerlo, se volvió más fuerte y efectivo.

En la actualidad, hay muchas mujeres inteligentes y

triunfadoras que a menudo son reacias a realizar plenamente su capacidad de alentar e incluso de guiar. Tracy fue una consejera para Gordon, y él llegó a adorarla. Si usted se encuentra en una relación así, no tema decir ni hacer lo que le parece bien. Es perfectamente aceptable desprenderse de los viejos esquemas de conducta y arrasar con las antiguas expectativas para cada sexo. Los hombres no tienen por qué ser siempre los líderes.

La consejera

Angelo y Diane se conocieron hace tres años, en una función de caridad. Diane, de treinta y un años, es ejecutiva de cuentas en una agencia de publicidad. Angelo, de treinta, es socio de una agencia de trabajo a nivel ejecutivo. Piensan casarse el próximo año. El hecho de que estén juntos es "nada menos que un milagro", dice Diane, "si tenemos en cuenta los problemas que tuvimos al principio."

Cuando se conocieron, Angelo acababa de renunciar a una importante agencia de trabajo para ejecutivos y se había asociado a otro empleado de la empresa. "Quería salir de esa mentalidad corporativa y hacer las cosas a mi manera", recuerda Angelo. "Mi jefe siempre me acosaba para que me adaptara al estilo corporativo. Pensé que, al tener mi propia empresa, tal vez tendría que trabajar más tiempo, pero podría fijar mis propias reglas y, por supuesto, ganar mucho más dinero si realmente nos dedicábamos a ello."

"En los primeros meses, no lo tomé en serio", dice Diane. "Era un sujeto apuesto y agresivo. Me divertía ir al cine con él y me llevabla a lugares que yo no conocía, como, por ejemplo, por primera vez al hipódromo, pero era muy machista.

"Se quejaba de los 'idiotas corporativos' con quienes

tenía que tratar todo el tiempo pero, cuando yo le hacía alguna sugerencia sobre cómo podía encargarse de ellos, se ponía a la defensiva. Entendí por qué tenía problemas en su trabajo: es impulsivo y puede ser demasiado directo con la gente, incluso grosero, y esa clase de comportamiento no ayuda a hacer negocios. Yo lo sé muy bien, dado que vendo a toda clase de gente. Cuando se está en ventas, hay que ser extremadamente profesional, sensible a la personalidad de la gente y saber manejar sus peculiaridades.

"Aunque tiene un gran corazón y puede ser muy dulce y divertido, Angelo siempre quería tener la razón, incluso conmigo. Además, era sumamente celoso y posesivo, lo cual yo no lograba entender. Siempre discutíamos. El trataba de iniciar una pelea cada vez que yo no podía verlo porque tenía que trabajar hasta tarde o porque tenía otros planes.

"Finalmente, le pregunté por qué seguía llamándome tanto si era obvio que buscaba una novia a la antigua, a la que pudiera dominar. Lo que me respondió realmente me sorprendió. Dijo que estaba loco por mí porque era tan inteligente y defendía mi lugar en el mundo de los negocios. Dijo que me admiraba y me respetaba, especialmente por mi manera de llevarme tan bien con la gente. 'Haces que todos se sientan bien, Diane', dijo.

"Le respondí que estaba dispuesta a ver si podíamos sobrevivir como pareja sólo si él se esforzaba realmente por discutir menos y dominarme menos, que en una relación no se trataba de ganar, sino de respetar las opiniones del otro y de llevarse bien. Una vez que me comprometí a seguir con él, cumplió con ese esfuerzo."

Diane se ha convertido en una influencia positiva muy poderosa para Angelo. Es extremadamente perceptiva en lo relativo a él y conoce sus puntos débiles tanto como los fuertes. Diane es sensible, perspicaz y sabe relacionarse con la gente. En los últimos años ha llegado a ser una valiosa aliada y consejera para Angelo; lo ayuda a desarrollar su capacidad para tratar a la gente, con lo cual no sólo ha mejorado el resultado de su trabajo sino que, además, ha pasado a ser un compañero más sensible.

"Diane ha hecho mucho por mí", dice Angelo. "Me da sabiduría y amor, junto con muchos consejos sobre los negocios. Me conoce como a un libro, y he llegado a confiar mucho en sus impresiones. Yo solía ser muy combativo, pero ella me ha ayudado a comprender que, en el negocio en que estamos, no puedo ganar a menos que ganen todos."

Confiar en los propios puntos fuertes. Por fortuna, Angelo pudo apreciar las cualidades especiales de Diane. Al igual que tantos hombres en la actualidad, Angelo estaba más que dispuesto a cambiar sus creencias anticuadas y contraproducentes acerca de las mujeres por una relación más satisfactoria.

Cada vez que una mujer se presenta a un hombre de esta manera, hay una gran probabilidad de que, al comienzo, él se ponga a la defensiva. A los hombres no les resulta fácil intercambiar roles, por más que lo deseen. Cuando una mujer confía en sí misma y en sus propias intenciones, no será vista como negativa ni competitiva. Pero si está insegura de sí y cuestiona su confianza, existe el peligro de que el hombre piense que trata de rebajarlo o de ponerse a prueba.

Permítase guiar a su pareja

Tal como hemos explicado, los hombres no hablan abiertamente de su deseo o su atracción por las mujeres que pueden inspirarlos, motivarlos y guiarlos. Sin embargo, en los casos que hemos incluido se puede apreciar el impacto que tienen esas mujeres en ellos y el aprecio y la gratitud que generan. Pero la receptividad masculina para esta clase de influencia es, en el mejor de los casos, sutil.

A fin de estimular este deseo en los hombres, usted

debe actuar sobre la suposición de que existe en todos ellos. Hay excepciones, pero son raras. Algunos hombres aceptarán su apoyo y aliento sólo en forma esporádica. Otros lo apreciarán como parte de su experiencia compartida en pareja. Pero recuerde, ante todo, que los hombres desean que usted les brinde sus ideas y su inspiración.

Para analizar la posibilidad de mejorar la comprensión y la amistad entre hombres y mujeres es necesario hacer a un lado las fantasías referidas a la relación, tal como lo hemos dicho en el capítulo anterior. Es necesario, también, que usted se arriesgue a brindar la más plena expresión de sí misma. Eso significa que no debe adoptar una pose, fingir ni ocultar sus verdaderos puntos fuertes. Aun cuando el hombre no se lo pida, puede compartirlos con él. Esto no significa imponerle sus conocimientos e intuición si él no se muestra receptivo. Podría ser conveniente esperar hasta que haya sentimientos afectuosos entre ambos para exponer sus ideas.

Con frecuencia, las mujeres temen ser tan directas con los hombres; creen que una actitud así pueda desconcertarlos. Sepa calcular el momento oportuno y la receptividad de él, pero muéstrese decidida. Tome la iniciativa de aprender más acerca de los objetivos que lo impulsan en su vida laboral, como también de los sueños y las fantasías que puede tener acerca de su vida personal. Demuestre un interés sincero. Aquello que al principio puede parecer aburrido, se tornará más interesante cuando usted lo vea desde el punto de vista de él. Con mucha frecuencia, en el matrimonio surgen repetidas preocupaciones o inquietudes, pero los cónyuges no se toman el tiempo necesario para saber realmente de qué se trata. No caiga en esa trampa. Las ambiciones compartidas y el compañerismo constituyen un potente adhesivo en los mejores matrimonios. Trabajar codo a codo para realizar sus sueños puede resultar enriquecedor para ambos.

Cuando empiecen a luchar juntos por lograr sus objetivos compartidos y cuando usted se arriesgue a guiar a su pareja, descubrirán nuevas facetas en la personalidad de cada uno. El hallará en usted a una confidente y a una compañera de vida que cumple sus esperanzas secretas. Usted encontrará un nuevo grado de intimidad emocional, mucho más profundo de lo que creía posible. Al brindarse el uno al otro, una sinergia más vibrante que la suma de sus identidades separadas impulsará su unión hacia mayores niveles de plenitud.

CAPITULO 10

Despertar pasión y deseo en un hombre

La lujuria, la afinidad, la intriga de la búsqueda romántica: éstos son los eternos ingredientes de la pasión y el deseo. Quizá no haya fuerzas tan maravillosamente complejas y, a la vez, tan potencialmente problemáticas entre ambos sexos como aquellas relacionadas con la pasión y el deseo. En su expresión más plena, el amor y el deseo sexual se funden en un vínculo apasionado. Pero la pasión es más que el deseo sexual. Se caracteriza también por la liberación de las poderosas emociones de amor, odio y furia, lujuria, ardor, celos y sentimientos posesivos. La pasión abarca la miriada de expresiones de energía e intensidad en una relación.

Cuando está presente, la pasión nos hace sentir más vivos y vibrantes. En su ausencia, nos sentimos deprimidos, aburridos, apáticos. La pasión es una manera de responder a la vida, a las ideas, a la gente y, desde luego, a los amantes. La pasión siempre implica un riesgo personal, revelar nuestros sentimientos en forma tan ferviente e irrestricta como sea posible. La gente apasionada desea vivir la vida con plenitud. Buscan lo nuevo, lo inesperado y lo excitante, y se permiten reaccionar sin inhibiciones.

A medida que crecemos, todos nos volvemos más cautos y conservadores en nuestros actos y reacciones. Sin embargo, conservamos vívidos recuerdos de aquellos momentos de nuestra vida en los cuales nos sentíamos menos agobiados por las expectativas y los límites, cuando éramos más infantiles y espontáneos.

Todos deseamos, en el fondo, volver a experimentar esa sensación de libertad y desinhibición. Es por eso que el amor romántico es tan atractivo: para la mayor parte de nosotros proporciona un contexto para la sensación de vida, de excitación y de pasión. En efecto, la mayoría de las personas, al describir lo que sienten en las primeras semanas de una relación, hablan de lo "vivas" que se sienten. En realidad, lo que experimentan es un resurgimiento de las emociones juveniles que están latentes porque, como adultos maduros, tendemos a volvernos más controlados y racionales.

Dado que es tan fácil perder la capacidad de generar estas maravillosas sensaciones, nos atraen aquellas que pueden estimularlas y liberarlas en nosotros. Por este motivo, las mujeres que despiertan pasión y deseo son como imanes para los hombres.

La sensación de estar vivos sobreviene cuando nos permitimos sentir emociones intensas al liberarnos de las restricciones, inhibiciones y prohibiciones. Por deseable que eso parezca, hay hombres y mujeres que temen la excitación y la intensidad de la pasión que existe tanto dentro de sí como de sus parejas. Temen que produzca una pérdida de control, e incluso, que inviten al peligro, pues experimentar pasión es sentirse desprotegido. Por esa razón, nuestras parejas, a pesar de amarnos, a veces pueden suprimir, sin advertirlo, nuestro entusiasmo infantil, nuestra alegría y nuestra pasión.

La gran mayoría halla pasión y excitación en el área de la sexualidad. Es aquí donde podemos sentir lujuria, deseo, anhelo, y la deliciosa anticipación de la unión sexual y el desahogo. Sin embargo, estas emociones vienen acompañadas por otras más oscuras que resultan aterradoras para muchos de nosotros: un temor que, invariablemente, reduce nuestra capacidad para las expresiones apasionadas. Amar a otra persona es, además, experimentar momentos de inseguridad, ira, celos y posesividad. Estos son los compañeros normales del vínculo apasionado.

La pasión y el deseo sexual están presentes en el comienzo de todas las relaciones amorosas. La cuestión que acosa a gran número de parejas es si la capacidad de excitar y estimular a nuestra pareja puede soportar el paso del tiempo. ¿Es posible conservar una sensación de estar vivos en una relación prolongada? En un primer momento, la novedad y la frescura bastan para encender la pasión y el deseo en ambos. A medida que se conocen, esa chispa debe remplazarse por el conocimiento de la manera en que se puede, de manera consciente, generar sentimientos apasionados por medio de ciertas actitudes y conductas.

La mujer apasionada

En todas las épocas, los hombres han cometido la tontería de reprimir y controlar en las mujeres las mismas cualidades que deseaban. La mujer que era vital, sexual y espontánea, y que tenía un sentido gozoso de sí misma, era vista con cautela. En algún nivel primitivo, los hombres se sentían incapaces de controlarla: querían una pareja más pasiva. Sin embargo, esto ha ido modificándose. Los hombres no se sienten tan amenazados al ceder el control y se inclinan más hacia las mujeres seguras y desinhibidas.

Hoy, más que nunca, millones de mujeres exploran su capacidad para la pasión, la excitación y el deseo en cualquier área que elijan. Hallan pasión en el trabajo, están alcanzando un nuevo grado de sexualidad sin inhibiciones y descubriendo la excitación inherente a cualquier situación que implique un riesgo personal.

Un concepto erróneo muy común acerca de la pasión es que constituye una forma de ser duradera sólo para unos pocos: para los "apasionados". Muchas personas creen que su personalidad básica es tan fija, tan incapaz de cambiar, que resulta casi imposible crear una relación radicalmente mejorada entre ellas y sus parejas. Esto no es verdad. Uno de los grandes mitos del amor consiste en que no se puede hacer nada realmente significativo para influir en la expresión, la intensidad o la longevidad de la pasión y el deseo. Es posible realzar y reavivar la pasión: primero, es necesario comprender en qué difieren hombres y mujeres en lo relativo al amor y al deseo, y luego debemos adaptar nuestra conducta a estas leyes naturales.

Cómo reaccionan los hombres a la pasión

Muchas mujeres creen sinceramente que el hombre típico es receloso de la mujer que se siente tan cómoda consigo misma que permite que sus emociones emerjan en toda su expresión. A pesar de la cautela con que un hombre pueda reaccionar inicialmente a las expresiones intensas y enérgicas del entusiasmo, el deleite y el gozo femeninos, podemos estar seguros de que, en el fondo, le encantan.

Los hombres, especialmente los profesionales, perciben que la mujer que es capaz de compartir su pasión con él le proporciona algo más que alivio: también lo rejuvenece y lo revitaliza. Según la sabiduría popular, los hombres buscan mujeres que sean dóciles y sumisas. No es así. La mujer que no teme ser ella misma, expresar sus emociones, confirmar que está viva, es recibida con agrado por los hombres, por una razón muy especial. La mayoría de los hombres están demasiado inmersos en su trabajo, incluso agotados por él, y necesitan una especie de contrapeso. Según hemos señalado antes, el antídoto para esta clase de hombres es el juego más que el descanso. Eso es lo que buscan en sus amigos, y también les encanta hallarlo en la mujer a quien aman. Los hombres necesitan y desean experimentar esa sensación de estar vivos que muchas mujeres llevan a sus relaciones.

Aun las manifestaciones más oscuras de la pasión, tales como la ira, los celos y el sentimiento de posesión, contribuyen a dar vida a las relaciones. Uno de los grandes mitos del matrimonio es que siempre se debe luchar pór conservar la armonía y la paz. A veces, la relación necesita todo lo contrario. Una moderada inestabilidad, como subproducto de otras emociones intensas, puede llegar a revitalizar una relación. Por ejemplo, los celos, cuando no se los domina, tienden a ser corrosivos e incluso destructivos en una pareja. Sin embargo, uno de los mejores antídotos para un estilo de matrimonio que se tiene por seguro puede ser una pequeña dosis de celos. Cuando un hombre o una mujer da por sentado que su pareja le será fiel a pesar de la calidad de la relación, a menudo lo que se necesita es, precisamente, crear un elemento de duda para obligar a esa persona a mirar a su pareja con otros ojos. No estamos sugiriendo que se inventen situaciones; simplemente señalamos los beneficios de una emoción que, en general, se considera negativa.

La ira también puede servir, a veces, como elemento positivo. A menudo es necesario descargar la ira para poder expresar afecto, amor y sexualidad. Por eso, con tanta frecuencia, las parejas tienen relaciones sexuales muy apasionadas después de una discusión; es como si se hubiese roto un dique. Nuevamente, no estamos sugiriendo que se deban iniciar discusiones, sino, simplemente, que no se debe temer tanto a las desavenencias. Con frecuencia, las discusiones acaloradas son necesarias y pueden evolucionar de un comienzo negativo a una conclusión intensa y apasionada.

La amante

Rhonda, de treinta años, y Jeff, de treinta y dos, llevan poco más de dos años de matrimonio. Ella trabaja como asistente administrativa en una empresa hipotecaria, y él es electricista. Se conocieron en la boda de un amigo común y se casaron cuatro meses más tarde.

Rhonda describe la vida sexual que tienen en la actualidad como "cada vez mejor". Pero no siempre fue así. Originalmente, Jeff se vio atraído por el carácter afable y la actitud despreocupada y divertida de Rhonda. Ella, a su vez, se sintió atraída por la personalidad exuberante, los principios sólidos y la actitud de Jeff hacia la vida, que era "trabajar duro y divertirse mucho".

Antes de casarse con Jeff, Rhonda había tenido sólo dos amantes; él, por su parte, había tenido algunas relaciones sin trascendencia y algunas serias. Rhonda nunca se había sentido muy deseable sexualmente; sus senos pequeños le producían inseguridad y no se sentía cómoda al estar desnuda delante de Jeff. Por otra parte, si bien en realidad disfrutaba del sexo, era un poco inhibida para expresar su pasión. En general, su estilo sexual era afectuoso, pero reservado y pasivo.

El estilo sexual de Jeff era menos inhibido: le gustaba mucho experimentar. Sin embargo, percibía el pudor y la timidez de su esposa y eso, a la vez, lo inhibía a él. Rhonda se ponía el camisón en el baño y siempre insistía en que la luz estuviera apagada cuando hicieran el amor.

Al principio, cuando Jeff trataba de disipar el pudor de Rhonda mediante ligeras bromas, ella también reía, lo abrazaba y lo besaba con afecto para tranquilizarlo y cambiar de tema. Pero, con el tiempo, los dos fueron acumulando un resentimiento inexpresable.

Una noche, Jeff la obligó a enfrentar la cuestión: encendió la luz de pronto, mientras ella se quitaba el camisón en la cama para hacer el amor. Al fin, las frustraciones de ambos fueron expresadas en palabras y se produjo una amarga discusión llena de acusaciones acerca de su vida sexual. Después, siguieron acostados, sin tocarse, sin dormir, con la mirada fija en el techo, llenos de resentimiento y culpa, pensando: "¿Es así como será siempre?"

En los meses siguientes, su vida sexual cayó en una rutina previsible, acompañada, a veces, por una sensación de tensión. Ambos recuerdan una ocasión, en una fiesta en casa de unos amigos, en que alguien contó un chiste subido de tono y ellos quedaron inmóviles, incapaces de reír con los demás, incapaces de mirarse. Su vida sexual se había impregnado tanto de conflictos y decepciones que la sola mención del sexo los incomodaba.

Después de tantos meses de desavenencias decidieron que tal vez les vinieran bien unas vacaciones. Una noche, al regresar de una salida íntima y afectuosa, Rhonda decidió romper su propio esquema de conducta. "Sabía que Jeff me amaba, que era leal y fiel aun durante aquel difícil período. Creo que sabía que debía correr cierto riesgo, hacer algo diferente." Esa noche, fueron a nadar juntos y Rhonda comenzó a acariciarlo en formas que nunca antes había intentado. Más tarde, en su habitación, finalmente se permitió liberarse de sus inhibiciones y disfrutar la mejor relación sexual que había tenido jamás.

Felizmente, con el tiempo, a medida que Rhonda llegó a confiar en el amor de Jeff, en su deseo y en su apreciación del cuerpo delgado de ella, comenzó a interesarse por hacer que ese aspecto de su matrimonio fuera tan satisfactorio y gratificante como todos los otros. Comenzó a leer artículos en revistas femeninas y compró varios libros sobre técnicas sexuales; luego ensayó esas técnicas con su esposo, para deleite de éste.

Mientras que, en los primeros tiempos de su matrimonio, Rhonda consideraba al sexo una expresión de afecto hacia su esposo, ahora lo ve como una ventaja singularmente agradable del matrimonio, y no lo sobrecarga de significado. Asumió su parte de la responsabilidad para evitar caer en rutinas aburridas; seduce a Jeff en lugares y momentos inesperados, incluso, un día, durante un paseo por una pradera apartada. Le gusta disponer la escena sexual, con un afecto físico travieso, música, e incluso caricias en la sala mientras miran televisión.

Con gran sensatez, Rhonda no ve al sexo como una validación de su valor personal ni como una obligación. Hace saber a Jeff cuando no está interesada, pero permite que se turnen en el papel de amante activo. Rhonda ha florecido sexualmente gracias a su coraje de arriesgarse y a la paciencia y el amor de Jeff. La recompensa para Jeff es que la mujer a quien ama se ha convertido en una apasionada pareja sexual.

La seductora

Después de diez años de matrimonio, Brenda, de treinta y un años, sentía cada vez más resentimiento por su esposo, Brian, de treinta y cuatro. "Parece que su sexualidad alcanzó su mejor momento antes del nacimiento de nuestro primer hijo. Sé que a menudo lo rechazaba cuando nuestros hijos eran muy pequeños: la mayor parte del tiempo, estaba exhausta u ocupada. Pero ahora que los niños tienen cinco y seis años, he recuperado el interés en el sexo, pero él, no. Si me propone hacer el amor una vez a la semana, es mucho, e incluso en esas ocasiones, termina con mucha rapidez y no es excitante. Pensar que fuimos grandes amantes..."

Brenda posee una personalidad vivaz y afable. Durante su matrimonio siguió trabajando en la sección administrativa de una escuela secundaria. Brian es copropietario de una farmacia. En general, forman una familia activa y de éxito, y comparten con igualdad y flexibilidad las responsabilidades de la casa y la crianza de sus hijos. Sin embargo, Brenda había empezado a cuestionar la amistad y el compañerismo que ella y su esposo habían luchado por desarrollar en su matrimonio.

"Tal vez ésa es la razón por la cual nuestra vida sexual está tan apagada: nos hemos hecho muy amigos, y eso ha matado la pasión. No quiero perder lo que tenemos, pero renunciar al sexo me parece un precio demasiado alto para seguir casada."

Al escuchar a Brenda, resultó evidente que culpaba a Brian por no tomar la iniciativa sexual con más frecuencia y por no proporcionarle la vida sexual excitante que le interesaba, ahora que sus hijos ya no eran bebés. Ella había caído en una actitud pasiva y, peor aún, una actitud resentida y acusadora.

Si bien no había comunicado esa insatisfacción con palabras, sin duda lo hacía con su lenguaje corporal, sus estados de ánimo y con suspiros de frustración antes, durante y después de sus interacciones sexuales. Su esposo había llegado a interpretar esas señales como una evidente falta de deseo por él. Decepcionado por lo que consideraba una actitud de rechazo y de decepción para con él como amante, proponía las relaciones sexuales cada vez con menos frecuencia, y llegaba al orgasmo con la mayor rapidez posible. Brenda creía que Brian había perdido el deseo y su habilidad como amante; él creía que ella no lo deseaba, y por eso no se esforzaba por ser un buen amante. Estaban en un punto muerto.

Brenda no creía tener que dar el primer paso para devolver la pasión sexual a su matrimonio. "No pienso convertirme en una de esas mujeres que reciben a sus esposos en la puerta, vestidas con una bata transparente; yo no soy así." Sin embargo, llegó a entender que para salir de ese estancamiento en que estaban y disolver las inhibiciones que se habían desarrollado entre ellos, tenía que dejar de culparlo, hacer a un lado su resentimiento y empezar a demostrar interés y receptividad. Si quería efectuar un cambio, era ella quien debía iniciarlo.

Brenda empezó por demostrar más afecto físico a Brian: le masajeaba el cuello, lo tomaba de la mano en la mesa, después de cenar, lo besaba ligeramente en momentos inesperados. Luego, redujo la distancia física en la cama; se acercaba a él y lo acariciaba con afecto. Además, comenzó a tomar la iniciativa sexual con más frecuencia, empezando por besos apasionados, abrazos y caricias, y siguiendo con un acto sexual alentador y tierno.

Al comunicar su interés, aprecio y pasión a Brian, éste comenzó a confiar en el deseo de Brenda y reaccionó con creciente entusiasmo. Durante varios meses su vida sexual llegó a ser mejor de lo que ambos habían imaginado que pudiera ser, con un gran nivel de inventiva. Ahora, Brenda afirma: "Puedo estar en el trabajo, en mitad de una reunión, y recordar de pronto lo que hicimos en la cama la noche anterior y sentir un escalofrío. Estamos probando cosas nuevas, no sólo poses, sino distintas modalidades, estilos y actitudes; incluso llegamos a actuar algunas de nuestras fantasías."

La vida sexual revitalizada de Brenda y Brian ha tenido un efecto delicioso e inesperado en el resto de su matrimonio. Han vuelto a descubrir un sentido de la travesura, del humor y de la vida que ha aumentado su alegría de estar juntos.

Estimular el deseo en los hombres

No hay nada que anule el deseo sexual y romántico en un hombre con mayor rapidez o rigor que la ansiedad por el desempeño. La mujer que es excesivamente gráfica y explícita al describir lo que desea sexualmente, o que resulta demasiado agresiva al iniciar el contacto sexual con un hombre, puede correr el riesgo de crear ansiedad en lugar de pasión. Los hombres se ven atraídos hacia las mujeres que expresan interés y receptividad, pero, al mismo tiempo, tienen cierta necesidad de no perder el control. Los hombres necesitan experimentar una sensación de serenidad y confianza, y a menudo la encuentran cuando dan ese primer paso.

El hecho de crear esa serenidad en un hombre está relacionado con la capacidad de advertir los momentos oportunos y las presiones y exigencias específicas. Los hombres no dicen que necesitan esa capacidad, pues no tienen plena conciencia de esa necesidad o bien les avergüenza admitirla.

Resulta obvio que no hay nada malo en que una mujer sea atrevida o segura de sí. Usted tiene todo el derecho de expresarse y buscar lo que desea. Sin embargo, el problema estriba en que puede haber ciertas consecuencias negativas si se pasa por alto la posibilidad de que un hombre pueda tener dudas acerca de su desempeño. Recuerde que, para los hombres, la serenidad es un requisito esencial para lograr una erección, y que siempre precede a un estado de excitación sexual. Si bien usted no es responsable por el estado anímico de su pareja, su sensibilidad a esos estados se verá recompensada.

¿Cuándo se excitan los hombres? ¿Por qué ocurre en momentos aparentemente insólitos? ¿Alguna vez le ocurrió que estuviera usted ocupada y distraída y, de pronto, su hombre se pusiera cariñoso? Basta que una mujer esté vistiéndose, leyendo u ocupada en alguna otra actividad para que, de pronto, como si hubiese sonado una especie de alarma, el hombre se acerque a ella en forma táctil y sexual. ¿Le suena conocido? No, él no está haciendo todo lo posible por fastidiarla. Se trata, más bien, de que percibe la falta momentánea de interés en la mujer, lo cual crea un clima en el cual él se siente cómodo pues está en control mientras trata de seducirla.

Por el contrario, si a un hombre se le da demasiado sexo durante demasiado tiempo, poco a poco tenderá a volverse complaciente, perderá el contacto con sus sentimientos de pasión, e incluso tomará por seguro el deseo de su mujer. No es que no aprecie o no valore ese acto de amor, sino que, cuando recibe demasiado, el hombre pierde la excitación que aquél implica y, simplemente, lo da por sentado.

El antídoto para este estado neutro requiere un curso específico de acción reparadora. Y es ahí donde muchas mujeres cometen un error fundamental. Se acercan al hombre en forma demasiado agresiva en lugar de comportarse en una forma que haga que él se acerque a ellas.

Las mujeres que tienen relaciones sexuales ricas y gratificantes con los hombres comprenden la necesidad de ser totalmente constantes con ellos. Por desgracia, "querer" o "anhelar" es un sentimiento mucho más intenso que "tener", y a los hombres hay que ponerlos en contacto, cada tanto, con esos sentimientos a fin de despertar su pasión.

No tema crear un poco de suspenso e intriga. No acceda a todos sus caprichos ni trate de complacerlo todo el tiempo. Esto llega a aburrir a los hombres. No esté siempre disponible. Deje que, de vez en cuando, tenga dudas acerca de su amor y su deseo por él. Esto no pondrá en peligro su relación, sino que hará que su hombre se muestre más respetuoso, atento e interesado. No sea demasiado romántica ni insista en que él lo sea: es la manera más rápida de matar el romanticismo en un hombre. Usted podrá recibir las flores, pero no los sentimientos. Recuerde que, al crear recordatorios de su identidad y sus deseos separados, mantendrá el espacio psicológico que motivará a su pareja a acercarse a usted.

Algunas de ustedes estarán diciendo: "Bueno, todo esto parece un juego y no quiero tener qué hacer eso." Están en lo cierto: *es* un juego, y cuando se lo juega con sensibilidad, es delicioso tanto para los hombres como para las mujeres. Pero la palabra "juego" no implica manipulación. Cuando la comprensión, el compañerismo y la amistad son dimensiones de una relación que no implican estrategia, la pasión es y siempre ha sido un juego. Para despertar y conservar el romanticismo de un hombre, usted debe entender cómo funcionan los hombres y estar dispuesta a poner en práctica sus conocimientos. Puede optar por no participar en este juego, pero se perderá mucho placer y satisfacción.

Las mujeres capaces de racionar periódicamente sus necesidades de romanticismo, y de aprender a lograr y a conservar niveles moderados de incertidumbre, distancia y tensión en un hombre, a la larga consiguen más de sus parejas. Los cambios sutiles de comportamiento harán que el hombre se vuelva más afectuoso, atento y apasionado.

La estimulación del deseo masculino no es un proceso verbal. No anuncie lo que está haciendo: sólo hágalo. El hecho de actuar con seguridad y audacia no constituye una amenaza para su relación de pareja, sino, más bien, un baile vivificante que da más vida a esa relación.

Convertirse en una persona sexual

En primer lugar, es necesario que usted adjudique a su sexualidad un sitio prominente y prioritario en su vida. Para experimentar pasión y deseo tiene que aprender a hacer a un lado las preocupaciones y los problemas cotidianos.

La sexualidad tiene que ser una fuente de verdadero placer para usted, no simplemente una manera de confirmar su valor personal, o de satisfacer las necesidades de su pareja para que no la abandone. Hay demasiados hombres y mujeres que ven su sexualidad sólo como una manera de reafirmar su amor o de asegurar la fidelidad de su pareja. Si bien tales preocupaciones son comprensibles, no se prestan para llevar a cabo actos que estimulen el deseo o las actitudes traviesas.

Usted necesita disfrutar el sexo, y debe comunicar a su pareja ese goce. Si bien es verdad que los hombres pueden mostrarse cautos con las mujeres que son demasiado agresivas, en general desean a las que son apasionadas y sexuales. Pregúntese si en verdad le agrada el sexo, o si hay áreas sutiles de incomodidad o desinterés sexual. Busque en su interior y póngase en contacto con los diversos aspectos de su sexualidad única. Con frecuencia, el simple hecho de reconocer áreas de timidez o incomodidad le permitirá experimentar y vencer tales inhibiciones.

¿Qué hay acerca del momento adecuado para los "preludios" sexuales? Ni los hombres ni las mujeres están siempre de ánimo. Así como a usted puede fastidiarle que su pareja se le acerque con intenciones sexuales cuando está ocupada, él puede sentir lo mismo en una situación inversa. Lamentablemente, muchas parejas permiten que la logística y las exigencias de la vida diaria dominen su tiempo, y piensan en el sexo sólo cuando ya se han ocupado de todo lo demás. Es precisamente el momento en que están más cansados. Las mujeres reaccionan mejor al sexo cuando están relajadas, al igual que los hombres. Y, como las mujeres, ellos también quieren cierta anticipación, cierto juego de seducción. Podrán no decir que lo desean, pero es lo que da resultado.

¿Cómo averiguamos lo que le gusta a nuestra pareja sexualmente? Las parejas tienden a caer en rutinas sexuales previsibles y en suposiciones fatigadas. Con demasiada frecuencia, tanto los hombres como las mujeres hacen lo que les parece sexy y seductor, en lugar de averiguar, mediante un método de tanteo, qué es lo que realmente excita a su pareja. ¿Sabe usted lo que siente su compañero y lo que le agrada? ¿Es observadora y sensible a lo que él disfruta? ¿Le hace saber con palabras o con lenguaje corporal qué cosas estimulan la pasión en usted, o cae en la trampa de pensar que él debería poder leerle la mente?

Cómo reaccionan los hombres al romanticismo

Imagine, por un momento, un argumento conocido. Un hombre y una mujer se conocen. Ambos sienten un gran interés y una intensa atracción. El da el primer paso y comienza a perseguirla. Si bien teme revelar demasiado pronto su deseo por ella, le lleva flores el primer día que pasan juntos, de picnic en el campo.

La llama por teléfono casi todos los días y deja en claro que desea pasar mucho tiempo con ella. Trata de no llamarla con demasiada frecuencia y de no dar la impresión de necesitarla demasiado, para no arriesgarse a alejarla con tanto interés. Se pone de mal humor cuando está en casa de ella y alguien la llama por teléfono; al verla conversar en forma alegre y animada, está seguro de que habla con otro hombre. Se siente ligeramente celoso, posesivo y, lo sabe, eso es inapropiado. No puede evitarlo: la desea e insiste, decidido a ganar su amor.

Tal vez él no lo vea con claridad, debido a su propia inseguridad, pero ella también empieza a cobrar afecto por él. Para ella, la ligera torpeza y los indicios de timidez e inseguridad que él demuestra son adorables y refrescantes. Le encantan sus caminatas por la playa al caer el sol, las cenas íntimas que él prepara y todos esos gestos dulces y cautivantes que le demuestran que la quiere.

Finalmente, le dice que ella también lo quiere. Susurra "te quiero" por primera vez en un momento especialmente apasionado, mientras hacen el amor. Al día siguiente, durante el desayuno, le dice que la noche anterior hablaba en serio: "Te quiero." Sin embargo, en lugar de hacerlo feliz, esto marca el comienzo de lo que parece un lento alejamiento por parte de él.

Tal como hemos explicado antes, la ocasión en que un hombre siente un deseo romántico y lo expresa más abiertamente es cuando está activo en su lucha por capturar el corazón de una mujer: cuando trata de llevarla hacia el extremo del apego. Mientras ella se muestre distante, él insistirá: lo que motiva su persecución es el deseo de asegurar el vínculo que los unirá. Luego, ella admite su amor en el punto máximo de la persecución. Cree que su compromiso y lo que éste representa, provocarán en el hombre una pasión y un deseo mayores aún. Pero es precisamente en ese momento cuando el fervor romántico del

237

hombre puede empezar a disminuir. Por extraño que parezca, puede cesar el mismo comportamiento que ganó el amor de ella. ¿Por qué?

Cuando una mujer afirma su amor, cierra la distancia que hay entre ella y el hombre. El siente que ha ganado su amor: están unidos, vinculados. Se siente aliviado y seguro. Su persecución romántica ha tenido éxito y ya no siente necesidad de ganar el amor de esa mujer: ella ha confirmado que lo ha ganado. El parece tomar ese amor por seguro, lo cual la confunde, la decepciona y la enfurece, pues piensa que aquella conducta romántica no sólo debería continuar sino, además, alcanzar nuevos niveles de intensidad, puesto que ella está ahora tan dispuesta y ansiosa por brindarse a él.

A esta altura, es probable que usted se esté preguntando: "Entonces, ¿qué hay de la pasión romántica perdurable en un hombre? ¿Hay esperanzas, o simplemente debemos disfrutar esas primeras semanas o esos primeros meses y luego resignarnos a una unión desprovista de esos sentimientos mágicos del amor romántico?" No sólo hay esperanza, sino que, en muchos aspectos, los hombres son mucho más previsibles y más receptivos a las influencias de lo que usted tal vez imagine. El secreto reside en entender a los hombres y en estar dispuesta a convertir ese conocimiento en acción.

Recuerde que, para una mujer, el romanticismo y la expresión de las pasiones a menudo van de la mano con el hecho de confiar en un hombre y de sentirse cerca de él. Es en esas condiciones cuando la mujer siente menos tensión psicológica, lo cual la libera y la tranquiliza. Los hombres funcionan según una dinámica diferente. Sus sentimientos de pasión romántica están unidos, en cierto nivel, a los tentadores efectos de la incertidumbre con respecto a si ella lo quiere de verdad.

Según recordará usted de nuestra exposición del Factor Polaridad y de cómo éste explica la conducta masculina en las relaciones de pareja, la atención más activa de un hombre se observa cuando se acerca a la mujer y trata de

238

iniciar un vínculo con ella. A medida que se le aproxima cada vez más y obtiene una mayor seguridad de su amor, la persecución comienza a hacerse más lenta.

Lo que queremos decir es que los hombres reaccionan en forma positiva a cantidades ilimitadas de confianza, amistad, comprensión y compañerismo, pero toleran el romanticismo sólo en forma esporádica. Se sienten incómodos ante las expresiones románticas cuando son demasiado frecuentes o intensas. Es como si se saciaran. Sin embargo, tras un período sin romanticismo, surge en ellos un anhelo que revive su interés en él.

¿Estamos sugiriendo, acaso, que usted debe manipular y hacerse rogar para despertar una mayor pasión en su pareja? No. Simplemente, queremos que comprenda cómo son los hombres en realidad, y que un poco de distancia es conveniente para la relación. Cuando, de vez en cuando, usted desee hacer cosas sin su pareja, no se preocupe por el efecto que tendrá en él el hecho de que usted no esté disponible. Además de ocuparse de sus propias necesidades y deseos, logrará, como beneficio adicional, una mayor probabilidad de estimular en él una conducta romántica.

La pasión por la vida

Tal vez usted crea que la capacidad de ser apasionado es un rasgo personal que nace con uno o no. El hecho es que la pasión se puede aprender. No es algo en y por sí misma; es una expresión más plena de las emociones que todos poseemos. Todos somos capaces de sentir pasión y de tener reacciones apasionadas ante el mundo que nos rodea.

Todos somos capaces de sentirnos vivos, lo cual es, desde luego, la esencia de la pasión. Es experimentar sin inhibiciones y expresar nuestros sentimientos en su mayor intensidad. Tal como hemos señalado, las emociones que la pasión engendra se originan en la niñez. Los individuos apasionados son aquellos que, o bien no permitieron que las prohibiciones adultas los limitaran demasiado, o que han evaluado las maneras en que han estado restringidos y han optado por hacer algo al respecto.

El espíritu libre

Laura y Max llevan siete años de casados. Max, de treinta y cinco años, es dentista. Laura, de treinta y tres, es enfermera diplomada y hace años que trabaja en medicina nuclear. Tenían un buen matrimonio y un reducido círculo de amigos, en su mayoría vecinos o personas a quienes conocían en el trabajo. Les había agradado renovar la vieja casa que habían comprado y estaban ansiosos por tomar sus vacaciones, en las cuales cargarían con su equipo de campamento en el automóvil y se dirigirían a un parque nacional en el que nunca habían estado.

Sin embargo, hace dos años, Laura empezó a sentirse estancada, tanto en su trabajo como en su vida en general. Apenas salió de la universidad, pasó directamente al curso de graduados, y de allí a trabajar. Siempre se había esforzado mucho por sus estudios, ansiosa por tener una buena carrera y una base económica firme. Durante años había trabajado en horarios largos y difíciles en el hospital, con el típico sistema de turnos rotativos, lo cual le impedía tomar clases o incorporarse a algún grupo en su tiempo libre. Comenzó a hallarse inquieta por probar cosas nuevas, por tener una vida que abarcara más que su trabajo y su matrimonio. Decidió arriesgarse.

Con el aliento de su esposo, Laura redujo su horario de trabajo a dos días por semana, y pasó a un proyecto de investigación que le garantizaba tener siempre el turno tarde. Ahora, Laura trata de hallar su pasión por la vida. Se encuentra en una etapa de cambio y no sabe muy bien en qué dirección va, pero esa búsqueda le ha dado energías en lugar de deprimirla. Dado que siempre le interesó el arte, está trabajando en varios proyectos: escribe e ilustra un libro infantil, diseña muebles e investiga varias ideas para emprender un negocio por cuenta propia.

A esta altura, Laura está experimentando e investigando: se está tomando vacaciones de sus muchos años de actividades orientadas a percibir ingresos y a su desarrollo personal. "A menudo tengo que recordarme que no necesito ponerme a prueba ni emprender una nueva carrera de inmediato. A veces me preocupa ser sólo una aficionada por ahora, pero no me molesta mucho. De hecho, mis días son maravillosamente excitantes. He conocido a mucha gente nueva e interesante, que me da energías constantemente."

El nuevo gusto de Laura por la vida ha sido contagioso. Dice su esposo: "La pasión y el entusiasmo de Laura, su voluntad de intentar cosas nuevas y de arriesgarse, ha abierto nuestra vida de una manera increíble. Siempre trae a casa a personas muy interesantes para cenar. Nos hemos vuelto activos en lo artístico: vamos a exposiciones, coleccionamos piezas de arte en pequeña escala y tenemos un nuevo círculo de amigos sumamente estimulante.

"Nuestro hogar siempre está lleno de gente, música e ideas. Es un ambiente muy abierto y alentador para todos nosotros. La vitalidad y el carácter imprevisible de Laura hacen que sea un continuo e intrigante desafío para mí."

Volverse una persona apasionada

Hay dos motivos por los cuales escondemos la pasión y el deseo. El primero tiene que ver con la vulnerabilidad. Nuestros sentimientos son privados, mientras que nuestras palabras y nuestra conducta están expuestas al público. Cuando nos abrimos emocionalmente, podemos sentirnos desnudos, incluso expuestos de una manera peligrosa. Si nos preocupa que nuestra pareja nos "vea", podemos ocultar nuestra pasión para evitar sentirnos tan vulnerables.

El segundo motivo por el cual ocultamos la pasión y el deseo se relaciona con la intensidad. Hay personas que interpretan como peligrosos los altos niveles de intensidad emocional, mientras que los sentimientos son positivos o negativos. Todos tenemos zonas de comodidad que definen qué tipo de emociones son aceptables y cuáles no lo son. Cualquier cosa que esté fuera de nuestra zona de comodidad puede, en algunos casos, despertar angustia y temor a perder el control. La solución consiste en apagar y esconder la pasión, pues tales sentimientos provocan, por lo general, una sensación de peligro.

Si hay dificultades en una relación, la pasión es lo primero que se desvanece y lo último que se recupera, aun después de solucionarse el problema. Más específicamente, podemos esconder la pasión cuando:

Estamos dolidos.
Estamos decepcionados.
Nos sentimos disgustados y deseamos castigar.
Acumulamos resentimiento sin expresarlo.
No confiamos en el amor de nuestra pareja.
No estamos seguros de nuestro poder de atracción para con nuestra pareja.
Nos sentimos culpables.
Estamos angustiados e inseguros de nosotros mismos y, por consiguiente, no estamos relajados.

Estos sentimientos pueden tener un efecto acumulativo que, a la larga, erosiona la comodidad y la confianza en una relación. ¿Cómo podemos aprender, entonces, a reconocer y a desprendernos de estas fuerzas destructivas? He aquí algunas sugerencias.

DESPRENDERSE DE LAS VIEJAS ACTITUDES

Algunas personas llevan consigo actitudes, en su mayoría inconscientes, a sus relaciones actuales. Estas actitudes matizan vívidamente sus interacciones íntimas con los demás y establecen los límites de la pasión en la relación. Por ejemplo, si en su niñez usted no se sentía cómoda al expresar furia y la asociaba con la pérdida del control, es probable que le resulte difícil revelar a su pareja emociones negativas.

Las viejas actitudes relacionadas con el sexo también afectan la manera en que se expresan las pasiones. ¿En el pasado el sexo era sucio, malo o inapropiado? En ese caso, es probable que haya vestigios de esos sentimientos que aún pueden estar en acción. ¿Le enseñaron que, si le gustaba mucho el sexo, usted podía ser "hipersexual"? ¿O que está mal alentar sexualmente a un hombre de cualquier manera porque, en ese caso, usted es responsable por la excitación de él y debe llegar hasta el final? Quizá le hayan hecho creer que las mujeres "normales" tienen muchos orgasmos con facilidad, o que las mujeres "apasionadas" siempre están de ánimo para hacerlo, a pesar de la fatiga, de los hijos o de otras ocupaciones.

Analice sus viejos conceptos y vea de qué manera influyen en su comodidad con la expresión de las pasiones. Reconozca que algunos de ellos pueden ser anacrónicos y totalmente desconectados de la persona que es usted en la actualidad, y de lo que siente ahora.

LIBERAR EL RESENTIMIENTO

La ira no expresada siempre restringe la pasión. Una buena regla empírica es que, en caso de existir una buena razón, el enfado resulta positivo. Defienda su punto de vistas; saque sus sentimientos a la luz e insista hasta que se resuelva. Si la ira proviene del pasado, trate de ponerle fin.

Si está relacionada con una situación actual, exprese sus sentimientos con claridad y busque alguna solución específica al problema.

Si el fastidio o la irritación no son lo suficientemente importantes como para enfadarse, olvídelos. Liberar la ira no es una salida cobarde, pues en toda relación hay innumerables conflictos menores que, simplemente, debemos aprender a pasar por alto, pues no hay nada constructivo que podamos hacer al respecto. Seguir disgustados por esas pequeñeces es destructivo y contraproducente, pues sólo nos hace sentir menos vivos y menos afectuosos para con nuestra pareja.

AUMENTAR LA AUTOESTIMA

Todos ocultamos aspectos de nuestra personalidad que nos parecen peligrosos, y exponemos aquellos que creemos inofensivos y que serán aceptados y aprobados. Trate de recordar alguna ocasión en que usted se haya juzgado de una manera en que creyó que su pareja también la juzgaría, aunque nunca lo haya comprobado con claridad. Estar más "viva" es, simplemente, ser más usted misma. Es demostrar más sus sentimientos, y en forma más directa. Es confiar en sus pensamientos y observaciones y expresarlos. En resumen, es dar por sentado que usted es digna de ser amada.

En primer lugar, ¿cómo se presenta usted a su pareja? ¿Se esconde, se disfraza? ¿Cuánto de usted le permite ver realmente? La mayoría de nosotros tenemos dudas y temores secretos acerca de nuestra capacidad de ser deseados sexualmente.

Cuando nos sentimos inhibidos o cohibidos, en general se debe a que no nos creemos suficientemente atractivos, libres o queribles. No deje que las dudas negativas acerca de su personalidad se conviertan en realidades. No se esconda tras la timidez o la cohibición. Cuando la gente se esconde tras la timidez, da una imagen de inexistencia o invisibilidad. El primer paso para vencer esta actitud consiste en permitirse sentir esa timidez. No tiene absolutamente nada de malo. Estar nerviosa e incómoda significa que está viva. Lo importante es decidirse a revelar y expresar otras emociones que, en general, se ocultan bajo ese manto de inhibición.

A fin de revelar más de su personalidad, usted debe revisar ciertas nociones relacionadas con la culpa y la vergüenza. Cada vez que probamos algo nuevo, como aprender a bailar o a jugar al tenis, nos sentimos tontos y torpes. Eso es natural. Del mismo modo, aprender a ser menos inhibidos y más expresivos y apasionados que antes implica la posibilidad de sentirnos tontos; pero eso está bien: nos estamos arriesgando. El hecho de no dejarse dominar por la inhibición la hará sentir más poderosa y más viva. Las mujeres que se sienten cómodas consigo mismas, que despiertan pasión y deseo en sus compañeros, son capaces de dejar que sus sentimientos emerjan relativamente sin censura.

Recuerde que para llegar a ser apasionado hay que pasar antes por un período en el cual se debe arriesgar a expresar sentimientos. No se es apasionado desde el comienzo; es una cualidad que pasa a ser parte de uno sólo tras la acción y la intención conscientes. Si usted actúa según su deseo de ser apasionada, llegará a sentirse así. Por ejemplo, si usted desea ser sexy con un hombre, es probable que al principio se sienta cohibida, igual que en cualquier otra nueva actividad o conducta. Confíe en que logrará salir de ese período de torpeza y, poco a poco, su comportamiento será cada vez más natural. Los sentimientos dictan nuestra conducta, pero nuestra conducta afecta también lo que sentimos. Los hombres reaccionan no sólo a lo que sienten las mujeres, sino también a su forma de actuar, y usted puede controlar su forma de actuar.

Algo que resulta sumamente útil para aprender a liberar nuevos sentimientos es la técnica de la visualización. Nadie puede hacer nada a menos que se visualice haciéndolo, y esto también se aplica a la intención de llegar a ser menos inhibido. Trate de imaginarse actuando de una manera más apasionada o sexual. Cierre los ojos e imagínelo. Arroje la cautela al viento. Imagínese diciendo y haciendo cosas que no son características de su forma habitual de conducirse. Al imaginarse y visualizarse menos inhibida y menos restringida, se preparará para ser así con su pareja.

La mujer que despierta pasión y deseo en un hombre obtiene enormes recompensas. Nos hemos concentrado en lo que usted puede hacer para estimular a un hombre e influir en él, pero el proceso recíproco que desatan sus acciones es igualmente enriquecedor. El hombre que se siente estimulado de esta manera, no sólo se verá atraído y formará un vínculo estrecho con usted, sino que además será más afectuoso, más romántico, y se sentirá más cómodo al hacerlo recíproco.

CAPITULO 11

Profundizar el amor
por medio de la amistad

Michael, de treinta y tres años, describe una experiencia que le permitió entender lo que realmente necesitaba en una mujer.

"Cuando mi esposa me dejó, estuve furioso y desconsolado los primeros meses. Después volví a ponerme de pie, a salir, e incluso a divertirme un poco. Seis meses después de la separación, fui de vacaciones a Europa, solo. En Roma, visité el Vaticano para ver la obra de Miguel Angel en el cielorraso de la Capilla Sixtina. Al mirar aquella majestuosa obra de arte, de pronto me invadió la soledad más profunda que había conocido. Recordé cuánto habíamos deseado recorrer Europa mi ex esposa y yo, y lo mucho que nos gustaba ir juntos a los museos.

El resto de mis vacaciones fue bastante deprimente. Constantemente me acosaba la comprensión de que había perdido a mi mejor amiga. Podía soportar haberla perdido como pareja, aunque mi ego se había resentido. Pero la pérdida de aquella amistad tan especial era insoportable."

Si usted oyó alguna vez a un hombre o a una mujer

expresar el sentimiento de que su pareja es su "mejor amigo", sabe, por la forma en que lo dicen, lo afortunados que se sienten. Si bien algunas personas creen que el mayor éxito en una relación se alcanza con la pasión y el romanticismo, otras se consideran dichosas cuando encuentran a alguien que es, además, su amigo y compañero, y esto se da especialmente en los hombres.

Antes de la revolución sexual, la idea de que hombres y mujeres fueran verdaderos amigos en el contexto del matrimonio se consideraba improbable, dada la marcada diferencia de sus roles y las complejas tensiones colectivamente conocidas como "batalla de los sexos". Era como si ese sencillo vínculo no pudiera coexistir con las interdependencias económicas, familiares y sexuales.

Como consecuencia del movimiento feminista, los hombres, las mujeres y la sociedad toda han cambiado en gran medida. En la actualidad, hombres y mujeres se parecen mucho más: ambos salen al mundo laboral. Los hombres participan más en las responsabilidades domésticas y en la crianza de los hijos. Por otra parte, tras mucho análisis y experimentación acerca de lo que es femenino y lo que es masculino, ambos se sienten más cómodos al expresar tanto el aspecto masculino como el femenino de su personalidad.

A esta altura, tanto los hombres como las mujeres se hallan en lo que es, sin duda alguna, una continua evolución de conducta y roles sexuales, y comprenden, aceptan y aprecian más las diferencias innatas entre los sexos. Tras un largo período de desconfianza, tensiones y enemistad, seguido de un cambio excitante y positivo, hemos ingresado en una nueva era de igualdad y respeto. Gracias a esta tregua, quizá por primera vez en la historia, hombres y mujeres están explorando cómo es estar unidos en una forma no sexual.

Este movimiento hacia la reconciliación y las relaciones platónicas se ha acelerado por el fin de la revolución sexual y, asimismo, por inquietudes relacionadas con la salud. Hombres y mujeres que, de haberse conocido en

1968 o en 1975, probablemente habrían tenido relaciones sexuales sin mayor trascendencia, en la actualidad tienden a pasar el tiempo juntos como amigos platónicos. Si bien es probable que algunos echen de menos aquella vertiginosa época de prosmiscuidad sexual, esta disminución del énfasis en el sexo ha servido, en realidad, para crear nuevas oportunidades de amistad entre los sexos.

Otro factor que ayuda a hombres y mujeres a explorar la posibilidad de una amistad genuina es que la definición de los roles sexuales se ha vuelto menos rigurosa. Cuanto más semejantes son nuestras ambiciones, luchas y experiencias, mayor es la probabilidad de que podamos relacionarnos más como lo hacemos con amigos de nuestro mismo sexo. Las diferencias pueden facilitar la atracción, pero las similitudes tienden a darnos más confianza y, lo que es más importante, nos hacen mutuamente más interesantes. Cuando descubrimos que tenemos mucho en común con alguien, ese descubrimiento nos llena de regocijo y nos da deseos de compartir el tiempo con esa persona.

Nosotros apoyamos el vínculo gratificante y perdurable de la amistad entre hombres y mujeres, y no aprobamos tanto la intensidad romántica fugaz que tiene más que ver con la fantasía que con la realidad. Recuerde las tres etapas del amor: en el transcurso de una relación rica y madura, el romanticismo y la infatuación evolucionan hasta convertirse en un estado de compañerismo más duradero y, para muchos, más satisfactorio. No es que la pasión pase a ser nada más que un recuerdo; la pasión puede y debe ser reavivada continuamente. Pero la amistad es esencial y fundamental. Crea la experiencia de ser espíritus afines. Es, en efecto, uno de los vínculos más fuertes, especialmente para los hombres.

La naturaleza de la amistad

El psicólogo Erich Fromm ha expresado: "La necesidad más profunda del hombre es la de vencer su propia individualidad." La amistad está orientada a lograr eso. Constituye el antídoto para el dilema humano que todos enfrentamos en algún momento de nuestra vida: la soledad. Como usted seguramente sabe, el hecho de casarse o de estar en una relación no significa que uno nunca se sentirá solo. La amistad sí logra disminuir nuestra individualidad. Sin embargo, es más que un alivio pasajero de la soledad: sus recompensas están entre las mejores que podamos experimentar.

Todas las amistades comparten ciertas cualidades. En primer lugar, hay una sensación de confianza. Sabemos que la otra persona nos quiere, nos aprecia por lo que somos y por lo que le aportamos. Se comparten principios e intereses comunes. Hay buena voluntad y fidelidad mutua: confiamos en que la otra persona vela por nuestros intereses, no nos traicionará y es un aliado leal.

A medida que la amistad perdura, se fortalece con el conocimiento de que hemos invertido tanto y nos hemos visto recompensados. Se siente alegría por la historia compartida, por las reminiscencias nostálgicas de nuestras experiencias en común. El futuro también forma parte de cada amistad: planes, sueños, expectativas, y el consuelo de saber que nuestro amigo estará con nosotros para compartirlos.

En la niñez y en la adolescencia nos resulta más fácil establecer amistades que cuando somos adultos. Las niñas, en especial, forman vínculos estrechos con otras niñas: se prestan la ropa, piden a sus madres que les compren atuendos iguales y usan anillos de la amistad. Los varones también forman relaciones con otros niños de su mismo sexo que pasan a ser sus compañeros y compinches.

La expresión "mi mejor amigo" o "mi mejor amiga" se origina en la niñez y conlleva un significado especial.

Lamentablemente, cuando crecemos, nuestra habilidad para establecer estas relaciones tan importantes no es tan consumada. Muchos adultos tienen suficiente sensatez como para conservar a sus viejos amigos, pero les cuesta mucho hacer nuevas amistades. A medida que envejecemos, desarrollamos, por desgracia, más falso orgullo. Perdemos de vista las invitaciones sencillas que podíamos hacer cuando niños: "¿Quieres jugar conmigo?" Nos volvemos más cautos, menos receptivos, a pesar de que nuestra necesidad de esos vínculos no ha disminuido. Es como si no debiéramos necesitarlos más.

En nuestro ejercicio de la terapia nos enfrentamos a esa clase de falso orgullo casi a diario. Hombres y mujeres que no tienen dificultades en las demás áreas de su vida se vuelven torpes cuando se trata de buscar una relación con otras personas. En el fondo, creen en aquella vieja noción escolar de que la gente agradable no necesita buscar amigos, que, simplemente, los consigue sin esfuerzo. ¡Ojalá fuera así!

En la edad adulta, la mayoría de nosotros logramos, de vez en cuando, exponernos lo suficiente para hacer nuevas amistades. A diferencia de los niños, aprendemos las complejidades además de los beneficios de la relación. De los amigos adultos se espera que se exijan mutuamente en los tiempos difíciles. Entonces los necesitamos. Con su presencia, nos hacen saber que nos quieren. Siempre saben cuándo estamos sufriendo, a menudo sin más indicio que el tono de nuestra voz.

Todos necesitamos apoyo, y los amigos cercanos nos lo proporcionan. Para una mujer, la expresión: "Ella está ahí para escucharme", captura la sensación de que puede confiar en su amiga, pase lo que pase. Los hombres emplean el término "un tipo derecho" para referirse a un amigo que nos los decepcionará, con quien pueden contar cuando lo necesiten.

Las amistades pueden volverse inestables. Podemos discutir, ofendernos, decepcionarnos, disgustarnos, incluso pasar por períodos de distanciamiento debido a otras ocupaciones. Sin embargo, siempre tenemos la sensación de que un día volveremos a estar en contacto pues, de no ser así, perdemos demasiado. En efecto, con el correr del tiempo se acrecienta el valor de las amistades duraderas. Tomamos plena conciencia de que es demasiado tarde para desarrollar los vínculos profundos y reconfortantes que sólo se pueden formar mediante años, incluso décadas, de compartir las alegrías y las tristezas de la vida.

Esos años en común son la razón por la cual los amigos son capaces de ponernos en contacto con los momentos felices del pasado. En efecto, sólo con nuestros mejores amigos a menudo reencontramos al niño que llevamos adentro y hallamos maneras de volver a jugar.

La amistad entre novios o esposos es similar a otras clases de amistad, pero a menudo es más profunda y significativa debido a la mayor complejidad de la relación. Los cónyuges que son, a la vez, buenos amigos, tienen la capacidad de conjugar la sexualidad y la pasión con la ternura y el compañerismo.

Los hombres y el hecho de "abrirse"

A menudo se dice que a los hombres les cuesta "abrirse", ser verbalmente expresivos y mostrarse emocionalmente vulnerables. Como consecuencia de este estilo psicológico reservado, los hombres son más susceptibles a numerosas enfermedades relacionadas con el estrés. Se dice que son incapaces o reticentes para comunicarse abiertamente con sus esposas, o para establecer otra cosa que las relaciones más superficiales con amigos de su mismo sexo.

En cierta medida, esta imagen pesimista es acertada. Es verdad, lamentablemente, que los hombres no se vinculan con otros hombres con tanta frecuencia como les gustaría creer. Es cierto, también, que algunos hombres no tienen conversaciones íntimas tan a menudo con sus esposas. Y, por último, los hombres que rehúsan reconocer sus temores tienden a sufrir más de estrés que aquellos que son más abiertos con sus sentimientos. Sin embargo, a partir de nuestra observación directa de la conducta masculina contemporánea se ha advertido con claridad que la solución no es sencilla: no se trata, simplemente, de que los hombres deban "abrirse" más.

Por ejemplo, los hombres que se quejan de las angustias que les produce su carrera laboral sin desarrollar una capacidad específica para sobrellevarla, tienden a sufrir el estrés más aún. De hecho, las estrategias recomendadas para hacer frente al estrés laboral destacan la importancia de aprender a ser más "duro" y más efectivo, no más "blando" o más expresivo verbalmente.

Los hombres no tienen dificultades con la expresión de sentimientos en general. Lo que les cuesta es expresar algunos sentimientos: aquellos que revelan ternura o vulnerabilidad. Pueden ser apasionados y extremadamente abiertos aun con esos sentimientos, siempre que el contexto les parezca "heroico" en cierto sentido. Esa es la razón por la cual los atletas y los soldados pueden permitirse llorar abiertamente, pues sienten que están en un contexto "heroico" en el cual prevalecen las cuestiones de coraje y honor.

Las mujeres pueden creer que desean que los hombres expresaran el espectro entero de sus emociones. Sin embargo, nuestra experiencia con hombres, mujeres y parejas nos ha demostrado que lo que ellas desean, en realidad, es que los hombres fueran más abiertos y expresivos con ellas en lo relativo a la expresión de sentimientos de afecto, no a todo el espectro de sentimientos. Si el hombre se vuelve demasiado abierto, demasiado vulnerable, es probable que la mujer se desconcierte. La revelación de la vulnerabilidad y el dolor masculinos provocan ansiedad a la mayoría de las mujeres. Se sienten como si el hombre hubiese violado su confianza, quebrado un acuerdo tácito, revelado su debilidad y, peor aún, como si ella debiera solucionarlo. Las mujeres saben que no se puede tener en un mismo hombre tanto dinámica y expresividad emocional como conducta orientada a la acción. Es, en cierto modo, un trueque.

A los hombres no les interesa mucho ser emocionales y vulnerables como forma general de ser. Sin embargo, en la actualidad, muchos hombres empiezan a permitirse una actitud más reveladora y abierta, aunque en forma selectiva. Están percibiendo que se enriquecen al permitir que sus parejas conozcan sus pensamientos y sentimientos más íntimos y, al mismo tiempo, que sus hijos se benefician al ver a su padre como una persona de verdad y no como una figura bidimensional. Por otra parte, empiezan a aprender que, en el mundo laboral, los miedos que se guardan acumulados se vuelven tóxicos y perjudiciales.

Los hombres, en su mayoría, prefieren la acción a la expresión emocional. Esto no significa que seguirán siendo extraños reservados con las mujeres que los aman. Sin embargo, sí sugiere que ellas pueden ayudarlos a abrirse si entienden lo que eso significa para ellos. Las mujeres que entienden y aceptan las fuerzas que dictan las decisiones masculinas en relación con la expresividad son inmensamente valoradas por ellos.

La sexualidad como forma de disfrazar la intimidad emocional

Debido a que a los hombres aún les resulta difícil expresar sus emociones y sus necesidades en forma directa, pueden comunicarlas de una manera velada. Tradicionalmente, la sexualidad ha sido una manera de expresión masculina y, a la vez, un medio que les permite establecer contacto. Con mucha frecuencia, lo que se percibe como pasión, lujuria y sexualidad en los hombres es, en realidad, un intento de acercarse más a una mujer.

Antes de la revolución sexual, existía la firme creencia de que los hombres tenían un impulso sexual mucho más fuerte que las mujeres, y que eran esclavos de su incontrolable testosterona. La "obsesión" masculina por el sexo se explicaba como un hecho biológico, saludable y normal: simplemente, los hombres necesitaban más sexo que las mujeres. Ahora sabemos que no es así: en lo relativo a la libido, hombres y mujeres se parecen mucho más.

Por otra parte, aun en el pasado, el impulso sexual masculino no era lo que parecía ser. Muchos siglos atrás, el aparente apetito masculino de conquistas sexuales ocultaba un deseo más profundo, el de contacto físico y emocional: el de intimidad emocional. Los motivos se hallan en la manera en que los varones forman sus actitudes hacia la expresión emocional en la niñez. Si bien los niños lloran, tienen sentimientos tiernos y experimentan momentos en que se ven reducidos a una emoción incontrolable, a diferencia de las niñas, deben pagar un precio por esas expresiones: el de la vergüenza. A los varones se les enseña, desde temprana edad, a esconder sus emociones como parte del autocontrol y la reserva masculinos.

Las expresiones físicas de sentimientos también resultan más aceptables para las niñas. Al sentirse más cómodas con la intimidad emocional, ellas gozan de una mayor libertad para explorar y satisfacer sus necesidades de contacto físico y afecto. Los varones tienen las mismas necesidades de intimidad emocional pero, con la edad, los canales de expresión se vuelven más estrechos. Todas las madres han visto cómo sus hijos varones se apartan ante un beso afectuoso en la mejilla, por temor a que alguien los considere "bebés" o "mariquitas". Y muchos padres han sentido cómo sus hijos rehúyen un abrazo, para informarles de que "ya es grande para eso".

El contacto físico que recibe un niño en el contexto permisible y agresivo de los deportes o de las peleas puede ser, por consiguiente, el único que reciba durante años. ¡No es de extrañar que se entusiasme tanto al llegar a la edad de la experimentación sexual! El sexo afirma la masculinidad de los hombres y, al mismo tiempo, les permite satisfacer su sed de intimidad emocional. El estereotipado temor femenino de que "a él sólo le interesa mi cuerpo" es, con frecuencia, bastante acertado. La necesidad acumulada de afecto físico que tienen los hombres asume a menudo esa forma. Sin embargo, la sexualidad agresiva del hombre no necesariamente significa que todo lo que busca es sexo. A menudo, las expresiones de deseo sexual disfrazan un deseo de mayor intimidad emocional.

Si bien algunos hombres buscan en el sexo una manera de satisfacer sus necesidades de intimidad, otros temen la sed emocional y las necesidades de dependencia que pueden despertar durante el acto. Algunos llegan al extremo de evitar el sexo debido a esos temores, y otros se muestran súbitamente indiferentes hacia su pareja tras un acto sexual apasionado y altamente emocional. Este cambio abrupto sólo parece insensibilidad; en realidad, se trata de un intento de *no* sentir. Es una reacción provocada por emociones que son demasiado intensas y provocan incomodidad. Los hombres que se apartan de su pareja inmediatamente después de hacer el amor, no necesariamente son fríos o insensibles; es probable que estén tratando de ocultar o suprimir el conflicto interno que ha despertado en ellos la intimidad que acaban de experimentar.

Mark, de treinta y seis años, es alguien fuera de lo común en el sentido de que tiene gran conciencia de su torbellino interior. "Cada vez que tenía relaciones sexuales con una mujer, recibía quejas porque me dormía en seguida. Hace muy poco tiempo pude explicármelo. Cuando hago el amor, es realmente eso: siento ternura, deseo de complacer, incluso afecto. Es como si estuviera bien sentir todo eso en un momento tan apasionado, perder el control de mí mismo o, incluso, tener ganas de llorar. Pero después, la enormidad de lo que sentí es demasiada; tengo la sensación de que me veré obligado a casarme, como si un acto tan maravilloso exigiera nada menos que un compromiso. Por eso, mi manera de reaccionar a toda esa confusión de sentimientos es dormirme." No sería justo considerar insensible a Mark, aunque su conducta lo hace parecerlo. Se trata del Factor Polaridad: un exceso de intimidad es, para Mark, una señal de que debe retirarse hacia el otro extremo, el de la independencia.

Otros hombres que temen un apego intenso niegan ese temor entregándose a una conducta obsesiva de conquistas sexuales. Para estos hombres, la conquista sexual oculta, en el fondo, un deseo de intimidad emocional y de estar relacionado con una mujer. El apetito sexual aparentemente insaciable es, en realidad, un disfraz para un hombre sediento de amor.

Debido a que esta necesidad no se reconoce, jamás se admite ni se expresa, el llamado donjuán rara vez se siente amado o satisfecho. Por esa razón se siente tan vacío con su implacable conducta de seducir a una mujer tras otra y luego huir de ellas. Lo que el donjuán desea y necesita con desesperación es contacto emocional con una mujer, pero el temor que rodea a ese deseo es tan grande que no puede permitirse reconocerlo.

En general, el donjuán tuvo una madre que era incoherente con su afecto: a veces cariñosa, incluso seductora, y otras veces fría y distante. Debido a la combinación de anhelo y miedo que caracterizó la relación con su madre, las necesidades emocionales de un hombre así se ven asociadas con una intensa sensación de angustia, una amenaza palpable de peligro. Su anhelo de cariño y apego, provocado por la promesa incumplida de su madre, lo impulsa a desafiar esa amenaza de peligro y a buscar mujeres con frenesí. Como teme al hecho de permitirse amar plenamente y necesitar a una mujer, limita sus interacciones a la conquista sexual, pues le permite tener una aparente intimidad con una mujer sin llegar a la verdadera intimidad emocional.

Por fortuna, a medida que hombres y mujeres evolucionan, disminuye la necesidad de ocultar sentimientos humanos fundamentales como el deseo de afecto y de atención. Por otra parte, dado que los hombres tienen una mayor conciencia de las maneras en que su sexualidad puede esconder otras motivaciones, es más probable que busquen la amistad con una mujer en forma directa y franca.

Cómo reaccionan los hombres a la amistad

Los hombres y las mujeres presentan diferencias muy llamativas en cuanto a su manera de comportarse con sus amigos. La amistad femenina se caracteriza por el afecto físico y la expresividad emocional. Los vínculos masculinos son más indirectos. Las mujeres se llaman por teléfono sólo para charlar; los hombres se llaman para concertar actividades. Las mujeres comparten intimidades en sus conversaciones; los hombres comparten, más bien, información objetiva.

Sin embargo, el solo hecho de que las conversaciones masculinas se refieran a actividades esterotípicas como partidas de póquer, de tenis o excursiones de pesca no significa que no se establezca una comunicación significativa. Los hombres se comunican mediante una especie de lenguaje que puede parecer indirecto a las mujeres, pero que es revelador y comprensible para otros hombres. Por ejemplo, los hombres pueden hablar de preocupaciones, sueños, incluso aprensiones, en forma velada; se informan cómo les va en la vida o filosofan sobre ella. Su deseo de experimentar intimidad y de compartir está allí y lo están expresando, aunque algo disfrazado bajo la charla superficial o, incluso, bajo lo que parece ser cierto espíritu competitivo.

Sea cual fuere la cantidad de amigos de su mismo sexo que tenga, todo hombre, lo revele o no, desea una esposa que sea también su mejor amiga. Sin eso, hay una especie de soledad que, por familiar que parezca, conduce a un sufrimiento que demasiados hombres conocen. A pesar de los vínculos de hombre a hombre, que sirven, en parte, para comunicar sentimientos más profundos, hay muchos hombres que no participan en absoluto en esta forma de intimidad emocional ni tienen otros amigos cercanos, hombres o mujeres. Las encuestas efectuadas sobre esta cuestión indican que la mayoría de los hombres no tienen un amigo muy cercano o un mejor amigo.

Cuando están en problemas, los hombres no recurren, en general, a sus amigos del mismo sexo en la misma medida en que las mujeres recurren a sus amigas. En nuestro trabajo de terapeutas, a menudo vemos hombres cuyo matrimonio está en dificultades o que sufren del miedo al fracaso laboral y que no tienen a nadie con quien hablar, salvo a nosotros. Sin duda, usted debe de haber conocido a un hombre que esperó hasta el último minuto para contar a un amigo que su matrimonio se estaba destruyendo, mientras que las amigas de su esposa lo sabían desde mucho tiempo atrás. Comúnmente, se utiliza como excusa el miedo masculino a la competencia, pero la verdad es que la mayoría de los hombres no son tan competitivos en una amistad como la gente piensa.

Debido a sus inhibiciones y a su preocupación de no parecer débiles, para muchos hombres no basta estar vinculados con amigos de su mismo sexo. Desean una relación más íntima y de mayor confianza, en la cual puedan abrirse sin censura. Esto es lo que buscan con las mujeres.

Los hombres necesitan ser amigos de su pareja mucho más que las mujeres. Debido a que se retraen con los demás hombres, se acumula en ellos una inmensa sed emocional. Para los hombres que se han divorciado o han quedado viudos, la soledad puede ser insoportable, y por eso esos hombres a menudo vuelven a casarse en cuanto pueden. Desean recuperar la amistad que perdieron.

Los hombres reaccionan a la verdadera amistad con gratitud y lealtad. Se sienten más cerca, menos solos, más confiados. Sienten que tienen una compañera de vida, alguien que está a su lado compartiendo las aventuras de la vida. Una mujer que comprenda esto puede llegar a ser la amiga del alma de un hombre, alguien que lo conozca y lo entienda.

La compinche

Stuart, de treinta años, había tenido una sola relación relativamente prolongada: había durado un año. Desde entonces, había salido con una cantidad de mujeres pero sin mayor trascendencia. Si bien Stuart decía sentirse listo para casarse y deseaba tener hijos, tenía la costumbre de elegir a las mujeres principalmente por su aspecto. Le agradaban las mujeres altas, delgadas y muy atractivas a quienes, invariablemente, dejaba de llamar luego de pocas citas porque le parecían egocéntricas o superficiales.

Un día, en terapia, anunció: "He encontrado a la mujer con quien voy a casarme... si me acepta." En lugar de describir sus piernas y su cabello, y lo bonita y sexy que era, como lo hacía comúnmente, Stuart dijo: "¡Me hace sentir que he encontrado a mi mejor amiga!"

Nikki y Stuart se habían conocido en un paseo en bicicleta de todo un día, patrocinado por una revista de ciclismo. Mientras subían juntos una colina empinada, bromearon por la difícil pendiente y comenzaron a conversar. En el almuerzo, se sentaron en la misma mesa. "Dijera lo que dijera yo, Nikki me seguía la conversación de inmediato. Hablamos de bicicletas, de paseos a los que habíamos ido, de lugares adonde queríamos ir de vacaciones; incluso habíamos leído los mismos libros y coincidíamos en lo que nos gustaba y nos disgustaba de ellos. El día siguiente, por la tarde, me llevó a un festival de música. Es fácil estar con ella. Simplemente, pasamos el tiempo juntos, como compinches."

Ahora, siete meses más tarde, Stuart y Nikki tienen una relación estrecha. Si bien él ha mencionado un par de problemas –no le agrada mucho la compañera de cuarto de Nikki, y ella le ha pedido que la llame a las horas que prometió hacerlo, lo cual ahora hace–, tiene esperanza de que continuarán juntos y, a la larga, se casarán. Lo que Stuart encontró en Nikki es una compinche, una amiga, una mujer que disfruta las mismas actividades que a él le gustan y que puede ser su amiga sin conflictos ni luchas por el poder entre ambos sexos.

Debido a la vieja costumbre de Stuart de elegir a mujeres altas, delgadas y muy bonitas, le preguntamos cómo era Nikki, y nos mostró una fotografía que habían tomado en una de sus excursiones a las montañas. Tiene un rostro amigable y abierto y es atractiva, pero no bonita en el sentido clásico. De baja estatura, tiene piernas cortas y musculosas y es todo lo contrario de su tipo anterior de mujer.

Descubrir lo que realmente atrae a los hombres. La razón por la cual mencionamos el aspecto de Nikki es porque creemos que este caso ilustra vívidamente nuestra creencia de que la actitud, la personalidad y la conducta de una mujer, y la reacción emocional que éstas provocan en un hombre, son más influyentes que su aspecto en la determinación de la atracción y la vinculación con un hombre, por definido que sea el tipo femenino que el hombre parece preferir. La sensación cálida y reconfortante de amistad que Stuart tiene con Nikki es lo que lo ha cautivado y le ha dado deseos de casarse con ella.

Bonnie también es una compinche. Hoy, Ray la considera una compañera afectuosa y confiable. Pero esta impresión dista mucho de la original.

"Cuando entré y oí cómo tú y tus amigas criticaban a

los hombres, diciendo lo imbéciles y lo incompletos que éramos, supe que no funcionaríamos como pareja. Yo necesito a una mujer que sea mi amiga; es obvio que no somos el uno para el otro."

Ray se hallaba en otra habitación, en una fiesta, y al entrar a la cocina oyó a Bonnie y a sus amigas hablar de los hombres. Cuando, de regreso a casa, él le dijo que quería separarse, y le explicó por qué, Bonnie trató de reír de sus comentarios sin darles importancia. "Vamos, así es como hablan las mujeres. De todos modos, no soy tu compinche sino tu novia."

La sorprendió la furia que desató en Ray ese último comentario. "¡Ese es precisamente el problema, Bonnie! Y estoy harto de la actuación romántica que haces conmigo. ¡Guarda la lencería y la champaña para algún sujeto que sea lo suficientemente retrógrado para desear eso constantemente!"

Enfurecida por lo que Ray le había dicho, Bonnie bajó del automóvil y cerró la portezuela de un golpe en cuanto se detuvieron frente a su casa. "¡Y ojalá encuentres una compinche que te acompañe a pescar y te haga feliz! ¡Qué pena que no puedas casarte con Ernest Hemingway!"

Bonnie tenía treinta y cinco años y trabajaba como vendedora externa para una empresa. En su trabajo, era sumamente competitiva y agresiva. Durante su horario laboral, se vestía con sobriedad y actuaba como una profesional consumada en los negocios, decidida a superar a los hombres en un área muy dominada por ellos. Fuera del trabajo, se convertía en otra persona. Se quitaba sus trajes profesionales y usaba vestidos seductores y tacos altos. Cambiaba también su personalidad de profesional eficiente y adoptaba una actitud seductora.

Se jactaba de poder atraer a casi cualquier hombre que deseara. Pero, al mismo tiempo, los despreciaba por morder el anzuelo. "Los hombres son muy fáciles; te pones una falda corta y vienen corriendo." Por otra parte, tenía conciencia de que, si bien esa imagen sexy que proyectaba atraía a los hombres, sus relaciones rara vez duraban más que unos pocos meses.

Veterana de muchos romances fugaces, por lo general con "ratas" poco confiables o esquivas pero excitantes, Bonnie había desarrollado una mentalidad del tipo "nosotras contra ellos", una convicción de que, fundamentalmente, hombres y mujeres estaban en guerra, una guerra que ella estaba decidida a ganar. Hablaba con sus amigas durante horas todas las semanas y se contaban, entre risas, las últimas novedades de sus romances. Ray había entrado en medio de una de esas sesiones.

Lo había conocido en una fiesta, le había pedido su número de teléfono y lo había llamado la semana siguiente. Se vieron durante dos meses; por lo general, iban al cine y a exposiciones de arte o a cenar a los restaurantes elegantes que ella frecuentaba. Varias veces él la había invitado a ir de paseo al campo, a un partido de béisbol o a pescar. "Quiero mostrarte ese lago mágico que encontré en las montañas; hay tanta paz allá...", le había dicho en más de una oportunidad. Bonnie siempre había rehusado compartir esas actividades; lo besaba y respondía: "Esas son cosas de hombres; ve con alguno de tus amigos."

Después de aquella discusión, Bonnie llamó por teléfono a una de sus amigas y le contó lo que había ocurrido. Se sorprendió mucho cuando su amiga le dijo: "¡Oh, Dios mío, Bonnie! ¡Era tan agradable! Es el mejor hombre con quien te he visto. ¡Podrías haberte casado con él!"

En los días siguientes, Bonnie se halló llorando en su automóvil mientras acudía a sus citas laborales o regresaba de ellas. No dejaba de oír en su mente los comentarios de su amiga y los de Ray. Por primera vez en muchos años, admitió para sí misma que quería una relación seria, incluso un matrimonio.

Llamó por teléfono a Ray y le pidió que se reuniera con ella esa noche en una cafetería. Hablaron durante horas, con franqueza, como amigos. Bonnie descubrió que se sentía estupendamente y muy cómoda al ser, simplemente, ella misma. Cuando se preparaban para marcharse, Bonnie dijo: "Si compro los boletos, ¿me llevarás a un juego de béisbol?"

Bonnie está descubriendo que realmente disfruta muchas de las actividades que antes desdeñaba. Estaba asustada por muchos romances que terminaron mal, pero su arraigado miedo a la intimidad emocional está siendo remplazado, poco a poco, por la confianza y el respeto por Ray. Paulatinamente, se está revelando más a él.

Ray, por su parte, se está volviendo más libre y mucho más abierto con ella. Antes, tenía cierto resentimiento para con ella, pues sentía que Bonnie sólo lo quería como un acompañante atractivo. Dado que el apetito de Ray por la vida nocturna y el romanticismo era limitado, no había tenido deseos de ver a Bonnie más de una o dos veces por semana. Cuando comenzaron a compartir un espectro más amplio de actividades, Ray comenzó a sentir que podía ser más él mismo con Bonnie, y a desear pasar más tiempo con ella.

Llegar a ser amiga de su pareja. Uno de los temores más comunes de hombres y mujeres es que el desarrollo de una verdadera amistad en la relación presagie una peligrosa pérdida del entusiasmo y el erotismo. La cultura tiende a acentuar ese temor al hacer distinciones lamentablemente rigurosas entre lo que es amistoso y lo que es sexy. La mayoría de nosotros tenemos una tendencia a creer en esa falsa distinción, mientras que la verdad es que los amantes pueden ser amigos y viceversa.

Llegar a ser amiga de su pareja no significa perder la pasión; agrega una dimensión importante a la relación. Es más frecuente que la pasión muera por causa de una lenta acumulación de dolor y resentimiento. La facilidad de comunicación y la sensación de comunidad que se producen en una amistad estrecha constituyen un eficaz antídoto para ese dolor y esa falta de comprensión. Cuando las personas son amigas, se entienden más. Cuando los amantes son, además, buenos amigos, tienen el potencial de utilizar su comprensión en formas que pueden acrecentar la pasión en lugar de disminuirla. Los amantes que son amigos tienen algo de que hablar luego de hacer el amor. Y tienen, también, la comunicación y la aceptación mutua que les da deseos de hacer el amor.

La iniciadora

Janet y Gene salen juntos desde hace nueve meses. Durante el último mes, él ha insinuado frases como: "Cuando seamos un matrimonio de ancianos" y "en nuestra luna de miel", pero no ha llegado a plantearlo abiertamente. Janet, de treinta y cuatro años, varias veces ha tenido que refrenarse para no preguntárselo, pero está decidida a esperar que Gene le proponga matrimonio. "Después de todo, yo he corrido muchos riesgos y propuse muchas cosas en esta relación. Quiero que sea él solo quien haga la proposición matrimonial."

En realidad, si Janet no hubiese tomado gran parte de la iniciativa cuando conoció a Gene, de treinta y cinco años, es dudoso que hubiesen llegado a conocerse. Dos años antes, Janet había experimentado un cambio que modificó radicalmente su actitud hacia los hombres y su conducta en las relaciones.

"Yo estaba en una fiesta. Había ido con una amiga y estaba observando a todas las parejas que conversaban, a los hombres que se acercaban a las mujeres y entablaban conversaciones, y a las mujeres que se presentaban a los hombres. Me daban mucha envidia esas mujeres que daban el primer paso. En la última semana me había sentido muy resentida y engañada; maldecía a aquel sujeto con quien había salido un par de veces por no haberme invitado a salir otra vez, y me preguntaba qué había hecho para que no volviera a llamarme.

"Ese viernes por la noche me había quedado en casa, sintiendo pena por mí misma por no tener una cita. Recordé todas las veces en que había esperado que los hombres me llamaran y me había resentido si no lo hacían. Al observar a la gente de aquella fiesta, comprendí que yo casi nunca tomaba la iniciativa con los hombres, que esperaba que ellos se me acercaran en las fiestas y que, si el 'adecuado' no me hablaba, volvía a casa muy deprimida. Además, siempre esperaba que el hombre hiciera todos los planes, que fuera un sujeto realmente emprendedor que decidiera adónde iríamos a cenar e incluso cuándo volveríamos a vernos. Comprendí que estaba resentida con los hombres por hacerme sentir como una víctima cuando, en realidad, yo misma me convertía en víctima al ser tan pasiva."

Janet comenzó a tomar la iniciativa, y no siempre era divertido. "Muy pronto entendí por lo que tienen que pasar los hombres. A veces era muy difícil acercarme a un hombre, digamos, en el gimnasio, y entablar una conversación, o decir: "Intercambiemos nuestros números telefónicos y veamos si podemos ir al cine la próxima semana"; me sentía terriblemente mal cuando presentía que no había interés por parte de él. Pero, por otra parte, conocí a algunos hombres interesantes y salí con ellos porque yo tomé la iniciativa. Además, sentía más poder, más equilibrio."

Gene estaba en una clase de escritura creativa a la que Janet asistía en la universidad. "Me atrajo mucho desde la primera vez que lo vi y, cuando leyó una de sus historias en clase, supe que compartíamos algunas ideas e impresiones sobre la vida. Me acerqué y me presenté durante el descanso y le dije que me había gustado mucho su historia. Le pregunté si le gustaría ir a tomar café en el bar de la universidad después de la clase y me sentí muy tonta cuando me respondió que tenía que encontrarse con alguien; pensé que era casado o que tenía novia.

"Las clases continuaron, y cuando los dos leíamos

nuestros trabajos en clase, nos mirábamos e intercambiábamos algunas palabras, y de veras sentía algo cuando nos mirábamos. Cuando faltaban apenas dos clases para que terminara el curso, decidí arriesgarme al rechazo; si no hacía algo, tal vez no volvería a verlo más. Entonces volví a invitarlo a tomar café después de la clase. ¡Dijo que no! Hubo una larga pausa y luego agregó: "Tengo que llevar a mi hermano a casa; vivimos juntos." Decidí insistir. "¿Eres casado?" "No", respondió, "ni siquiera tengo novia." "Bien," proseguí, "dame tu número; te invitaré a ti y a tu hermano a una cena que daré la semana próxima".

Gene se vio atraído hacia Janet desde su primera clase literaria, pero era, y es, una persona tímida. Se alivió mucho cuando ella dio el primer paso y le hizo saber que él le interesaba. El cálido interés y la afabilidad que ella demostró al invitarlo a la cena y, más tarde, al sugerir otras cosas que podrían hacer y al mostrarles la ciudad a él y a su hermano lo tranquilizaron, lo alentaron a perder su timidez con ella y le permitieron llegar a confiar con mayor rapidez y facilidad en el creciente afecto que Janet sentía por él.

La voluntad de Janet de arriesgarse al tomar la iniciativa dio más confianza a Gene y le permitió revelar más de su personalidad. Ella estableció un modelo como amiga, lo cual tuvo un efecto muy positivo en su relación.

Tomar la iniciativa. Ya sea en nuestro vecindario, en los sitios adonde vamos de compras, en las clases a las que asistimos, en los grupos a los cuales pertenecemos o, incluso, en nuestros lugares de trabajo, todos tenemos una gran cantidad de gente a quien vemos con suficiente regularidad para reconocer su cara, pero con quien no hablamos. No nos han presentado o no hemos tenido ningún motivo específico para hablar con ellos, y por eso no lo hacemos. Podemos saludarlos con un ademán de la cabeza o incluso verbalmente, pero no pasamos de eso. La persona, ya sea hombre o mujer, que se arriesga a iniciar una relación aumenta en gran medida sus posibilidades sociales.

Puede descubrir que no tienen nada en común. Puede establecer un contacto laboral o una amistad superficial. Puede hablar con alguien una sola vez y aprender algo u oír algo que necesitaba en ese momento. Y puede conocer a esa persona especial. Aunque tal vez parezca un disparate, muchas veces hemos oído decir que "es como una lotería: cuantos más hombres una conozca o cite, mayor será la probabilidad de hallar a alguien con quien realmente congenie". Hemos oído decir, también, que la mujer que se queda en casa, esperando junto al teléfono, puede esperar mucho tiempo.

El hecho de tomar la iniciativa la colocará en una posición más activa y poderosa. La sacará de esa postura pasiva de esperar que alguien se le acerque o que la inviten hombres que no le interesan en absoluto. Pero, se trate de ese primer paso de presentarse a alguien y entablar una conversación, o del riesgo mayor de invitar a un hombre a salir con usted a tomar café o a almorzar, al cine o a alguna exposición, usted estará asumiendo la responsabilidad por su propia experiencia: estará actuando.

¿Cómo reaccionan los hombres? Casi siempre les gusta. Los hombres detestan tener que dar siempre el primer paso y arriesgarse al rechazo. Cuando una mujer toma la iniciativa, les resulta halagador y, a la vez, es un gran alivio para ellos. Por otra parte, mientras que los hombres agresivos o los mujeriegos no tienen problemas para presentarse a las mujeres (hombres a quienes, tal vez, usted preferiría no conocer), en el caso de muchos hombres que valdrían la pena, pero son reservados o tímidos, el hecho de que usted tome la iniciativa puede ser la única manera de conocerlos.

Evelyn también es una iniciadora. Ella y Larry llevan seis años de casados. Ambos rondan los cuarenta y cinco, y no tienen hijos. "¡De haber pensado que todos los días

268

volveríamos del trabajo, cenaríamos y nos sentaríamos frente al televisor, tal vez nunca habría aceptado nuestra segunda cita! Estoy aburrida de esta vida. A Larry empieza a abultársele el abdomen y trabaja hasta muy tarde en la oficina, mientras yo estoy sin hacer nada. Es un buen hombre y lo amo, pero no sé qué hacer."

Evelyn y Larry se hallan en un punto crítico de su matrimonio. Ella está aburrida y envidia a otras parejas, incluso a mujeres solteras, por tener una vida más excitante. Presiente que Larry ha llegado a la mediana edad en forma prematura. Ya no es el hombre osado y aventurero que solía llevarla a los clubes de jazz a medianoche, o los fines de semana, a sitios inusitados en las montañas. El problema de este matrimonio es que Evelyn ha estado esperando pasivamente que Larry lo haga tan excitante como en su noviazgo y en los primeros años de matrimonio. Esperaba que él hallara cosas para hacer, que la llevara a distintos lugares, que comprara boletos para salidas interesantes.

En realidad, Larry sí se esforzó por sugerir actividades pero, con los años, lo desalentó la creciente actitud remilgada de Evelyn. "¿Para qué he de molestarme?", era la actitud a la que había llegado Larry.

Un día, mientras almorzaba con una vieja amiga cuyo matrimonio envidiaba, Evelyn volvió a quejarse por lo aburrida que estaba de su matrimonio. "Tú y Jim siempre toman algún curso o pasan el fin de semana en el campo o participan en alguna actividad comunitaria. ¡Ojalá a Larry se le ocurriera una sola idea así por cada diez de Jim!"

"¿Crees que es mi esposo quien propone todo eso?", le preguntó su amiga, atónita.

Evelyn decidió comprometerse a actuar en forma más positiva, afectuosa y cálida con Larry. Si bien, al principio, él no reaccionó, Evelyn insistió, sabiendo que su matrimonio no sanaría del día a la noche. Decidió, asimismo, ser menos pasiva y dejar de esperar que Larry fuera su caballero andante. Hizo arreglos para que salieran con varias parejas a cenar y a un concierto en un club de jazz que acababa de inaugurarse cerca de su casa. Volvieron a surgir sentimientos cálidos entre ellos. Comenzaron a conversar otra vez, y Evelyn le dijo lo triste que estaba porque se habían distanciado tanto y que estaba decidida a revertir el proceso.

Cuando Evelyn comenzó a tomar la iniciativa y a sugerir nuevas actividades que podían hacer juntos, descubrió con deleite que Larry lo disfrutaba. El reaccionó con alivio, como si le hubiesen quitado un peso de encima: ya no tenía que ser él quien, automáticamente, debía hacer todos los planes. Esa nueva y equitativa dinámica redujo en gran medida el resentimiento que se había creado en ambas partes.

"Todo esto ha vuelto a acercarnos", dice Larry, "y ha obrado maravillas en nuestra vida sexual. Ultimamente había llegado a creer que todo había terminado para nosotros, que me estaba volviendo viejo... pero, en la forma en que vamos, tal vez tengan razón quienes dicen que la vida empieza a los cuarenta. Debo reconocer que Evelyn ha hecho mucho por volver a encaminarnos en una dirección positiva".

Asumir la responsabilidad por el cambio. Toda amistad, todo matrimonio, necesita evolucionar constantemente. Como dijera Woody Allen a Diane Keaton en la película *Annie Hall,* "Una relación es como un tiburón: si deja de moverse, muere." Ambos individuos son responsables por invertir las energías necesarias para mantener una relación activa, viva, siempre hacia adelante. Ambos deben participar en nuevas experiencias que generen sentimientos compartidos, algo de qué hablar, algo qué planear y con qué soñar. Esto se aplica especialmente a las parejas que no tienen hijos o cuyos hijos ya son adultos y constituyen, por consiguiente, un menor foco de interacción.

A decir verdad, a casi todos nos gustaría que se produjeran ciertos cambios en nuestra vida y en nuestras relaciones. Con demasiada frecuencia culpamos a nuestra pareja si esos cambios no se producen. Nuestra pareja no necesita nuestras sugerencias, no oye nuestras quejas, no se conmueve por nuestras súplicas, ni siquiera nos lee la mente. Si debe haber un cambio, debemos dejar de pedir a nuestra pareja que lo efectúe y empezar a asumir la responsabilidad de iniciarlo nosotros mismos.

Básicamente, la persona que desea un cambio es quien resulta responsable de llevarlo a cabo. No sólo es exasperante sino, además, completamente inútil esperar que otra persona mejore nuestra vida. Cuando esperamos, nos sentimos pasivos y, peor aún, a merced de la sensibilidad o la generosidad de nuestra pareja. Cuando nos hacemos responsables, no esperamos, no somos pasivos, y en lugar de permitirnos ser víctimas del destino, encaminamos las cosas en la dirección que elegimos.

Un motivo por el cual la gente se resiste a tomar ese camino más activo y efectivo hacia el cambio tiene que ver con el orgullo o, más precisamente, con el falso orgullo. "Si él no toma la iniciativa, si no se le ocurre a él o no hace nada sin que yo lo sugiera, no sirve. Una experiencia sólo vale cuando lo hace porque lo desea; si tengo que pedírselo, no sirve." Todos estos sentimientos tienen que ver con el falso orgullo, no con el amor. A veces, en realidad es un acto de amor más cuando nosotros tomamos la iniciativa que cuando nuestra pareja lo hace por costumbre. Cuando nuestra pareja responde y se adapta a algo nuevo que hacemos, es un reflejo de amor, porque está haciendo algo que no es natural.

Es importante actuar en lugar de esperar. Cuando actuamos, automáticamente nos resentimos menos y aumentamos la posibilidad de enriquecer nuestra vida en los aspectos en que lo deseamos.

La cuestión económica

"Cuando conocí a Michael, presentí que, en cierto modo, lo incomodaba salir con una mujer de negocios", recuerda Janine, vendedora publicitaria. "Sus amigos son artistas: escritores, poetas, pintores. Y por lo que me había dicho, siempre había salido con actrices y artistas muy intensas y bastante alocadas. Me llamaba por teléfono seis veces por día, pero yo sabía que tenía dudas de nuestra pareja, como yo también las tenía. Estaba decidida a no ser la parte madura y práctica de la relación para que él siguiera siendo el artista creativo. Le dije, desde el comienzo, que tenía que haber un buen equilibrio entre nosotros, que ambos seríamos adultos responsables además de personas creativas."

Janine, de treinta y seis años, conoció a Michael, de treinta y cuatro, dramaturgo y periodista independiente, dos años después de la ruptura de su primer matrimonio, que había durado ocho años. Tras su divorcio, Janine se había mudado a otra ciudad. Por la noche, tomaba clases de cinematografía, escritura creativa y artes teatrales. En su primer trabajo como voluntaria, haciendo publicidad para una obra de teatro, conoció a Michael, que había escrito esa obra.

"Tiene un talento increíble como escritor y, además, es una persona muy cálida y generosa", dice Janine. "Al principio, me intimidaban sus amigos y creo que él no sabía cómo encajaría yo en su ambiente y se preguntaba si era demasiado 'derecha', pero logramos resolver todo eso. En verdad disfruto las ideas y la pasión por el teatro y el mundo del arte que él me ha hecho conocer. Hay algunos fraudes infatuados y esnobs, pero los hay en todas partes. Además, él aprendió a apreciar el mundo de los negocios y el 'arte' de lo que yo hago. Incluso tuvo cierto éxito con una obra basada en el juego de las ventas; el personaje principal estaba inspirado en mí.

"Al principio, el dinero fue un tema espinoso para

nosotros. Mis ganancias rondan las cinco cifras altas y él vivía en un estudio barato y ganaba entre quinientos y mil dólares por sus artículos para revistas, apenas lo suficiente para pagar la renta y poder escribir sus obras de teatro. Rehusaba ir a restaurantes caros aunque yo lo invitara, porque no podía devolver la atención.

"Sólo cuando pasaron varios meses y realmente nos enamoramos y comenzamos a confiar el uno en el otro en un nivel más profundo, pudimos empezar a hablar de nuestro futuro y del aspecto económico de nuestra vida en común. Le dije que yo amo mi trabajo y el dinero que me aporta y, al mismo tiempo, creo en él como escritor y no quiero que se convierta en corredor de bolsa ni en un magnate sólo para ganar mucho dinero. Ya había pasado por un matrimonio competitivo y materialista. Por otra parte, no quería tener una existencia bohemia y económicamente insegura.

"Después de muchas discusiones, decidimos casarnos. Juntamos nuestros ingresos y tenemos dinero suficiente para una vida cómoda, aunque no extravagante. Yo me ocupo de las cuentas y las finanzas y me encargué de negociar el trato por nuestra casa, porque sé hacerlo y lo disfruto. El cocina y hace las compras con frecuencia, más que yo, pero es feliz con eso; de todos modos, sólo escribe por la mañana. Ahora estoy tratando de quedar embarazada, lo cual nos entusiasma mucho. Yo seguiré trabajando y él será algo así como un dueño de casa."

"Algunos podrían pensar que nuestro matrimonio es una inversión de roles", dice Michael. "Janine gana cinco veces más que yo, pero los dos trabajamos mucho en lo que nos gusta hacer. Su fe en mí como escritor me ayuda a seguir, y después de muchas relaciones intensas con mujeres que eran tan alocadas como yo solía serlo, estoy muy agradecido de estar casado con una mujer estable, cuerda, y tan cariñosa y que me apoya tanto como Janine. Creo que nos complementamos muy bien. Muchos escritores se acaban muy jóvenes y no pueden permitirse tener una familia. Mi vida habría podido ser muy solitaria e inestable, pero ella está haciendo posible que tengamos una familia. Me considero un hombre muy afortunado por haberla encontrado."

El deseo masculino de compañerismo

Como podemos ver en estos casos, los hombres desean la amistad con su pareja, aun cuando ese deseo pueda no ser evidente para ellas y hasta para ellos mismos.

Muchas mujeres no reconocen o no responden a ese deseo masculino, no sólo porque a menudo no se lo expresa o se lo expresa en forma indirecta, sino además porque el deseo masculino de intimidad emocional puede resultar amenazador para una mujer. Muchas mujeres son cautelosas con las necesidades masculinas. Pueden temer el agotamiento emotivo, o que sus propias necesidades queden desatendidas, o perder parte de su independencia si el hombre es demasiado posesivo o se convierte en su mejor amigo. Tanto tradicionalmente como en la actualidad, muchas mujeres se conforman con tener amigas y no ven a un hombre como posible candidato a ser su mejor amigo. De manera consciente o inconsciente, muchas mujeres desean que los hombres encajen en el rol masculino estereotipado de la persona fuerte y autónoma.

Con más frecuencia, sin embargo, es el hombre quien no hace ver su deseo de transformar una relación romántica en una que tenga a la amistad como componente central. Recuerde, no obstante, que todos los hombres tienen deseos profundos, por ocultos que estén, de compañerismo. No dé por sentado que un hombre es diferente, por reservado o autónomo que parezca.

A fin de reconocer esa necesidad en un hombre, pregúntese lo siguiente. ¿Habla con usted de su carrera o de sus sueños? ¿Se queja de que no hacen más cosas juntos? Cuando usted toma la iniciativa, ¿se alegra o, al menos, se muestra complacido? ¿Le ha hablado acerca de la participación o el conocimiento que tiene usted de lo que él hace? ¿Alguna vez desea pasar el tiempo con usted sin ningún plan en particular, sólo para estar juntos? Estas son preguntas que usted puede formularse para detectar el deseo inexpresado de su pareja de que haya más amistad entre ustedes. Sin embargo, aun cuando él no demuestre ese deseo de amistad, no se preocupe; lo tiene. Todo hombre lo desea, pero muchos ni siquiera se dan cuenta de que es posible.

Hacerse amiga de un hombre

El primer paso para lograr la amistad con un hombre resulta, para muchas mujeres, el más difícil. Es necesario renunciar a algunos deseos románticos. Un amigo no es misterioso ni esquivo. La amistad se basa en la comprensión, la aceptación y el conocimiento.

El segundo paso importante para crear una amistad con el hombre de su vida consiste en pasar del pensamiento a la conducta, de la intención a la acción. La amistad se basa en actos más que en pensamientos. Si se les pregunta, tanto los hombres como las mujeres reconocerán sin vacilar que les gustaría tener más compañerismo con su pareja. Pero quienes lo logran son aquellos que traducen la buena voluntad en su conducta diaria. Con esto en mente, a continuación ofrecemos algunas ideas a considerar y, tal vez, poner en acción si usted desea mejorar esa faceta de su relación.

Le sugerimos que empiece a hablar con su pareja con la misma soltura con que habla con sus amigas. Esto es sumamente importante. Si comienza por actuar como si fueran amigos, él se relajará y confiará más en usted. Conviértase en un modelo de franqueza y facilidad de relacionarse.

Tome la iniciativa. Las mujeres que lo hacen descubren que, de ese modo, crean una nueva sensación de vitalidad. Hay una inmensa cantidad de hombres que pueden ser líderes dinámicos en su trabajo, pero que se cansan de tener que continuar en la misma postura en su vida personal. A los hombres les encantan las mujeres que presienten ese deseo de igualdad y compañerismo.

Hágale saber que usted desea compartir actividades e intereses comunes. Demuéstrele que le importan las cosas que hacen juntos. Si su relación tiene pocas actividades o intereses compartidos, desarróllelos. Siempre que trabajamos con parejas, vemos que este consejo se acepta en general, pero rara vez se lleva a la práctica. No es algo de lo que se hable; es algo que se hace en común. Por ejemplo, tomen clases juntos, desarrollen pasatiempos e inquietudes culturales, lean el mismo libro y discútanlo, aprenda más acerca del trabajo de su pareja y háblele del suyo, etcétera.

Un consejo importante, no espere, para tomar la iniciativa, hasta encontrarse sumamente motivada y bullendo de entusiasmo. Por lo general, el verdadero entusiasmo y el interés genuino surgen solamente después de haber participado en una actividad. Antes de eso, todos tendemos a ser algo pasivos, incluso apáticos. La mayoría de nosotros soñamos o hacemos planes, pero pocos llegamos a ejecutarlos. Por lo común, esperamos a la otra persona, y entonces tenemos a quien culpar si no quebramos los viejos esquemas de conducta.

Si usted desea sinceramente inspirar un sentido de la amistad a un hombre, hable con él de sus sueños en común, haga planes para el futuro, tanto a largo plazo como para la semana entrante. Las parejas que trabajan, juegan y sueñan en forma conjunta desarrollan un vínculo fuerte, resistente y gratificante.

CAPITULO 12

Las reglas para seguir enamorados

Mantener viva una relación es una tarea continua, pero no cabe duda de que los beneficios bien valen el esfuerzo. Hombres y mujeres son igualmente responsables por lo que hacen y por lo que no hacen. En nuestro trabajo con parejas hemos descubierto que hay obstáculos previsibles y, a la vez, pautas para lo que da resultado. Para la mayoría de las parejas, las buenas intenciones y la esperanza son necesarias pero no bastan para garantizar vitalidad, compromiso y un amor que crezca y madure con los años. Se necesita más. Específicamente, resulta esencial tener conciencia de las sutiles creencias, actos y actitudes personales que permiten agregar vida, alegría y vitalidad a una relación de pareja.

Regla Nº 1

Las relaciones no nacen porque sí; nosotros las creamos

Casi todos crecemos creyendo en la magia de la "química" que une a los amantes. El amor parece exquisito, inexplicable y, en última instancia, que escapa a nuestro control. Nos "enamoramos". No decidimos conscientemente formar una pareja; es algo que sucede sin más ni más, algo que observamos con deleite y asombro.

La verdad de la cuestión es que, si bien las recompensas del amor pueden ser inapreciables, se requiere cierto esfuerzo para lograrlas. Las buenas relaciones no nacen porque sí; son el resultado de un esfuerzo consciente y de mucho trabajo. Las buenas intenciones no bastan. Para que se desarrolle una relación amorosa rica y satisfactoria, se necesita una postura más activa. El amor requiere tomar conciencia de lo que se necesita para hacer feliz a la persona amada. Exige sinceridad con nosotros mismos acerca de lo que realmente sentimos y de lo que en verdad deseamos dar. Lo que tal vez resulte más importante, requiere que estemos cómodos con la acción. Sin acción hay, en el mejor de los casos, sólo conversación y, en el peor, quejas, acusaciones y un crecimiento paulatino de actitudes y sentimientos destructivos.

El curso de una relación nunca se ve determinado por la suerte o el destino, sino que es el resultado de las decisiones constantes por las cuales cada integrante de la pareja es responsable. Aun cuando el hombre y la mujer no tengan conciencia del efecto de lo que hacen o dejan de hacer, estas acciones e inacciones moldean y alteran el vínculo que los une. Una relación es la suma total de nuestras conductas.

Todos somos conscientes de cómo estamos en los comienzos de una relación. Pero, a pesar de nuestras mejores intenciones, muchos de nosotros nos volvemos haraganes y menos sensibles al impacto de nuestras acciones. Sin embargo, las relaciones nunca son estáticas; o crecen o se hallan en cierta forma de decadencia. Como consecuencia de nuestra conducta, somos responsables, durante toda una relación, por la calidad constante de vida y calidez del amor.

El hecho de entender y aceptar esta regla no la hará sentir sobrecargada ni frustrada; en cambio, le hará experimentar un nuevo poder. Cuando tomamos conciencia de que el curso del amor depende de nosotros, de que podemos dar forma a nuestro propio destino, nos sentimos esperanzados, incluso optimistas. En lugar de ser observadores pasivos, participamos en nuestra búsqueda y logro del amor.

Regla Nº 2

El amor puede estar latente, pero nunca muere

Toda persona casada tiene el temor secreto de que el destino final de su relación sea el estancamiento. Dado que el hecho de mantener un vínculo con otra persona puede ser muy arduo y que en esta época prevalece el divorcio, a menudo tememos que el amor se marchite y muera. Tales especulaciones alarmantes son engendradas con frecuencia por mitos acerca de la magia del amor: si puede aparecer misteriosamente, su fin puede ser igualmente desconcertante. Muchas personas están convencidas de que pueden dejar de estar enamorados con la misma facilidad con que se enamoran.

Sin embargo, a pesar de estos temores, el amor rara

vez muere. Es verdad que, cuando las personas se divorcian se cercioran de que no queden brasas encendidas a fin de sentirse en paz con la decisión. Pero cuando el amor parece ausente en una relación, lo que sucede es que otra cosa lo ha eclipsado. Los sentimientos negativos tienden a enmascarar o a acallar a los positivos. Cuando estamos disgustados, frustrados o decepcionados, permitimos que estos sentimientos predominen sobre el amor, el anhelo y la necesidad. La indiferencia emocional se convierte en una máscara que nos protege de tener que revelar nuestro dolor y nuestra ira. La insensibilidad emocional se vuelve una manera de defendernos contra el riesgo de volver a amar.

Entonces, cuando el amor se vuelve latente, sólo se nos revela esta faceta negativa. La amargura oculta la dulzura de un amor que una vez fue muy evidente; de ahí el origen de la idea de que el amor y el odio están estrechamente relacionados. En realidad, el hecho de expresar nuestro disgusto y de atacar verbalmente a nuestra pareja no sólo es una prueba del amor herido, sino que, de hecho, puede ser un deseo de contacto, un deseo que aflora en una forma distorsionada.

Cuando en un matrimonio ocurren cosas malas, tenemos la necesidad de protegernos. Tememos al dolor y al rechazo, nos retraemos y nos convencemos de que el amor ha muerto. Pero no es así. Y es posible revivirlo. El hecho de entender que los sentimientos profundos y positivos pueden estar latentes, en lugar de haber dejado de existir, abre nuevos caminos para revitalizar y vivificar una relación. Usted puede llevar esta regla a la acción separando, en primer lugar, lo que siente ahora de lo que sentía al comienzo de su relación. Recuerde que el amor que sintió en el pasado era real y que ahora es una medida del potencial que aún existe.

Es posible revivir el amor, pero tenga cuidado con los efectos nocivos del falso orgullo y la obstinación. La gente que necesita tener razón, que busca venganza, nunca aprende a revivir la calidez y la riqueza de sentimientos que una vez existió. En primer lugar, se debe identificar con claridad lo que provocó la ira o la tristeza. Una vez hecho esto, debe hallar una expresión plena de sentimientos, seguida de la capacidad de perdonar y aceptar. A fin de hallar la motivación para hacer lo necesario, es imprescindible recordar el amor que usted sintió una vez, recuperar los recuerdos y las imágenes del afecto y del deseo que existieron antes. Cuando se logra aislar y luego hacer a un lado los factores negativos que paralizan el amor, se puede redescubrir los sentimientos positivos.

Regla Nº 3

Tener pareja no es una solución

Los beneficios de estar en una relación de pareja son tan alabados que llegamos a creer que el amor es el antídoto para todo lo que nos aqueja. Existe la promesa de que la vida será completa, maravillosa y sumamente gratificante. Nos convencemos de que las viejas heridas se cerrarán y las inseguridades se curarán.

Todos tenemos áreas de vulnerabilidad y, en cierto nivel, todos albergamos viejas heridas. Es verdad que el amor es un proceso especial de conexión, de intenso interés y generosidad, pero no representa una solución para los problemas internos. El amor puede ser una de las mayores experiencias de la vida, pero no es la vida misma. Es maravilloso sentirse unido a otra persona como si fueran una sola, pero nunca es literalmente cierto. Por estrecha, afectuosa o intensa que sea su relación o su matrimonio, ambos siguen siendo individuos, además de pareja.

Lamentablemente, todos crecemos bajo la influencia de fuerzas culturales y sociales que nos llevan a buscar estrategias que aumenten nuestra autoestima. Muchas de esas estrategias tienen un valor dudoso, y otras llegan a ser peligrosas y contraproducentes. Por ejemplo, tradicionalmente, a los hombres se les hacía creer que el dinero y el éxito económico los haría sentir valiosos; a las mujeres, se les hacía creer que el hecho de ser amadas y de casarse les garantizaría ilimitados beneficios.

Si bien tanto el dinero como el matrimonio son, sin duda, deseables, no son antídotos para el dolor producido por las viejas heridas y decepciones. Es importante comprender que la responsabilidad de curarse está en uno mismo. Una pareja puede brindar apoyo y, en efecto, puede curar el dolor de un corazón sufriente, pero no puede borrar experiencias pasadas que quizá provocaron sentimientos de inseguridad e inadecuación.

Cuando sobrecargamos a nuestra pareja con expectativas excesivas, invariablemente nos decepcionamos y nuestra pareja se resiente. Tales esperanzas son fantasías contraproducentes y raras veces nos producen alivio. Por otra parte, aun cuando la relación con nuestra pareja aparentemente nos haga sentir mejor con nosotros mismos, los buenos sentimientos deben estar incorporados en nuestro interior para ser duraderos. Si estas actitudes y esos sentimientos positivos no se internalizan, lo único que habremos hecho será conferir un inmenso poder a nuestra pareja, y si ésta se marcha, quedamos solos y despojados de una autoimagen saludable. En última instancia, debemos hallar la capacidad y el coraje de mirarnos con actitud positiva. Debemos aprender, primero, a querernos a nosotros mismos; de otro modo, nunca nos sentiremos realmente dignos ni seremos capaces de amar de verdad a otra persona.

Regla Nº 4

En el amor se debe aceptar, no cambiar

Con demasiada frecuencia creemos, tontamente, que el amor y el matrimonio son una licencia para rehacer a alguien. Nos parece bien mejorar los aspectos difíciles de la persona a quien amamos aunque, al hacerlo, podemos disminuir esas mismas cualidades que nos hacen quererla.

En el nombre de la comunicación y del compartir sentimientos, en la actualidad mucha gente cree que es perfectamente aceptable requerir ciertos cambios o modificaciones en nuestra pareja. Si bien es importante sacar a la luz las quejas y las insatisfacciones, muchas veces nos extralimitamos. A menudo, con apariencia cándida y honesta, tratamos de rehacer la personalidad de nuestra pareja. Eso no da resultado. Aun cuando la otra persona parezca condescendiente, se resistirá en forma inconsciente.

El matrimonio lleva en sí un mito común: que todas las cuestiones se pueden llevar a la mesa de discusiones familiares. Nada podría estar más lejos de la verdad. Hay muchas cuestiones que surgen entre hombres y mujeres y que no son negociables. Eso no tiene nada de malo, y no refleja una falta de amor ni una reducción de nuestra sensibilidad para con nuestra pareja. Todos tenemos facetas de nuestra identidad personal y de nuestra personalidad que son sólo nuestras, no destructivas ni dañinas, y que no están sujetas al cambio.

Es verdad que hay cosas que se pueden y se deben negociar cuando son intolerables. Sin embargo, quizá valga la pena reconsiderar el significado de la frase "para bien o para mal". En la ceremonia tradicional de boda, esa frase estaba destinada a recordarnos que todos tenemos fallas y defectos. Por otra parte, a medida que nos conocemos mejor, esas fallas se nos hacen cada vez más evidentes. Es entonces cuando deben entrar en juego el verdadero amor y la aceptación.

Con frecuencia, aun en las etapas iniciales del amor, empezamos a intentar cambiar a nuestro ser amado. Las diferencias atraen a muchos de nosotros, pero luego nos proponemos erradicar sistemáticamente esas cualidades únicas que nos atrajeron en un principio. Las diferencias pueden resultar amenazadoras desde el punto de vista emocional. Es como si las tomáramos en forma personal, como si llevaran de manera implícita un rechazo o una negación de lo que somos y de lo que valoramos.

La realidad es que en el amor se trata de aceptar las fallas de alguien y de apreciar aquello que es especial y digno de quererse. Incluso los cambios o las modificaciones orientados a ayudar a una persona pueden no ser vistos por ella de esa manera. Con frecuencia, los intentos de producir un cambio de alguna manera desestiman a la otra persona. Los cambios, aun cuando estén justificados y resulten posibles, sólo se producen cuando la persona que cambia lo hace porque lo desea. Además, ese deseo siempre va precedido por una sensación de ser amado y aceptado.

Regla Nº 5

Los amantes no leen la mente

Una de las fantasías acerca del amor es que nuestra pareja nos conoce como nunca nadie nos conoció antes; que, de alguna manera, percibe nuestros sueños y pensamientos más íntimos. Aquello que impulsa muchas de nuestras búsquedas románticas es el deseo de que nos conozcan tan íntimamente. No sólo ansiamos tener amor, sino también la sensación de que no estamos solos, de que nos reconocen y somos visibles.

Siempre que los hombres y las mujeres hablan de la "química" del amor, una de las cosas a las que se refieren es que hay una sensación de reconocimiento, una conciencia de que ambos se parecen, de que son "espíritus gemelos". Por eso damos por sentado que nuestra pareja nos conoce, nos entiende y puede anticipar lo que pensaremos y sentiremos. Y cuando no lo hace, nos sentimos tristes, decepcionados, incluso traicionados.

Sin embargo, por más que lo deseemos, un amante nunca lee la mente. No podemos dar por sentado que siempre conoce nuestros deseos, esperanzas y sufrimientos. En última instancia, nosotros somos responsables por darnos a conocer a quienes amamos. La gente que necesita que la comprendan, pero no trata de que eso suceda, sólo logrará sentirse víctima.

Hay quienes tienen la sensación de que si tienen que decir a su pareja lo que necesitan, lo están arruinando, aunque consigan lo que querían. Los hombres y las mujeres que sienten de esa manera piensan que la medida de un regalo de amor es lo sensible e intuitivo que es, cuando, en realidad, lo contrario es más preciso. Cuando usted dice a un hombre lo que necesita y él responde a ese pedido, está demostrando su amor por usted. La idea de que anticipe sus deseos, de que le adivine el pensamiento, es una fantasía. Una persona que nos quiera lo suficiente para escucharnos y responder con afecto es un tesoro.

Los hombres y las mujeres que reciben comprensión de aquéllos a quienes aman lo logran al comunicar su personalidad. No esperan pasivamente que su pareja haga uso de una especie de intuición mágica. En la ausencia de una comunicación y revelación honesta, sólo queda la posibilidad de interpretaciones erróneas, insensibilidad y sufrimiento.

Regla Nº 6

No se trata de lo que decimos, sino de lo que hacemos

Según la sabiduría convencional, las relaciones siempre se ven enriquecidas por la comunicación y tienden a fracasar cuando hay poco diálogo entre un hombre y una mujer. Nos llevan a creer que las confusiones se aclaran cuando una pareja tiene diálogos abiertos y francos. En efecto, parece una verdad que, en los matrimonios que tienen problemas, lo que más nos llama la atención es un clima de frialdad y silencio. Pero, si bien a menudo es acertado señalar los problemas de comunicación como contribuyentes a los conflictos de las relaciones, no está muy claro que se necesite más comunicación.

A veces, la gente habla demasiado: dice una cosa cuando quiere decir otra, o se dicen cosas por razones ajenas al hecho de brindar información o expresar sentimientos. Con mucha frecuencia la comunicación se utiliza para manipular, inducir culpa o acusar, aunque se la presente como positiva y afectuosa. La comunicación puede ser, y a menudo lo es, un arma. En algunas relaciones, hablar no es una manera de comunicar información, sino un modo sutil de coaccionar o manipular, cuyo objetivo es cambiar a la otra persona.

En última instancia, una relación se mide y se evalúa mediante la conducta de ambas partes, no sólo por lo que se dice. Las acciones dicen más que las palabras. ¿Cuántas veces oyó usted a alguien comentar que su pareja puede prometer muchas cosas, pero nunca las cumple? Las palabras pueden transmitir una intención, pero aquello que a la larga produce su efecto es la forma en que respaldamos esas palabras.

Si usted desea tener una relación viva y afectuosa, lo mejor es comunicar eso por medio de actos de amor, cariño y sensibilidad. Pregúntese qué ha hecho últimamente por su pareja; eso es mejor que decirle lo que le gustaría hacer.

Regla Nº 7

Las relaciones estables cambian constantemente

A la mayoría de nosotros nos enseñan que la estabilidad nace del equilibrio, la constancia y la permanencia. Aprendemos que el cambio puede ser peligroso y, por lo tanto, se lo debe evitar; que se debe minimizar a toda costa los trastornos emocionales, pues amenazan la integridad y la continuidad de una relación. Nos dicen que una relación estable es aquella que, de año en año, permanece inexpugnable ante las fuerzas traicioneras que intentarían cambiarla y alterar su curso.

La verdad es que las relaciones cambian constantemente, pues nosotros, como individuos, nos hallamos en un estado de constante crecimiento y fluctuación. Por otra parte, la capacidad de enfrentar el cambio en forma positiva es una necesidad básica en una relación fuerte y afectuosa. Las parejas que encuentran dificultades son aquellas que se resisten al cambio con obstinación, por temor de que su amor tal vez no sea lo suficientemente fuerte y resistente para dar cabida a los imprevisibles efectos del cambio. Las relaciones perdurables tienen la flexibilidad de recibir los cambios no con temor, sino con aceptación y una actitud positiva.

El matrimonio evoluciona en forma constante y cambia con el tiempo. En el comienzo, la maravillosa y vivificante sensación de enamorarse se halla estrechamente unida a la novedad y al lento proceso de llegar a conocer a alguien íntimamente. Al principio, no tememos al cambio, pues estamos demasiado ocupados disfrutando el descubrimiento de cada faceta nueva e interesante de nuestra pareja. Luego sucede algo curioso. Llegamos a un punto en el cual las cosas parecen absolutamente perfectas y no queremos que nada sea diferente. Cuando la novedad comienza a pasar, llegamos a sentir que dejamos de estar enamorados. Pero podemos disfrutar de una continua sensación de novedad si tenemos una actitud receptiva hacia los cambios.

Debemos aprender a enfrentar dos tipos de cambio: nuestros propios cambios como individuos y los cambios que vemos en nuestra pareja. Lo importante es no temer el cambio propio ni el de la otra persona. Arriésguese y piense que su pareja puede soportar que usted cambie, que su amor es fuerte y su confianza es suficiente para que su crecimiento lo destruya. A su vez, dé a su pareja el mismo respeto, la misma libertad y el mismo espacio para crecer.

Si bien la fluctuación emocional, que es un subproducto necesario de los cambios personales, a menudo resulta incómoda, constituye también un maravilloso antídoto para los momentos de estancamiento y aburrimiento que se producen en cualquier relación prolongada. El hecho de pasar por malos momentos no significa que la relación esté mal o tenga problemas graves. Todas las buenas relaciones tienen momentos difíciles de vez en cuando. Es importante comprender que esos malos momentos no significan que la relación sea deficiente sino que, más bien, señalan un nuevo cambio que la pareja debe encarar en forma positiva y flexible.

Regla Nº 8

La infidelidad siempre envenena el amor

En las últimas dos décadas hemos visto un nivel cada vez mayor de sofisticación y cinismo en Estados Unidos. El control de la natalidad y la consiguiente revolución sexual produjeron una amplia experimentación y una lenta pero persistente erosión del valor de la fidelidad. Es triste, pero nos hemos acostumbrado a la infidelidad a medida que las aventuras extramatrimoniales se fueron volviendo cada vez más comunes. En algún momento, los hombres eran mucho más propensos que las mujeres a tener relaciones extramatrimoniales; en la actualidad, hombres y mujeres las tienen con igual frecuencia.

Parte del razonamiento consistía en que esa clase de relaciones no eran particularmente dañinas. "Ojos que no ven, corazón que no siente", era la débil razón. "Las aventuras pueden, incluso, ser buenas para una relación", era la excusa. La gente llegó a creer que la infidelidad era relativamente benigna: si todo el mundo lo hace, debe de estar bien. ¡Mal! Si bien la infidelidad no conduce al divorcio, como sucedía con frecuencia en el pasado, sí causa un daño permanente en el vínculo amoroso.

Una relación extramarital no es una solución: es un síntoma de que hay problemas. Los hombres y las mujeres que son infieles tratan de resolver dilemas internos buscando un refugio momentáneo en otra persona. Ese recurso rara vez es efectivo como solución y, aunque parezca bueno, sucede algo destructivo que no se puede deshacer, aunque la otra persona nunca se entere. Ha habido una violación del compromiso, la cual tiene connotaciones muy profundas.

Cuando respetamos y honramos el compromiso matrimonial, nos sentimos cómodos y en paz con nuestra conducta. No tenemos nada que esconder ni debemos preocuparnos por cubrir nuestras huellas. El engaño es un acto destructivo y deshonesto que nunca conduce a un resultado positivo. Por otra parte, cuando actuamos en forma deshonesta, en el fondo lo sabemos y nos sentimos despojados de honor y carácter.

El honor y la lealtad son esenciales para cualquier relación fuerte y afectuosa. El honor no es, simplemente, un concepto elevado y abstracto; siempre forma parte de nuestra conducta diaria. La lealtad también es algo que se debe practicar; de otro modo, el amor se debilita y la confianza disminuye. Los principios tradicionales fueron desarrollados por motivos sólidos. No fueron erigidos simplemente para santificar el matrimonio o a modo de pautas moralistas para limitar las libertades personales. Más bien, fueron creados empíricamente con el tiempo y reflejan conductas que sostienen el amor, en lugar de debilitarlo.

Regla Nº 9

Es irresponsable culpar

Cuando estamos solos, es imposible responsabilizar a otra persona por nuestra felicidad. Si nos sentimos bien y satisfechos con nosotros mismos, sabemos que es nuestra propia obra. Si nos sentimos mal, también sospechamos que las razones, en última instancia, estarán en nosotros. Podemos blandir el puño, furiosos, al destino, o meditar sobre el tratamiento imperfecto que recibimos en nuestra niñez, pero no tenemos a alguien específico a quien adjudicar nuestra decepción, frustración y dolor. ¡Pero el matrimonio cambia todo eso! Todos ingresamos en el matrimonio con grandes esperanzas, listos para intentarlo y ansiosos por brindar nuestro amor. Y ¿qué encontramos?

La felicidad conyugal pronto se convierte en imperfección conyugal a medida que vamos descubriendo, con asombro y consternación, que no satisface todas nuestras necesidades y que, incluso, crea toda una serie de nuevos problemas que debemos enfrentar y solucionar.

El matrimonio crea el medio perfecto para el desarrollo de la culpa y la acusación. Cuando somos solteros, la explicación de la insatisfacción es: "Si no soy feliz, es mi culpa." En el matrimonio, este lamento se transforma fácilmente en: "Si no soy feliz, la culpa es tuya." Los cónyuges son chivos expiatorios muy convenientes.

Siempre resulta mucho más difícil analizarse con ojo crítico que culpar. Es mucho menos amenazador criticar lo que "ellos" hacen o dejan de hacer, y más doloroso enfrentarnos a lo que "nosotros" hacemos. Culpar es algo conveniente: la culpa es *tuya*, lisa y llanamente. Cuando lanzamos una acusación, siempre parece mucho más sencillo que tratar de entender qué actitud nuestra contribuye a nuestra infelicidad. Es más fácil responsabilizar a otro por nuestra desdicha que asumir la responsabilidad por nuestra situación.

Culpar a otro siempre es contraproducente. Aumenta la pasividad personal y nos hace sentir víctimas y a merced del tratamiento que nos den los demás. El objetivo de las acusaciones, aunque esté vagamente definido, tiene que ver con cierto tipo de cambio que deseamos que se produzca. Pero siempre hace que la satisfacción de *nuestro* deseo dependa de los actos de *otra persona*. La acusación es, por lo general, repetitiva; está dirigida a inducir un sentimiento de culpa y a herir a nuestra pareja. Lo que cosechamos tras las acusaciones reiteradas rara vez es un cambio positivo sino, más bien, una acumulación de resentimiento y un lento desgaste del afecto.

No se deje atrapar en la trampa de las acusaciones, pues, sencillamente, no dan resultado. Asuma una postura más afirmativa. Sea clara y específica acerca de lo que desea y de cómo planea llevarlo a cabo. Cuanta más responsabilidad personal asumamos por la calidad de nuestra vida, menos necesitaremos culpar a los demás y, lo que es más importante, seremos más felices.

Regla Nº 10

Dar es contagioso

El amor requiere momentos de verdadera generosidad y falta de egoísmo. En la ausencia de reciprocidad, el amor es más una dependencia persistente que el respeto y el cariño mutuos. Si bien el amor adulto entre un hombre y una mujer requiere que haya equilibrio entre el dar y el recibir, los momentos de generosidad constituyen la esencia del amor.

La década de 1960 nos enseñó a apreciar y a ponernos en contacto con nuestros sentimientos. Nos proporcionó, además, un permiso para interesarnos más en nosotros mismos y hacer de la felicidad personal el centro de las relaciones de pareja. Incluso los votos matrimoniales fueron modificados para reflejar ese énfasis en el yo: el "hasta que la muerte nos separe" fue remplazado por "mientras satisfagamos nuestras necesidades mutuas".

Si bien la década de 1960 ya se ha ido, persisten vestigios del legado de la generación del "yo". Poco a poco nos alejamos de una época en la cual los matrimonios se descartaban sin darles mayor importancia y el divorcio se consideraba una aventura interesante, pero lo que persiste es una obstinada concentración en el yo y en la gratificación personal. Para seguir enamorados se necesita más que eso.

El verdadero amor requiere, a veces, que hagamos momentáneamente a un lado nuestras necesidades y atendamos las de nuestra pareja, no en forma constante ni unilateral, sino a veces. La manera más fuerte y dramática que tenemos de experimentar el vínculo del amor consiste en brindarnos a nuestra pareja sin egoísmo. Ese acto nos conecta directamente al corazón mismo del amor. De hecho, nos sentimos mucho más "enamorados" cuando nos brindamos activamente que cuando recibimos.

En una relación amorosa, dar es contagioso. Proporciona un modelo de generosidad e interés que alienta la reciprocidad. No dé para recibir, pues el amor no es así. Tampoco se debe dar incansablemente, en un vacío. Una buena regla empírica que todos podemos seguir es dar un setenta por ciento y exigir un treinta.

Regla Nº 11

El amor no castiga: perdona

Todos cometemos errores. Todos lastimamos y decepcionamos a veces a nuestra pareja. Todos somos, alguna vez, insufribles y fastidiosos. Entonces sucede una de dos cosas: o desarrollamos la capacidad de perdonar y seguir adelante, o comenzamos a acumular resentimiento.

Hay dos maneras de perdonar. En primer lugar, es importante aprender a perdonarse uno mismo. Nadie es perfecto; todos haremos sufrir alguna vez a nuestra pareja. Perdonarse no es excusarse ni justificar los actos hirientes; es, simplemente, perdonarse, desprenderse de los sentimientos negativos que acompañan lo que hemos hecho para lastimar a nuestra pareja. No se debe tomar a la ligera el perdón a uno mismo, pues si no se produce es inevitable que se acumulen sentimientos destructivos de culpa y autorrecriminación.

En segundo lugar, resulta esencial aprender a perdonar totalmente a nuestra pareja. El deseo de lastimar, de desquitarse, de demostrar que tenemos razón, incluso de obtener una confesión por parte de nuestra pareja es normal. Todos, sin excepción, tenemos esas necesidades viles de sentirnos mejores. Pero, a la larga, cuando la ira comienza a aplacarse, el paso final para recuperar el amor y la armonía es el perdón. El perdón desbloquea al amor. Por heridos o disgustados que estemos, por más que nos hallemos convencidos de tener la razón y por mucho que deseemos culpar a nuestra pareja o desquitarnos, no podemos volver a amar en forma positiva si no optamos por perdonar.

¿Qué es, exactamente, perdonar? En primer lugar, es un acto intencional y voluntario. No se puede coaccionar ni obligar a una persona a perdonar. No basta decir: "ya te dije que acepto tus disculpas." Perdonar no es algo que decimos, no es un proceso verbal. Se trata, más bien, de un acto interno que libera la ira y el dolor. Perdonar no es olvidar. El solo hecho de que hagamos algo a un lado en forma momentánea, o lo olvidemos por un tiempo, no significa que lo hayamos perdonado. Perdonar no es excusar, y no implica racionalizar ni explicar los sentimientos de dolor. Perdonar es llegar al punto en que estamos dispuestos a desprendernos de los sentimientos negativos y dolorosos. Esta decisión activa e intencional es necesaria para que la relación avance en una forma afectuosa y cálida.

Estas son las pautas que han resultado efectivas para capacitar a las parejas a fin de crear un ambiente en el cual el amor florezca. Si usted actúa sobre estas reglas y teniendo conciencia de lo que realmente sucede entre hombres y mujeres, estamos seguros de que descubrirá un nivel de satisfacción y felicidad que hará que todo el trabajo necesario valga el esfuerzo.

En este libro, nuestro propósito ha sido el de demostrar cómo es posible seguir enamorados, y que el hecho de hacer que una relación funcione no tiene por qué ser ese ejercicio de decepción y frustración que parece ser hoy en día para tanta gente. Si bien nos hemos concentrado más en las maneras en que los hombres responden al amor, esperamos que usted haya recibido nuestro mensaje más fundamental: sólo aquellos actos que acrecientan nuestro sentido del valor personal, nuestra dignidad y nuestra integridad personal valen la pena con la persona a quien amamos. El hecho de sentirnos bien con nosotros mismos conduce a un aire de confianza y comodidad que hace posible el amor y lo mantiene más vivo que nunca.

APENDICE

Tests: Maneras de amar

La siguiente serie de tests está diseñada para medir distintas maneras de relacionarse. Como verá, cada uno se refiere a un capítulo importante del libro. Su propósito es ayudarla a comprender mejor en qué forma sus actitudes, sentimientos y conductas para con los hombres afectan la calidad de sus relaciones.

Creemos que le resultará útil responder cada uno de ellos a fin de evaluar áreas potencialmente problemáticas en su manera de relacionarse con los hombres. Una vez que haya obtenido su puntaje en cada test, quizá desee releer el capítulo indicado para comprender con mayor profundidad sus sentimientos en relación con ciertas actitudes o conductas.

CAPITULO 2: EL TEMOR INCONSCIENTE A LA INTIMIDAD EMOCIONAL

Verdadero Falso

1. No podría ser tan abierta con un
   hombre como lo soy con una mujer.   V   F

2. Siento que mi pareja es también mi mejor amigo. V F

3. Soy consciente de que tengo una intensa necesidad de privacidad. V F

4. Me siento más unida a un hombre cuando soy más vulnerable que él. V F

5. A menudo, cuando estoy con un hombre, presiento que interpongo una barrera entre nosotros. V F

6. Me siento más cómoda con mis amistades femeninas que con las masculinas. V F

7. Odio los silencios cuando hago un largo viaje en automóvil con un hombre. V F

8. Me gusta caminar e ir de la mano con un hombre a quien quiero. V F

9. Me siento incómoda cuando veo llorar a un hombre. V F

10. Cuando un hombre se pone emotivo, me pregunto si es débil. V F

11. Los momentos que más disfruto con un hombre son aquellos en que hay al menos una distracción: amigos, hijos o alguna actividad estructurada. V F

12. Me agradan los hombres independientes, fuertes y reservados.   V   F

13. Tengo miedo de que si permito que
un hombre me conozca de verdad,
deje de agradarle.   V   F

14. Debo admitir que no confío mucho
en los hombres.   V   F

15. No me gusta desnudar mi alma ante
un hombre, como tampoco me gusta
que él desnude la suya ante mí.   V   F

16. Cuanto más revelo de mí a un
hombre, mejor me siento.   V   F

17. Después de una relación sexual,
lo que más me agrada es que el
hombre me abrace en silencio.   V   F

18. Hay cosas de mi pasado que jamás
podría decir a un hombre.   V   F

19. Tengo serias dudas acerca de mí
y sentimientos de inadecuación.   V   F

20. Me cuesta mucho revelar mis sentimientos a un hombre.   V   F

21. Sé que no me permito intimar demasiado, para no sufrir tanto si pierdo
a un hombre a quien quiero.   V   F

22. Temo que, si me abro a un hombre,
él desee y espere demasiado de mí.   V   F

23. No me agradan los hombres que hablan
    conmigo de sus problemas laborales.   V   F

24. Cuanto más contacto tengo con un
    hombre, mejor me siento.   V   F

25. En mis relaciones, prefiero no
    hablar mucho de mis sentimientos.   V   F

Puntaje

Anótese un punto por cada una de las siguientes preguntas que haya respondido "V": 1, 3, 5, 6, 7, 9, 10, 11, 12, 13, 14, 15, 18, 19, 20, 21, 22, 23, 25.

Anótese un punto por cada una de las siguientes preguntas que haya respondido "F": 2, 4, 8, 16, 17, 24.

Sume sus puntos.

Interpretación

0 - 4 puntos: Este puntaje revela una sensación permanente de comodidad personal, la facilidad y la voluntad de ser usted misma con un hombre, y el deseo de fomentar la intimidad emocional. Además, refleja su aceptación básica de los hombres y el placer que le produce permitir que sean abiertos con usted. Su confianza en sí misma y su autoestima fomentarán y contribuirán a mantener un vínculo estrecho.

5 - 7 puntos: En general, los hombres se sienten cómodos con usted, aunque, por otro lado, este puntaje sugiere la presencia de barreras sutiles que pueden impedir el desarrollo de una intimidad verdadera y prolongada con un hombre. Tales límites pueden surgir de cuestiones personales relacionadas con la autoestima o con reacciones poco claras o ambivalentes con relación a los aspectos más vulnerables de la conducta y los sentimientos masculinos.

8 - 11 puntos: Este puntaje revela la existencia de ciertos obstáculos para el desarrollo de la intimidad emocional con un hombre. Tales obstáculos no son el resultado de la incomodidad que pueda producirles a los hombres la intimidad sino, más bien, del temor que le provoca a usted. Sería importante que analizara su autoestima y su confianza en sí misma.

12 o más puntos: Este puntaje indica que usted tiene dificultades significativas con la intimidad emocional. Estos conflictos reflejan sentimientos de inadecuación y temor de verse expuesta. Los hombres se sienten incómodos si se abren a usted, pues detectan la angustia que experimenta ante la comunicación de sentimientos verdaderos. Tal vez sea útil que analice en qué medida se acepta a sí misma, y si es realmente capaz de tolerar que un hombre la conozca de verdad.

CAPITULO 3: COMO LAS EXPECTATIVAS INOCENTES SE VUELVEN PELIGROSAS

Verdadero Falso

1. En una relación de pareja no espero que el hombre sienta por mí el mismo grado de romanticismo que yo siento por él.   V   F

2. Me decepciono si un hombre deja de hacer esas pequeñas cosas que reflejan verdadero afecto. V F

3. No me siento bien con un hombre a menos que tenga mejor educación y gane más dinero que yo. V F

4. Rara vez pierdo el respeto por un hombre que no es fuerte y seguro conmigo. V F

5. Cuando a un hombre no le interesa tanto como a mí tener una relación comprometida, me siento rechazada. V F

6. No me molesta que un hombre a quien quiero no me proteja mucho. V F

7. No soporto estar con un hombre que deja que los otros lo dominen o se aprovechen de él. V F

8. No me agrada percibir indicios de miedo en un hombre. V F

9. Por lo general, no me molesta tener que ser siempre yo quien sugiera una cena íntima o un fin de semana tranquilo con un hombre. V F

10. Tolero mucho más una demostración emotiva en mis amigas que en un hombre. V F

11. En general, no tengo una opinión muy buena de los hombres que no son más maduros que yo. V F

12. Nunca me esfuerzo demasiado en un relación.   V   F

13. La mayoría de los hombres a quienes conozco son más fuertes que yo.   V   F

14. Debo admitir que me siento un poco incómoda con un hombre .emocionalmente sensible.   V   F

15. No me resiento cuando un hombre parece necesitar a sus amigos tanto como a mí.   V   F

16. Básicamente, pienso que a los hombres les gusta embaucar a las mujeres.   V   F

17. Me fastidia que un hombre no tenga sentido de la elegancia y no sepa vestirse.   V   F

18. No me siento en absoluto incómoda cuando un hombre muestra indicios de inseguridad.   V   F

19. No espero más de un hombre que de una mujer.   V   F

20. Por lo general, me agrada que el hombre sea más fuerte y esté más capacitado que yo.   V   F

21. No tengo ninguna expectativa en especial acerca de que un hombre deba saber cuidarse en una situación peligrosa o difícil.   V   F

22. Prefiero el tipo de hombre más
bien fuerte e independiente. V F

23. A medida que transcurre una relación,
tiendo a sentirme algo desilusionada
con mi pareja. Quisiera que cambiara
y respondiera más a lo que yo necesito. V F

24. En realidad, no espero que mi pareja
comparta mis puntos de vista, y rara
vez me decepciono cuando no lo hace. V F

25. Mi padre era fuerte, capaz y triunfador. Siempre me dio todo lo que
yo deseaba. V F

Puntaje

Anótese un punto por cada una de las siguientes preguntas que haya respondido "V": 2, 3, 5, 7, 8, 10, 11, 13, 14,
16, 17, 20, 22, 23, 25.

Anótese un punto por cada una de las siguientes preguntas que haya respondido "F": 1, 4, 6, 9, 12, 15, 18, 19, 21,
24.

Sume sus puntos.

Interpretación

0 - 4 puntos: Un puntaje de 0 a 4 refleja un firme sentido
de la identidad personal. Usted tiene suficiente seguridad
en sí misma para ver a los hombres con claridad y relacionarse con ellos sin expectativas poco realistas. Sin duda,
los hombres se sienten cómodos al mostrarse a usted tal
como son y disfrutan la aceptación básica que usted les demuestra.

5 - 7 puntos: Este puntaje sugiere un reconocimiento de las realidades básicas de la conducta masculina, pero también algo de decepción y resentimiento. Es posible que esa necesidad suya de que los hombres satisfagan sus deseos y expectativas le provoque una desilusión gradual.

8 - 11 puntos: Un puntaje de entre 8 y 11 puntos indica muchas ilusiones con respecto a los hombres y, a la vez, mucha decepción. Las expectativas que usted lleva a sus relaciones implican un verdadero riesgo de crear sentimientos de presión e incomodidad en los hombres. Sus actitudes hacia ellos, alimentadas por sus sentimientos de inseguridad, pueden hacer que sea difícil confiar en los hombres y lograr intimidad emocional con ellos, dado que experimentan esas expectativas como exigencias.

12 o más puntos: Este puntaje refleja graves interferencias provocadas por una percepción errónea de los hombres. Estos no se sienten cómodos con usted y, a medida que usted vaya expresando sus actitudes y que ellos las reconozcan, se volverán cada vez más recelosos, cautos y resentidos. Sería conveniente que usted analizara en detalle sus expectativas para con los hombres si desea que se sientan cómodos con usted.

CAPITULO 4: LAS MUJERES QUE, EN EL FONDO, DESPRECIAN A LOS HOMBRES

Verdadero Falso

1. No me asusta la idea de necesitar a un hombre.   V   F

2. A veces me enfurezco con los hombres sin saber con exactitud por qué.   V   F

3. La mayoría de los hombres tienden a ser abusadores o débiles.   V   F

4. Respeto y valoro a los hombres tanto como a las mujeres.   V   F

5. No quiero llegar a querer a un hombre hasta el punto en que me destrozaría perderlo.   V   F

6. Me agradan los hombres que pueden compartir conmigo tanto sus problemas personales como sus triunfos.   V   F

7. Lo único que emociona a los hombres son los deportes y los problemas laborales.   V   F

8. Fuera de su trabajo y lejos de sus amigos, los hombres son como bebés.   V   F

9. Cuando un hombre parece "necesitado", tiendo a perderle un poco el respeto.   V   F

10. No me preocupa que el hecho de dar a un hombre lo que necesita me quite tiempo o energías para ocuparme de mí.   V   F

11. Tengo miedo de perderme en una relación, y he luchado demasiado para permitir que eso suceda.   V   F

12. Los hombres pueden decir que quieren intimidad emocional, pero en realidad lo que desean es poseer a la mujer.   V   F

13. Siento que, entre mi pareja y yo, hay un saludable equilibrio de dependencia.   V   F

14. Me agrada la vulnerabilidad masculina; me demuestra que son humanos y me hace confiar más en ellos.   V   F

15. Cuando puedo dar a un hombre lo que necesita me siento tan bien como cuando él presta atención a mis necesidades.   V   F

16. Sé que necesito tener a un hombre en mi vida pero, en realidad, no me agradan tanto los hombres.   V   F

17. Si un hombre no tolera que yo sea agresiva sexualmente, creo que es su problema.   V   F

18. En general, me resulta bastante fácil confiar en un hombre.   V   F

19. Creo que la mayoría de los hombres son, básicamente, bastante seguros.   V   F

20. Cuando soy activa y agresiva con un hombre me siento tan bien como cuando soy débil y receptiva.   V   F

21. Me encanta poder desenmascarar
    a los hombres.   V   F

22. Me cuesta responder sexualmen-
    te a un hombre, a menos que sea
    yo quien tome la iniciativa
    sexual.   V   F

23. En el fondo, creo que un hom-
    bre siempre debe estar listo
    sexualmente, aunque yo no lo esté.   V   F

24. Creo que, básicamente, todos
    los hombres se parecen.   V   F

25. Me sentía incómoda con mi padre.   V   F

Puntaje

Anótese un punto por cada una de las siguientes preguntas que haya respondido "V": 2, 3, 4, 5, 7, 8, 9, 11, 12, 16, 17, 21, 22, 23, 24, 25.

Anótese un punto por cada una de las siguientes preguntas que haya respondido "F": 1, 6, 10, 13, 14, 15, 18, 19, 20.

Sume sus puntos.

Interpretación

0 - 4 puntos: A usted le resulta fácil equilibrar las exigencias emocionales de una relación con su deseo de una actividad independiente. Este puntaje indica un alto grado de comodidad con usted misma y con los hombres. Si bien usted puede ser muy fuerte y tener muchos logros, su fuerza y capacidad no se expresan de una manera que indique una actitud furiosa o competitiva para con los hombres.

Las heridas que le provocaron los hombres en el pasado han sido asumidas y resueltas lo suficiente para que no envenenen sus relaciones actuales. Esencialmente, usted es perceptiva con los hombres y, sin juzgarlos, es sensible a sus puntos vulnerables.

5 - 7 puntos: Si bien usted se siente relativamente cómoda en una relación interdependiente con un hombre, a veces teme que, al brindarse más a él, quede menos para usted; en otras palabras, teme que él le exija demasiado. Sus respuestas indican una ligera tendencia a ignorar o subestimar ciertas áreas de las relaciones. Es probable que los hombres se muestren un poco cautos o vacilantes con usted.

8 - 11 puntos: Usted tiende a pasar por alto o a negar las necesidades emocionales de los hombres. Este puntaje indica que, salvo los más seguros de sí mismos, los hombres pueden reaccionar a usted con recelo y angustia. Es probable que no se abran a usted por temor a ser vistos como "menos". Pueden ver los puntos fuertes que usted revela como armas en potencia, y no simplemente como cualidades maravillosas e interesantes. Es probable que las heridas no resueltas que usted acarrea de su pasado influyan en sus relaciones actuales, y produzcan incomodidad y alienación en los hombres. Necesita sentirse mejor y más cómoda con usted misma.

12 o más puntos: La incomodidad que le produce la dependencia masculina y el temor a verse agotada o explotada por un hombre hacen que usted se retraiga emocionalmente. Tal vez no sea su intención intimidarlos, pero es obvio que los hombres reaccionarán como si lo hiciera. Usted da a sus relaciones un matiz que, sin duda, crea angustia en los hombres. Puede ser conveniente que usted analice sus niveles de comodidad en relación con sus puntos fuertes y que trate de poner en paz a sus viejos sentimientos de ira hacia los hombres, que siguen aflorando en sus nuevas relaciones.

CAPITULO 5: COMO LA NECESIDAD DE DOMINAR RESULTA CONTRAPRODUCENTE

Verdadero Falso

1. Creo que el interés de los hombres por los deportes es excesivo y puede reflejar inmadurez. V F

2. La mayor parte del tiempo, los hombres no son más que niños grandes. V F

3. En una relación, no me parece especialmente importante que las cosas se hagan a mi modo. V F

4. La mayoría de los hombres necesitan crecer un poco. V F

5. Por lo general, mi manera de hacer las cosas es mucho mejor que la de los demás. V F

6. No me asusta viajar en avión. V F

7. No me molesta estar en sitios atestados o cerrados, de donde no puedo salir fácilmente. V F

8. No me gusta que un hombre me necesite para algo maternal.   V   F

9. La mayoría de los hombres son capaces de ser monógamos en una relación duradera.   V   F

10. Me siento más segura cuando sé que un hombre me necesita.   V   F

11. Tiendo a sospechar, aun cuando un hombre no dé motivos para hacerlo.   V   F

12. No me molesta que mi pareja viaje sin mi.   V   F

13. Si una no está atenta, la mayoría de los hombres juegan malas pasadas.   V   F

14. La mayoría de los hombres necesitan una buena mujer que les haga la vida más fácil.   V   F

15. Es bueno dejar que un hombre piense que es él quien toma las decisiones.   V   F

16. Me siento cómoda en una relación, aunque la mayor parte del tiempo no sepa dónde ni con quién está mi pareja.   V   F

17. Si el hombre lo permite, tiendo a asumir la posición más dominante.   V   F

18. La mayoría de los hombres son

capaces de mantener una amistad
platónica con las mujeres.   V   F

19.   Tenemos relaciones sexuales sólo
cuando estoy de ánimo.   V   F

20.   Recibir críticas de un hombre no
me resulta más difícil que
hacerlas.   V   F

21.   En mis relaciones, nunca tuve la
tendencia a ser un poco autoritaria.   V   F

22.   No soy celosa ni posesiva con mi
pareja.   V   F

23.   Me resulta vagamente inquietante
no estar del todo al tanto de las
actividades de mi pareja.   V   F

24.   Tengo una intensa necesidad de
orden y organización, y de que
las cosas se hagan de una manera
en particular.   V   F

25.   Me fastidia no poder comunicarme
con alguien por teléfono.   V   F

Puntaje

Anótese un punto por cada una de las siguientes preguntas que haya respondido "V": 1, 2, 4, 5, 8, 10, 11, 13, 14, 15, 17, 19, 23, 24, 25.

Anótese un punto por cada una de las siguientes preguntas que haya respondido "F": 3, 6, 7, 9, 12, 16, 18, 20, 21, 22.

Sume sus puntos.

Interpretación

0 - 4 puntos: Este puntaje indica un sentido general de bienestar y una actitud confiada y despreocupada con los hombres. Dado que usted se agrada a sí misma, no necesita dominar ni dirigir los sentimientos y los actos de su pareja. Si bien es posible que se equivoque en el sentido de permitir que su pareja se salga demasiado con la suya, no tiende a ser excesivamente dominante y no lo hace sentir incómodo ni resentido.

5 - 7 puntos: Un puntaje como éste significa que el control puede ser un problema subyacente para usted, por más que disfrace sus manifestaciones con los hombres. Estos tienden a ser un poco cautos con usted y a poner en duda que los aprecie y confíe en ellos. Presienten que usted necesita dominar para sentirse más segura.

8 - 11 puntos: Un puntaje entre 8 y 11 significa que el control es, sin duda, una cuestión importante para usted y que afecta sus relaciones con los hombres. A usted le cuesta apreciar a los hombres, confiar en ellos y aceptarlos tal como son, y es probable que esa dificultad la impulse a tratar de cambiarlos en cierta forma. Las fuerzas que esos sentimientos desatan pueden impedir que un hombre se sienta cómodo con usted.

12 o más puntos: Un puntaje tan alto refleja una intensa necesidad de dominar y de tener el poder en una relación. Sus decepciones y heridas pasadas hacen que trate de protegerse por medio de las diversas manifestaciones del control: interminables pruebas de amor, sospechas y amenazas, y teme que, al no ser poderosa, llegue a hallarse impotente. Su persistente necesidad de estar a cargo, que la lleva a herir al otro antes de resultar herida, alejará a los hombres, especialmente a quienes más valora.

CAPITULO 6: LAS MUJERES QUE DAN DEMASIADO

Verdadero Falso

1. Temo que mi sola presencia no sea suficiente para un hombre; tengo que hacer cosas para él constantemente a fin de conservar su interés.   V   F

2. Por lo general, soy yo quien tiene que esforzarse más en una relación.   V   F

3. Me siento realmente capaz de ser amada.   V   F

4. Cuanto más quiero a un hombre, menos temo que me abandone.   V   F

5. Nunca me cuesta defender lo que quiero y necesito en una relación de pareja.   V   F

6. En general, me siento más cómoda cuando me brindo a un hombre que cuando él se brinda a mí.   V   F

7. Me brindo demasiado a mi pareja porque necesito demasiado.   V   F

8. Me atraen los hombres que tienen

problemas personales y siempre
acabo tratando de resolverlos.   V   F

9.   No me agrada atender a un hombre.   V   F

10.   Soy consciente de que necesito que
mi pareja me confirme su amor
constantemente.   V   F

11.   Siento que mi padre nunca me quiso
de verdad.   V   F

12.   Solía esforzarme mucho por lograr
la aprobación de mi padre.   V   F

13.   No recuerdo haberme sentido mal
por la forma en que mi padre
trataba a mi madre.   V   F

14.   Ninguno de mis padres abusaba
del alcohol ni de las drogas.   V   F

15.   Cuando un hombre me dice que me
ama, me cuesta creerle de verdad.   V   F

16.   En lo relativo a los hombres, sé
que me falta autoestima.   V   F

17.   Por lo común, no me relaciono
con los hombres con demasiada
rapidez o intensidad.   V   F

18.   Por más que quiera a un hombre,
en general no antepongo sus
necesidades a las mías.   V   F

19.   Tiendo a deferir a un hombre, aun

cuando creo que, básicamente,
tengo razón.   V   F

20. En una relación de pareja, prefiero sacrificar mis necesidades
a correr el riesgo de parecer
exigente.   V   F

21. Raras veces acabo por atender a
un hombre, en especial en los
aspectos en que es perfectamente
capaz de arreglárselas solo.   V   F

22. Jamás me sentí explotada por los
hombres.   V   F

23. Mi mayor temor en una relación
es el de ser abandonada.   V   F

24. Quisiera tener reciprocidad en mis
relaciones, pero no la exijo.   V   F

25. Muy pocas veces tengo la impresión
de que me toman por segura.   V   F

Puntaje

Anótese un punto por cada una de las siguientes preguntas que haya respondido "V": 1, 2, 6, 7, 8, 10, 11, 12, 15,
16, 19, 20, 23, 24.

Anótese un punto por cada una de las siguientes preguntas que haya respondido "F": 3, 4, 5, 9, 13, 14, 17, 18, 21,
22, 25.

Sume sus puntos.

Interpretación

0 - 4 puntos: Un puntaje de 0 a 4 refleja un firme grado de confianza y autoestima. No cabe duda de que usted confía en sus sentimientos y en su sentido de lo apropiado y, por lo tanto, no cae en la trampa de la conducta sacrificada. Se siente digna de ser amada y espera un grado razonable de reciprocidad. En general, los hombres la aprecian y la respetan.

5 - 7 puntos: Este puntaje sugiere que, en cierta medida, usted duda de su propio valor y de la sinceridad del amor masculino, y es probable que permita que la tomen como algo seguro. Puede ocuparse demasiado de las necesidades de su pareja y descuidar las propias.

8 - 11 puntos: Un puntaje así refleja una importante y arraigada actitud de duda para con usted misma. Espera demasiado de sí misma y demasiado poco de su pareja en lo relativo a sensibilidad y reciprocidad. Corre el riesgo de que los hombres la descuiden con facilidad porque teme defender esos derechos tan realistas como apropiados.

12 o más puntos: Un puntaje tan alto indica un grave peligro de estar a merced de los hombres e, incluso, de ser víctima de ellos. Usted tiende a ser demasiado modesta y sacrificada. Estas cualidades, en lugar de lograr que su pareja la ame más, crean una seria probabilidad de que la explote, la descuide e, incluso, abuse de usted. Es importante que se concentre más en aprender a quererse y aceptarse y menos en complacer a su pareja.

CAPITULO 8: RENUNCIAR AL PRINCIPE AZUL Y BUSCAR AL HOMBRE

Verdadero Falso

1. Los hombres podrán estar bien en un contexto laboral, pero son bastante retrógrados cuando se trata de una relación de pareja.　　　　　　　V　　F

2. Puedo encontrar algo interesante o algo que me agrada en muchos de los hombres que conozco.　　　　　V　　F

3. Las mujeres han cambiado mucho en los últimos años; ahora creo que llegó el turno de los hombres, y tienen mucho en qué cambiar.　　V　　F

4. Creo que, en realidad, no entiendo a los hombres.　　　　　　　　　　V　　F

5. Debo admitir que temo a los hombres y soy cauta con ellos.　　　　　　V　　F

6. Creo que he renunciado a la mayoría de mis ilusiones con respecto a los hombres pero, de todos modos, me agradan.　　　　　　　　　　　V　　F

7. Jamás pude mantener una amistad intensa y platónica con un hombre.　　　　　　　　　　　V　　F

8. Me cuesta perdonar realmente a un hombre cuando me ha decepcionado o herido.　　　　　　　V　　F

9. No exijo ni critico más a los demás que a mí misma. V F

10. En el fondo, soy una idealista. V F

11. Hay una manera correcta y una incorrecta de hacer las cosas. V F

12. Me han dicho que soy bastante perfeccionista. V F

13. Los hombres tienden a ser abiertos conmigo. V F

14. Tuve un hermano que me agradaba cuando era pequeña. V F

15. A pesar de que no son perfectos, me agradan los hombres. V F

16. Pienso que la mayoría de los hombres tienen deficiencias bastante serias. V F

17. La mayoría de los hombres tienen un lado vulnerable que me hace quererlos más. V F

18. La mayoría de mis interacciones con los hombres son superficiales. V F

19. Me gusta compartir confidencias con un hombre. V F

20. Siempre me resultó difícil e incómodo hablar con mi padre. V F

21. Cuando estoy en una relación de pareja, soy monógama. V F

22.	Mi pareja tiene seguridad de mi amor por él.	V	F
23.	Los hombres me agradan prácticamente tal como son.	V	F
24.	Mi pareja parece confiar más en sus amigos que en mí.	V	F
25.	Básicamente, apruebo y apoyo la relación de mi pareja con sus amigos.	V	F

Puntaje

Anótese un punto por cada una de las siguientes preguntas que haya respondido "V": 2, 6, 9, 13, 14, 15, 17, 19, 21, 22, 23, 25.

Anótese un punto por cada una de las siguientes preguntas que haya respondido "F": 1, 3, 4, 5, 7, 8, 10, 11, 12, 16, 18, 20, 24.

Sume sus puntos.

Interpretación

21 - 25 puntos: Usted realmente disfruta de la compañía de los hombres. Le agrada conocerlos sin preconceptos ni expectativas acerca de cómo deberían ser y, por consiguiente, ellos la buscan y se permiten intimar con usted, sabiendo que serán aceptados.

17 - 20 puntos: En general, usted acepta a los hombres, pero hay momentos en que emergen viejos sentimientos de desconfianza que la llevan a protegerse un poco. Si bien esta actitud puede no desconcertar a los hombres, es probable que se muestren un poco cautos con usted y tarden en comprometerse.

13 - 16 puntos: Usted se siente incómoda con los hombres y le preocupa más recibir comprensión que brindarla. Necesita simplificar demasiado las necesidades masculinas, y el hecho de que no tome en cuenta lo que un hombre es en realidad puede hacer que éste desconfíe de usted.

12 o menos puntos: Debido a decepciones y heridas pasadas, usted desconfía de los hombres y le cuesta sentir un verdadero afecto por ellos. Existe la posibilidad de que se muestren cautelosos en su presencia, incluso hostiles, tal vez, pues pueden no darse cuenta de que esa fachada es, en realidad, una manera de evitar el dolor. Pocos hombres prolongan una relación en la que hay tan poco afecto y aceptación.

CAPITULO 9: CONFIAR EN QUE UN HOMBRE AME LA FORTALEZA DE SU MUJER

Verdadero Falso

1.   Me siento incómoda en las posiciones
de liderazgo.   V   F

2.   No vacilo en expresar mis sentimientos
ni mis opiniones.   V   F

3.   Creo que sé juzgar a la gente y
confío en mis percepciones.   V   F

4. Tengo pocas ilusiones con respecto a los hombres y puedo ver con claridad sus puntos fuertes y débiles.   V   F

5. No tengo una carrera en especial y poseo poco conocimiento de la clase de experiencias laborales que tienen los hombres.   V   F

6. Los hombres me respetan a mí, lo que sé y lo que puedo hacer en el mundo.   V   F

7. Siento que, en realidad, los hombres a quienes conozco y quiero no me tratan de igual a igual.   V   F

8. No puedo brindarme a un hombre sin perderle un poco el respeto.   V   F

9. Los hombres a quienes quiero valoran mis observaciones y opiniones.   V   F

10. Los hombres que me interesan me ven fuerte pero no los intimido.   V   F

11. Conozco y entiendo los puntos débiles de mi pareja.   V   F

12. A menudo critico y juzgo demasiado.   V   F

13. En general, mi pareja me ve como a una igual.   V   F

14. La mayor parte del tiempo, dependo más de un hombre que él de mí.   V   F

15. Los hombres tienden a sentirse amenazados o un poco intimidados por mi ca-

pacidad y mis puntos fuertes, en lugar
de verlos como cualidades.   V   F

16.   No pierdo el respeto por un hombre
       aunque ambos sepamos que soy
       mejor que él para ciertas cosas.   V   F

17.   En una relación, me cuesta utilizar
       mis puntos fuertes en forma construc-
       tiva y no competitiva.   V   F

18.   No he tenido relaciones estrechas
       y mutuamente reveladoras con los
       hombres.   V   F

19.   El hecho de estar en una posición
       de liderazgo con un hombre a quien
       quiero no disminuye mis sentimientos
       por él.   V   F

20.   Los hombres tienden a tratarme con
       actitud condescendiente y a hablarme
       en formas sutilmente irrespetuosas.   V   F

21.   Mi pareja valora nuestra relación
       tanto como yo.   V   F

22.   Hay que tener cuidado con los hom-
       bres y tratarlos teniendo en cuenta
       la fragilidad de su ego.   V   F

23.   Me agradan los hombres y he tenido
       intensas amistades con ellos.   V   F

24.   No busco en un hombre más apoyo o
       protección de lo que estoy dispuesta
       a brindarle.   V   F

25. Cuando estoy con un hombre, a veces oculto mi capacidad o mi inteligencia.   V   F

Puntaje

Anótese un punto por cada una de las siguientes preguntas que haya respondido "V": 2, 3, 4, 6, 9, 10, 11, 13, 16, 19, 21, 23, 24.

Anótese un punto por cada una de las siguientes preguntas que haya respondido "F": 1, 5, 7, 8, 12, 14, 15, 17, 18, 20, 22, 25.

Sume sus puntos.

Interpretación

21 - 25 puntos: Su sentido de la independencia y su deseo de experimentar los desafíos de la vida son contagiosos y provocan una intensa atracción en los hombres. Debido a que usted confía en sus propios puntos fuertes y se siente cómoda con ellos, los hombres confían en usted emocionalmente y valoran su inteligencia y entusiasmo.

17 - 20 puntos: Usted cree en sus puntos fuertes y, en general, le resulta aceptable tomar la iniciativa. No teme demostrar lo que es, aunque a veces desee, en el fondo, que su pareja fuera más dominante o que tomara más la iniciativa en sus experiencias compartidas.

13 - 16 puntos: Cada vez que usted se encuentra en una situación en la cual las responsabilidades son iguales en su pareja, se siente incómoda. En una relación, uno de sus principales deseos es la fantasía de que es posible transferir a otra persona sus responsabilidades en la vida. En el fondo, usted cree que es el hombre quien "manda" en la vida, y eso le impide explorar y expandir su propio sentido de la confianza y la competencia.

12 o menos puntos: Usted quiere que el hombre sea la parte fuerte de la pareja. Insiste en aferrarse a nociones anticuadas de la naturaleza masculina y sigue, básicamente, en busca del hombre fuerte y decidido que la proteja. La mayoría de los hombres, al percibir ese deseo secreto, se sienten resentidos y agobiados. Lo triste es que esa insistencia en las formas tradicionales de relacionarse la priva de nuevas experiencias que contribuirían a aumentar su autoestima.

CAPITULO 10: DESPERTAR PASION Y DESEO EN UN HOMBRE

Verdadero Falso

1. Fundamentalmente, me considero cauta
    y conservadora.   V   F

2. Siento las cosas con mucha mayor inten-
    sidad de la que puedo demostrar a
    los demás.   V   F

3. Cuando estoy con alguien a quien
    quiero de verdad, me impongo
    pocas limitaciones.   V   F

4. Creo que la gente me considera
    espontánea y un poco imprevisible.   V   F

5. A veces experimento largos períodos de aburrimiento y apatía.   V   F

6. A veces me fastidian las personas que son infantiles o juveniles.   V   F

7. La gente considera que tengo buen sentido del humor.   V   F

8. A veces me agrada hacer tonterías y jugar.   V   F

9. En general, me tomo con demasiada seriedad.   V   F

10. No logro vencer mi timidez y mi inhibición, aun cuando estoy con alguien que me quiere y en quien confío.   V   F

11. Quisiera poder sentirme más viva y entusiasmada.   V   F

12. Es muy importante para mí no perder el control.   V   F

13. A veces, las sensaciones sexuales intensas me ponen nerviosa.   V   F

14. A veces me pongo muy celosa y me enfado mucho.   V   F

15. Puedo expresar mi inseguridad tan abiertamente como mi deseo.   V   F

16. La mayor parte del tiempo me siento nerviosa e insegura de mí.   V   F

17. No busco aprobación ni validación
en un hombre.   V   F

18. Me siento más cómoda y abierta con
las mujeres que con los hombres.   V   F

19. Disfruto de mi individualidad.   V   F

20. Cuando estoy con un hombre, siento
que pierdo parte de mí.   V   F

21. Mi madre y mi padre se demostraban
abiertamente su cariño.   V   F

22. De niña, casi siempre era obediente
y raras veces me rebelaba.   V   F

23. Muy raras veces utilizo malas palabras
o lenguaje soez.   V   F

24. En la cama, me siento desinhibida y
cómoda con mi cuerpo.   V   F

25. Prefiero hacer el amor con la luz
apagada.   V   F

Puntaje

Anótese un punto por cada una de las siguientes preguntas que haya respondido "V": 3, 4, 7, 8, 15, 17, 19, 21, 24.

Anótese un punto por cada una de las siguientes preguntas que haya respondido "F": 1, 2, 5, 6, 9, 10, 11, 12, 13, 14, 16, 18, 20, 22, 23, 25.

Sume sus puntos.

Interpretación

21 - 25 puntos: A usted le gusta y le entusiasma enfrentar la vida sin vueltas. Esta capacidad de confiar en sus instintos y de sentirse cómoda con su ser físico estimula un interés muy apasionado en los hombres. Estos se excitan y se ven atraídos por esa promesa de experiencias intensas y vivificantes.

17 - 20 puntos: Usted se siente razonablemente cómoda al expresarse y mostrarse abierta, pero a menudo conserva cierta cautela que puede afectar esa comodidad, especialmente en el área sexual. Los hombres se sienten atraídos hacia usted, pero tienden a alternar entre la confianza y la reserva, tal como hace usted.

13 - 16 puntos: Rara vez expresa con espontaneidad sus sentimientos sexuales y sus emociones en general. Lamentablemente, este temor de revelar demasiado y exponerse puede bloquear la intimidad emocional entre usted y los hombres. Sin saber por qué, éstos se apartarán de usted como pareja sexual.

12 o menos puntos: Sus conflictos por las expresiones sexuales y la descarga emocional le impiden sentirse cómoda con los hombres. Estos siempre perciben sus inhibiciones, aunque no hagan ningún comentario al respecto, por lo cual ésta es un área de conflicto para ustedes. Fueran cuales fuesen sus experiencias pasadas con los hombres, usted se está privando de una vida plena; es obvio que su cautela es excesiva.

CAPITULO 11: PROFUNDIZAR EL AMOR POR MEDIO DE LA AMISTAD

1. En mi vida adulta, nunca pude mantener
   una amistad platónica con un hombre
   que fuera importante para mí.   V   F

2. Tengo un sentido de comunidad y de
   experiencias compartidas con los
   hombres.   V   F

3. Jamás podría tener a un hombre como
   mi mejor amigo.   V   F

4. No creo que los hombres puedan tener
   amistad con una mujer; siempre
   quieren más.   V   F

5. Mi pareja es también mi mejor amigo.   V   F

6. Aunque tiendo a discriminar, en general
   me agradan los hombres y confío
   en ellos.   V   F

7. En una relación, me agrada conocer a
   un hombre y que él me conozca a mí.   V   F

8. No me preocupa que una amistad más
   profunda erosione los sentimientos de
   pasión en mi relación con un hombre.   V   F

9. Fundamentalmente, me agrada mi
   pareja a pesar de conocer sus
   defectos.   V   F

10.   Mi pareja considera que soy una
        persona que brinda apoyo.   V   F

11.   Con mi pareja, el sexo puede ser,
        a veces, tan travieso y cándido
        como apasionado.   V   F

12.   Mi comunicación con los hombres
        se produce en varios niveles:
        desde conversaciones traviesas
        hasta otras sumamente conmove-
        doras y reveladoras.   V   F

13.   Me resulta más fácil hacerme amiga
        de un hombre con quien no tengo
        una relación amorosa.   V   F

14.   No imagino tener una amistad con un
        hombre porque, en su mayoría, parecen
        concentrarse en cosas que a mí no
        me interesan.   V   F

15.   Mi pareja nunca podría tolerar ni
        entender que yo tuviera una amistad
        simple e inocente con otro hombre.   V   F

16.   Nunca podría confiar en mi pareja si
        tuviera una amistad con otra mujer y
        se viera con ella en mi ausencia.   V   F

17.   Si realmente se tiene una amistad
        intensa con un hombre, él pierde el
        interés y busca a otra mujer.   V   F

18.   Me agradan los sentimientos de con-
        fianza y comodidad que tengo con un
        hombre cuando nos hacemos amigos. V   F

19. La mayoría de los hombres se interesan mucho más por el aspecto de una mujer que por la clase de amiga que puede ser.   V   F

20. Si una es demasiado buena con un hombre, él la toma como cosa segura y empieza a tratarla mal.   V   F

21. Los hombres permanecen con mujeres malas porque, básicamente, les gusta ser castigados.   V   F

22. No espero que un hombre tome la iniciativa: me presento en forma amistosa y a menudo expreso interés en él.   V   F

23. Cuando me interesa un hombre, lo invito a salir o a hacer algo conmigo.   V   F

24. No creo que los hombres den mucha importancia al compañerismo en una relación de pareja.   V   F

25. La sensación de independencia y de participación que tengo al proporcionar más ingresos en mi relación de pareja es muy importante.   V   F

Puntaje

Anótese un punto por cada una de las siguientes preguntas que haya respondido "V": 2, 5, 6, 7, 8, 9, 10, 11, 12, 18, 22, 23, 25.

Anótese un punto por cada una de las siguientes preguntas que haya respondido "F": 1, 3, 4, 13, 14, 15, 16, 17, 19, 20, 21, 24.

Sume sus puntos.

Interpretación

21 - 25 puntos: Su deseo de sentirse cerca de un hombre y de establecer un sentido de participación se comunica en forma cálida y atractiva. Esta capacidad de establecer un clima de confianza le permite tener relaciones ricas y satisfactorias con los hombres.

17 - 20 puntos: Usted disfruta de la confianza y el compañerismo con los hombres, pero hay ocasiones en que sus viejas expectativas románticas pueden impedirle experimentar una verdadera igualdad. Un hombre que necesite una verdadera sensación de igualdad podría sentirse ligeramente incómodo con usted.

13 - 16 puntos: Usted rara vez experimenta suficiente confianza para ser amiga de un hombre, aunque puede disimular esa desconfianza lo suficiente para que no haya conflictos por esa cuestión. No obstante, los hombres que desean compartir, que buscan igualdad y una lealtad recíproca, no se sienten totalmente cómodos o satisfechos con usted.

12 o menos puntos: Usted no está dispuesta a renunciar a sus expectativas románticas y a otras poco realistas, y rara vez confía realmente en los hombres. No cree que pueda haber igualdad y una verdadera comunicación entre hombres y mujeres. Para usted, la "batalla de los sexos" nunca termina. Aun cuando llegue a desarrollar una amistad, seguirá manteniéndose, en cierta medida, apartada de la otra persona.

Otros títulos de esta colección:

Dr. Alpert, Joseph S.
Cuide su corazón

Botwin, Carol
¿Hay sexo en el matrimonio?

Dr. Cammer, Leonard
Salgamos de la depresión

Cassell, Carol
Perder la cabeza

Dr. Dunkan, Pierre
Después de adelgazar

Dr. Fezler, William y Dra. Field, Eleanor S.
La mujer que lo da todo

Dr. Gold, Mark S.
Buenas noticias sobre la depresión

Goldsmit, Víctor
Celulitis

Good, Nancy
Vivir con un hombre difícil

Kassorla, Irene C.
¡Atrévase!

Keating, Kathleen
Abrázame

Dr. Kiley, Dan
El síndrome de Peter Pan
El complejo de Wendy

Klagsbrun, Francine
Matrimonio

Dr. Kusnetzoff, Juan Carlos
El hombre sexualmente feliz
La mujer sexualmente feliz

Dr. Levenson, Frederick B.
Causas y prevención del cáncer

Linver, Sandy
Hable bien en público